安徽省级规划教材
安徽省一流本科教材

企业行政管理

徐济益◎主编

安徽师范大学出版社
ANHUI NORMAL UNIVERSITY PRESS
·芜湖·

图书在版编目(CIP)数据

企业行政管理 / 徐济益主编 .— 芜湖: 安徽师范大学出版社, 2022.4
ISBN 978-7-5676-3715-3

Ⅰ. ①企… Ⅱ. ①徐… Ⅲ. ①企业管理 - 行政管理 - 高等学校 - 教材 Ⅳ. ①F272.9

中国版本图书馆CIP数据核字(2022)第000022号

企业行政管理 徐济益◎主编
QIYE XINGZHENG GUANLI

责任编辑: 祝凤霞 赵传慧 责任校对: 李 玲
装帧设计: 张 玲 汤彬彬 责任印制: 桑国磊
出版发行: 安徽师范大学出版社
芜湖市北京东路1号安徽师范大学赭山校区
网 址: http://www.ahnupress.com/
发 行 部: 0553-3883578 5910327 5910310(传真)
印 刷: 苏州市古得堡数码印刷有限公司
版 次: 2022年4月第1版
印 次: 2022年4月第1次印刷
规 格: 787 mm × 1092 mm 1/16
印 张: 17
字 数: 264千字
书 号: ISBN 978-7-5676-3715-3
定 价: 49.00元

序　言

随着当前大数据的不断发展，技术带动了管理的优化，为了更好地与国际现代化企业管理接轨，学习利用先进的管理方式，当前企业要因时而动，及时调整旧的管理方式，这就带来了许多新的课题和新的挑战。可以说，企业行政管理在企业管理中居于重要地位，是企业管理科学化和规范化的基础。适应企业发展新形势，缩短与实际需要的差距，需要企业行政管理部门坚持在管理、协调和服务等方面不断寻求突破，以建设一个合格的现代企业。企业发展离不开组织支持，而个体是组织的重要组成部分。因此，企业行政管理应有机整合个体力量，实现组织管理与个体管理相互促进、共同发展。这是规范企业经济行为、高效利用各项资源的内在要求，也有助于实现科学管控，稳步实现经营管理目标。

近年来，我国大部分企业在实施行政管理中仍然存在一些问题，譬如企业行政管理组织虚化，企业行政管理职能发挥不充分，以及企业行政管理与实际需求不匹配等。这就需要我们将理论与实践结合起来去解决问题。从理论层面来看，研究企业行政管理理论有助于认清当下企业发展中存在的问题，掌握市场的需求变化及创新企业行政管理。从实践层面来看，管理者需要科学研判当前的管理制度与策略是否可行，剖析问题存在的原因，确保企业管理制度的科学性与合理性。因此，推进企业的蓬勃发展，亟须加强和改进企业行政管理，更加重视对管理方式的创新，搞活企业内部管理，增强企业活力，适应市场经济发展，不断优化管理模式，提高我们的管理水平。

很多高校的公共管理类专业都将培养理论功底扎实、具有创新技能，既能从事机关事务管理工作，又适合企业行政管理岗位的管理人才作为目标。“企业行政管理”就是适应社会经济建设需求的一门课程，被许多高校列入公共管理类专业核心课程和专业必修课程序列，具有较强的应用性与实践性。

本教材有幸获批安徽省级规划教材（2017ghjc080）、安徽省级一流本科教材（皖教秘高〔2019〕31号）立项建设，同时受到国家级一流本科专业“行政管理”建设点（教高厅函〔2021〕7号）、安徽省级教学团队“公共管理”（2019jxtd042）、安徽省级教学改革研究重大课题（2020jyxm0222）、教育部首批新文科研究与改革实践项目（2021100050）等支持。

参加本教材编写的人员有：徐济益（第一章）、吴丽丽（第二章）、曹林（第三章）、吴鹏（第四章、第十章）、韦子平（第五章、第七章）、问延安（第六章）、许克祥（第八章、第九章）。

受到资料收集、编写条件，以及编者水平的制约，教材难免存在不足和疏漏之处，敬请学界同仁不吝赐教，以帮助我们后期修正，在此致以崇高的敬意。同时，借此宝贵机会，向给我们提供文献资料支持的学界朋友们表示感谢，向安徽工业大学公共管理与法学院以及教务处的同事们表示感谢，向安徽师范大学出版社为本教材出版而辛勤工作的编辑老师们表示感谢。

徐济益

2021年9月

目录

第一章　企业行政管理基础理论

内容结构：

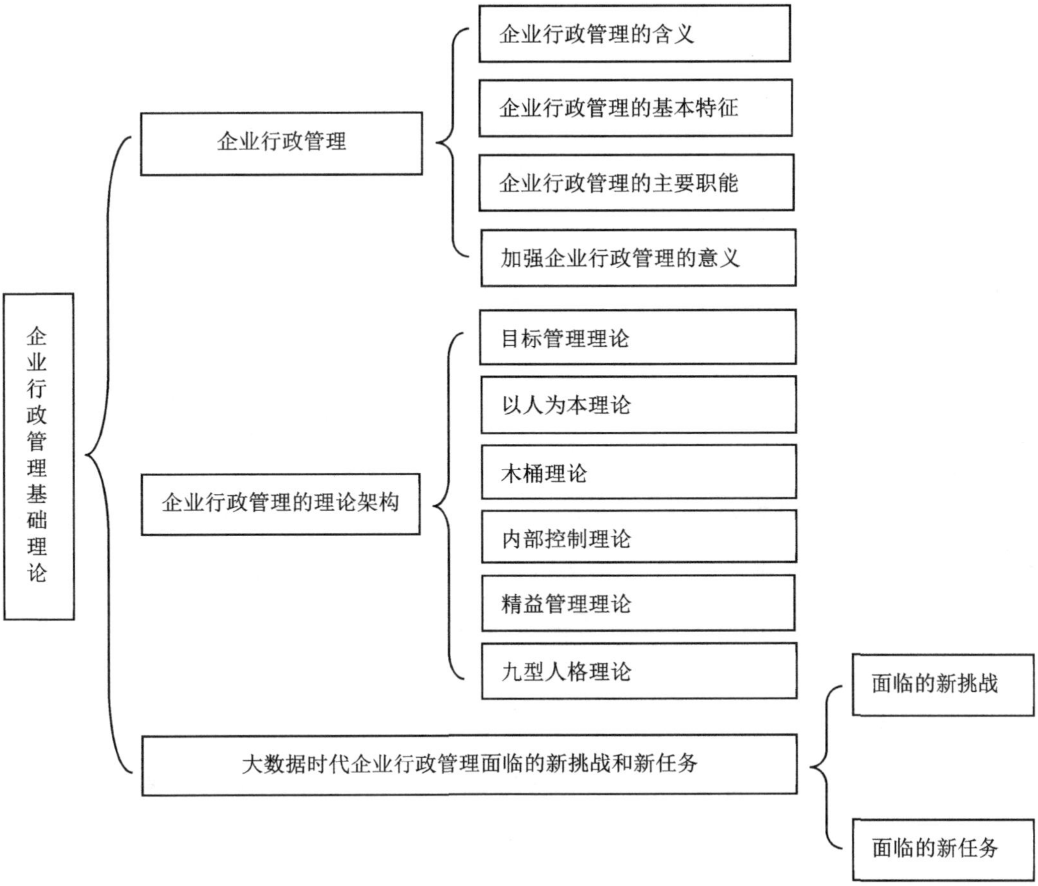

内容提要：本章主要介绍企业行政管理的相关内容及理论架构，基础理论是其中的重要组成部分。本章首先概述企业行政管理的含义、基本特征、主要职能及意义；其次论述企业行政管理的理论架构，包括目标管理理论、以人为

本理论、木桶理论、内部控制理论、精益管理理论，及九型人格理论；最后说明大数据时代企业行政管理面临的新挑战和新任务。

【引导案例】

精益管理在企业行政管理中的应用案例

华润银行在2010年入驻珠海市时，就开始实行精益行政管理，收效显著，不仅在竞争激烈的市场中跻身前列，还获得了“2012金融界领航中国银行业最具成长性奖”。在华润银行的每个角落都可以看到“专注精益管理，提高组织效能”这样的宣传牌，可见精益理念已经融入公司文化中。华润银行将文印管理作为践行精益管理的第一步。起初，公司拥有200多台文印设备，品牌型号10余个。行政部需要耗费大量的人力去维护、管理，工作效率低下。华润银行通过实行精益管理，将原有的文印管理系统升级。从总部到各个分行统一配备办公打印设备，一方面实现文印管理标准化，另一方面便于监督管理，实时监控，这一举措就将文印设备优化掉110多台。同时，统一品牌和型号的文印设备也便于厂家进行维护保养，极大地节省了行政部的人力成本。

某电力公司在2010年结合企业自身特点，开始研究如何将精益管理运用到电力企业中，通过大量的调查和分析，自主创新了“精益365”管理方法并应用到企业管理中。公司实施精益管理后管理水平显著提升，各所属单位积极响应，运用精益管理的方法先后组织召开了管理报告会15场，通过培训和宣贯理念，培养了一批管理骨干，为公司全面开展管理改革奠定了坚实的基础。推行办公室精益管理后，收集提案156个。截止到2012年底，已经改善64项，规范了员工办公环境，提升了办公水平，成为公司管理的宝贵组织过程资产，构建了全员参与精益管理的企业文化。

某市经济开发区管委会大力推广“精益办公”，首先实施的就是会议管理。与会人员通过在会前填写提纲和问卷的方式，明确会议目标，有效缩减会议时间，提高办公效率，降低会议费用，并构建了良好的办公氛围。

从上述案例中可以看出，企业应用得当的精益管理，对节约成本、提升效率是很有帮助的，持续使用精益管理工具可以营造良好的企业文化氛围，改善员工风貌，实现管理良性循环。

资料来源：黄博《精益管理在企业行政管理中的应用——以某石油管理局为例》，天津大学硕士学位论文，2018年。

近年来，随着全球化进程的持续推进，日益激烈的市场竞争对企业管理工作提出了更高的要求，企业管理活动中的行政管理工作所发挥的作用越来越重要。在现代企业管理活动中，行政管理不仅是重要组成部分之一，还是反映企业文化氛围的一面镜子。行政管理工作在企业管理系统中不仅可以提升企业的核心竞争力，还可以完善企业的发展机制，为企业的可持续发展助力。

第一节 企业行政管理

企业行政管理机构是根据企业的发展战略，运用相关的法律和企业相关的规定，对企业的日常行为和活动进行具体调节的一个组织。其调节的手段主要包括制定和实施管理制度、下达企业领导层的指示、对企业的相关问题做出批示等。企业的行政管理机构代表着企业的运行中心，是企业日常活动的主要组织部门。

一、企业行政管理的含义

广义上的企业行政管理包括人事管理、行政事务管理、财务管理、办公事务管理四个方面。狭义上的企业行政管理划分得更为细致，包括外部事务管理、办公物品管理、会议管理、决策的制定和执行管理、日常办公事务管理、资料管理，以及安全卫生、生活福利、出行工具、财产设备和出差等管理，以行政部为主，负责办公事务和行政事务。因此，企业行政管理指的是企业在发展过程中，基于行政管理理论以及相关的法律、法规及政策而开展的管理活动，具体包括制度、流程的制定与执行，日常事务、物品、档案、财产等的管理，是企业进行职能性管理的总和，目的是促进企业各部的工作人员之间形成稳定的配合关系，提高全体工作人员的积极性，完成企业所制定的发展目标与规划[①②]。

二、企业行政管理的基本特征

1. 权力依赖性

企业行政管理能否充分行使权力，切实起到作用，主要由建立在企业内部组织机构以上的上级权力与权威机构所决定。没有上级主管权力机构的支持，企业行政管理充分行使权力就成了一句空话。只有依据坚实的权力基础，企业行政管理才能正常运用职能，确保职权实施达到预期效果。同时，在运行过程中再配以违抗管理的惩罚措施，企业行政管理才能真正地发挥作用，所以企业行政管理手段和方式体现出较强的针对性。

2. 效能实用性

企业行政管理在实际运作中应注重管理内容的形式和实质，对企业管理过程中诸多制度、程序、环节、图表、文件等的要求强调实用性，因此往往要经过多次的调研、论证后，结合实际进行调整，使之符合企业管理实际需要，切实发挥效能。

3. 管理效益性

在市场经济中，企业并不是孤立的，企业行政管理与企业的经济效益紧密相连。在实际运作中，企业必须与其他经济主体进行相关的经济活动，而且在生产、管理、销售过程中必须遵循企业运营成本效益原则，最大限度降低成本，提升管理效能。只有这样，企业才能实现可持续发展，实现价值最大化目标。

4. 效力纵向性

企业行政管理如同行政单位管理一样，管理过程也主要是通过企业行政组织内部的隶属关系，自上而下进行指挥和协调工作，而且更多的是贯彻执行企业管理决策层对下级的指令性要求，因此企业行政管理方式表现更多的是纵向性，产生的效力也是纵向性的[③]。

---

① 王瑞. 论如何提升企业行政管理的有效性[J]. 黑龙江人力资源和社会保障，2021(18)：85-87.

② 王一舒. 新时期企业行政管理的重要性及创新路径分析[J]. 中外企业文化，2021(8)：22-23.

③ 刘路. 关于企业行政管理理论的探讨[J]. 商场现代化，2013(27)：69-70.

三、企业行政管理的主要职能

1.管理职能

根据企业经营的需要，在确保企业各项日常性事务顺利运行的同时，各级部门还要主动围绕企业的经营理念、管理策略、企业精神、企业文化建设开展一系列研究活动，然后通过分析总结，为促进企业的发展，向企业决策层献计献策。另外，逐级建立自上而下的责权关系，充分保证行政管理渠道畅通无阻，保障企业行政管理工作效果。

2.服务职能

企业行政管理在企业经营中有着举足轻重的作用，企业行政管理部门不仅要为企业各个部门的运转提供后勤服务，还要协调好各相关部门间的关系，从而最大化运转企业，最大化提高企业行政效率。

3.协调职能

企业作为一个经营主体，内在关系错综复杂，方方面面需要协调沟通，才能保持正常运转，保障企业整体工作一致性。起重要作用的企业行政管理部门，应针对企业现状积极采取多种措施，协调好企业内员工之间的关系，完善相互间职、责、权方面的结构体系，从而调动企业员工的积极性。

4.控制职能

企业行政管理部门主要职能是对保障企业运转的相关措施进行监测、控制与调整，及时完善相关的激励机制、监督系统和制定奖惩措施，并确保切实执行，通过运用调控手段促进企业管理，增强企业工作的有效性和科学性。

四、加强企业行政管理的意义

1.产生一个有效持久的企业管理模式

企业的行政管理是企业的核心领域，是企业能够生存和发展最重要的部门和组织，也是企业管理的基础。改革开放以来，我国的社会经济体制发生了重大转变。这些转变对一些企业的生存和发展都有深刻的影响，有些企业因为市场经济的变化走向了衰竭甚至是被淘汰，也有些企业通过自我转型能够很好地适应市场方面的转变。其中的内涵就在于，企业行政管理是否进行了良好的改革。企业内部的行政管理是企业领导管理模式最根本的组织体现，若是行政管理方式停滞不前，则无法更好地适应经济变革，从而使企业的发展与社会脱节，在新的时代背景下，面对激烈的市场竞争，无法依托新的国家政策，无法体现出企业的优势，最终会被市场所淘汰。

2.提高企业的管理水平

企业行政管理改革的加强，能直接体现在企业的日常管理工作中。如果一个企业良好有序地发展，其日常管理工作的效率是非常高的。行政管理的水平和能力得到提升，企业日常管理的效率自然就会提升。我国的一些传统行业领域的企业，在改革开放前的计划经济时代，所采用的行政管理手段基本是套用政府机关的模式。这种行政管理模式在政府机关中有它独特的优势，但是对于企业来说，会导致其日常管理的效率变低。在改革开放之后进入社会主义市场经济，机会转瞬即逝，如果没有一个高效的企业管理模式，面对复杂的市场环境，企业很难及时有效地做出反应。所以，加强企业行政管理改革，对企业日常管理水平的提高以及企业的发展极为关键。

3.提高企业的核心竞争力

在社会主义市场经济背景下，企业的主要目的就是提高竞争力。市场搞活之后，各类企业只能依靠市场的调节来自负盈亏。这个时候，企业的核心竞争力就不是企业的固定资本了，而是一个企业正常运转所需要的完善的行政管理机构。因此，在市场环境下，一个企业的行政管理机构只有不断地改革创新，才能与市场同频共振，才能持续保持自身的核心竞争力。

4.提高企业的整体效益

在社会主义市场经济背景下，企业所考虑的不是上级下达的指标问题，而是企业产品的供销问题。转换成最根本的标准，那就是企业要实现效益，能够满足企业的运转和员工的正常需求。企业的行政管理改革必须进行突破性的变化，转变成为市场经济下的行政管理方式，才能实现企业的转变，最终提高企业的整体效益①。

① 陈程.浅析加强行政管理改革在企业管理的重要作用和意义[J].现代商业，2018(31)：136-137.

第二节　企业行政管理的理论架构

管理者的每个决策都会影响企业发展。企业行政管理理论对企业经济管理能够发挥出不同的作用。因此，决策是否科学合理直接关系到企业的命运。高效应用企业行政管理理论能有效帮助管理者做出正确的决策，同时，还能让管理者立足于全局，对企业的发展情况进行深入分析与探究，从而把握住其中的发展机遇，第一时间为企业解决问题①。

一、目标管理理论

20世纪60年代，奥地利裔美国管理学家彼得·德鲁克提出了目标管理理论。他从福特汽车公司面临破产危机的案例中，提出了对经理人的新要求：经理人必须担负职责，学会目标管理。

德鲁克认为，目标管理注重企业和员工目标的双重结合，一方面强调目标的导向性原则，即企业全体员工必须明确企业目标和自身目标，并愿意承担起共同朝目标迈进的责任；另一个方面强调在管理过程中员工的自我控制。德鲁克认为应该让员工参与目标的制定，让员工清楚自己的目标，只有亲身参与并且目标明确才能有效地实现对自我的控制和约束。

根据德鲁克的目标管理理论，可以将目标管理大致分成三个阶段：

1.构建目标

企业实施目标管理的首要任务是设立企业的整体管理目标。企业的各分部门根据企业的整体管理目标，设立分部门的目标，各分部门的员工再依据部门目标制定自己的个人目标。这样就形成了一个明确且紧密相连的目标管理体系。

2.过程管理

中国有句古语“无规矩不成方圆”，对于企业而言，则是“无系统不成方圆”。企业的管理目标一旦确立，就需要依靠一整套的系统管理方法对目标的实施过程进行管理和控制。一方面，过程管理可以协调各部门及其员工的工作，各分部门及分部门员工在依据企业整体目标制定自己的目标时，如果缺乏有效

① 朱飞.探索提升企业工程经济管理水平的路径[J].中国住宅设施,2020(12):18,100.

的沟通和及时的协调，容易造成目标重复，引起不必要的资源浪费，因此过程管理能够有效地避免一些累赘和不必要的重复作业；另一方面，过程管理可以调动员工的积极性，主张员工参与目标制定到目标完成的整个过程，员工参与与员工权益密切联系，因此，更加容易调动员工的积极性。

3. 目标评估

任何一个企业都需要对现有的目标不断地进行阶段性的评估，以保证企业目标的准确实现。在评估过程中及时发现问题并解决问题是目标评估的意义所在，其目的就是为企业更好地实施全面的目标管理计划营造一个良好的内部氛围。

市场经济的快速发展，全球化进程的不断加快，以及互联网络的发展，使现代企业面临的外部竞争环境越来越激烈。电子商务的迅猛发展，更是迫使众多现代企业积极寻求转型。现如今，许多企业已经成功利用微博、微信等现代媒介辅助管理，大大改变了传统的管理模式。在传统行政管理手段不断更新的情况下，企业管理者的管理理念也必须随之发生改变。企业行政目标管理正是基于目标管理理论发展起来的一种新型管理方法，但企业如何正确运用目标管理理论实现企业行政管理目标的精准运营是企业行政管理者需要不断思考和解决的问题[①]。

二、以人为本理论

1. 以人为本的含义

“坚持以人为本”是马克思主义发展观的核心。“以人为本”，首先是“人”这个概念。西方早期的人本思想，主张人性反对神性，把人的价值放在首位；而在中国历史上，主张强调人贵于物，也同样是把人放在首位。早在春秋时期，名相管仲就明确提出了“以人为本”的思想观点。其次是“本”这个概念，这里说的“本”不是“本原”的“本”，而是“根本”的“本”，以“人”为根本。孟子强调的“民为贵，君为轻”就是以人为本之意。新中国成立以来，我国始终将人民群众的根本利益放在首位，谋求经济发展，促进经济发展，让发展成果惠及全体人民。

① 李中圆. 目标管理理论在市场营销中的应用[J]. 现代商业，2016(25)：20-21.

从企业内部来看，应该把尊重人、理解人、发展人和服务人立为企业管理根本，充分挖掘每一位员工的潜能，将提高员工自身素质作为管理的首要目标，同时建立员工激励机制和竞争机制，充分调动员工的工作积极性和创造性，从而凝聚人心，汇聚群智，形成“企业爱职工，职工爱岗位”的良性循环。另外，还要定期对企业管理者和普通员工进行企业文化教育，加大企业文化建设力度，提升企业文化水平，推动企业健康发展。

2.如何坚持以人为本

在企业行政管理中坚持以人为本的理念，不仅具有高度的政策性，而且具有高度的思想性，主要表现为对人才的合理配置，也就是要把合适的人安置到合适的岗位。以人为本的管理具有系统性和复杂性。每个人作为独立的个体，都有不同的性格、爱好、技能等，有的人比较适合专研技术，有的人比较适合销售，有的人比较适合管理，把合适的人安排到合适的岗位上，发挥各自的特长，工作将会事半功倍，有利于企业的良性发展。反之，员工工作的积极性不高，工作效率低下，企业制定的工作目标不能及时完成，管理秩序也会出现混乱。因此，以人为本管理，合理配置人员，将对企业发展起到重要作用。坚持以人为本要做到以下几个方面：

（1）要不断提高员工自身素质，这是以人为本管理的首要目标。企业员工的素质培养不仅能提升员工综合职业素质，而且能提升企业管理水平。在企业行政管理中，人员具备较高素质是企业的精神财富和宝贵资源，将影响企业的管理水平和生产经营效果。总之，企业要注重员工素质培养和自我提升。

（2）充分调动员工积极性是以人为本管理的出发点。利用积极手段激发员工的工作热情，在精神和物质层面实施激励，调动员工自主参与、全情投入，这样有利于企业上下一心，共同推进企业目标实现，既能提高企业效益，又能促进企业稳定发展。

（3）要充分合理利用人力资源，这是以人为本管理的重要任务。人力资源的合理优化和配置，是节约企业成本的重要途径，通过合理利用劳动力资源，促进企业生产率的不断提高。

（4）将民主管理提升为企业行政管理的基础。以人为本的管理就是要强调人的作用，既突出人的精神追求，又注重人的主观创造性。在企业管理过程中，培养员工自觉行使享有的民主权利，共同参与企业的决策和管理。同时，引导员工将自身发展与企业发展紧密结合，齐头并进、共同进退，强调与企业共同发展的信念，不断强化员工主人翁意识。这将充分发挥员工主观能动性，全面施展自身的聪明才智，为企业快发展、大发展贡献力量、奠定基础，也为企业发掘有用人才和合理任用提供有力保障。

（5）不断提高和培养员工自我约束力，这是以人为本管理的重要内容。通过企业文化教育和员工培训，帮助员工树立正确的三观，保证自我约束管理方向明确、内涵丰富。员工自我约束力的不断提高，为企业行政管理的良性发展带来便利，为提升管理水平奠定基础，对增强管理效果具有重要作用[①]。

三、木桶理论

木桶理论又称“木桶原理”“短板原理”等。木桶理论是现代层级组织学奠基人劳伦斯·彼得在1969年出版的*The Peter Principle*一书中论述的“彼得原理”的延伸和深化。该理论以比喻的方式描述了一个现象，其核心思想是：一只木桶盛水的多少，并不取决于桶壁上最长的那块木板，而是取决于最短的那块。木桶理论通常被用作解释构成组织的各个部分中，往往最有劣势部分的组织决定了整个组织的水平。其中的道理是显而易见的。木桶理论的精妙之处在于这样一个简单的比喻，有着广泛的应用，而且已经被上升到理论高度。

作为管理研究的对象之一，组织整体实力和竞争力，通常被比作木桶最大容量，并据此衍生很多以提升组织整体能力，与木桶理论有关的演变形式，比如以突出局部特色扬长避短的“反木桶原理”，从团队成员配合角度分析的“木桶形状”规划，从保持核心竞争力角度论述如何将木桶提起的“提纲挈领”说等。

1.木桶理论的实践发展

从理论解决实践问题的发展脉络看，木桶理论整个发展过程是从农业到工业再到管理等应用领域逐步发展的；解决问题的思路是从如何充分利用“木桶”到如何打造并管理一个资源利用最大化的“木桶”；对应的目标是从对作物生长速度的研究，经过容积最大化到形式上的面积最大化或剩余最小化。如果加上

① 叶玲.论以人为本理论在企业行政管理的应用策略[J].经贸实践，2016(24)：160，162.

木桶理论发展最终回归到牛顿微积分思想这一影响整个科学史发展的事件，那么可以将木桶理论的实践发展脉络整理如表1-1所示，可以发现木桶理论的发展过程是不断地从实践到理论然后依此循环。其中需要解决的问题无论是农业、工业还是管理等领域，都是在生产实践中遇到的，而人们为了解决这些实践问题，对一些现象进行了总结、抽象和形式化，进而提升为理论，然后反过来解决实践问题。

表1-1　木桶理论的实践发展脉络

研究对象	解决的问题	理论提升	范畴
农作物种植	分析影响农作物生长速度的养料因素	—	实践
	作物生长速度，取决于最稀缺养料的供给速度	利比希最小因子定律	理论
木桶盛水	找出影响木桶容量的因素，发现瓶颈点	—	实践
	木桶的容量往往取决于最短的木板	木桶原理	理论
打造最佳木桶	找出最短板，给“最长板”施加压力，增加木桶容量	—	实践
	突破两个假设，引入权重，寻找瓶颈点	最大面积原理	理论
组织效能优化	转变观点，将效能最大化和剩余资源最小化结合起来	—	实践
	生产实践的基本问题，具有共性的基础理论问题	微积分原理	理论

2.理论与实践相结合的动态木桶理论

组织发展的动态特性具体体现在资源参数值均会发生变化，变化方向亦存在不同，从而导致瓶颈点的个数和位置都存在变动的可能性，而且这种变动事先无法预期方向。这一现象通常体现为组织调整风险，也就是决策风险。如何避免决策风险是一个专门的管理研究领域，但木桶理论可以给我们以下的指导，用于规避风险。

第一，无论何时，都将瓶颈点的寻找作为工作的重点之一。

第二，尽可能提高整个组织资源水平。

第三，合理配置各项资源，尽力保持各资源水平的均衡发展，防止瓶颈点的分散分布。

第四，人员组织方面，管理层人员权限配置要符合各项资源的水平，防止出现权力过大即“一言堂”或权力过于分散即“决策效率低下”引起的瓶颈点异常变动。

第五，组织领导具有决定性，他决定了木桶如何倾斜以盛放更多的水，决定了较高禀赋的资源承受更大的压力和责任。

第六，充分利用资源和减少资源浪费并不是完全互补的两个命题，运用逆向思维有时会带来新的思路①。

四、内部控制理论

1. 内部控制的含义

美国审计准则委员会将内部控制定义为：内部控制是在一定的环境下，单位为了提高经营效率、充分有效地获得和使用各种资源，达到既定管理目标，而在单位内部实施的各种制约和调节的组织、计划、程序和方法。

我国《企业内部控制基本规范》立足我国国情，借鉴国际惯例，构建了以内部环境为重要基础、风险评估为重要环节、控制活动为重要手段、信息与沟通为重要条件、内部监督为重要保证，相互联系、相互促进的五要素内部控制框架。

2. 内部控制理论内涵

（1）内部环境。

财务内部控制最为基础的部分是内部环境，其中有治理结构、职责分配、内部审计、人力资源、企业文化等。财务内部控制的重点是人，一个企业人员的职业道德修养和专业胜任能力将直接影响到财务内部控制的建设与实施，企业应将此作为选拔和聘用员工的标准，同时企业应注重财务人员的继续教育，加强对员工的培训。

（2）风险评估。

企业内外部的风险是每一家企业发展都需要面对的，财务内部控制的目的就是要发现这些风险，从而提出合理的应对措施。风险评估是指企业能够在经营过程中及时发现财务内部控制中存在的问题，并提出相应的解决方法。企业应当时刻关注内外部的风险，通过分析相应的财务信息进行全面、系统的风险评估。

① 谢铉洋. 从木桶理论的发展史浅议管理研究方法[J]. 技术经济与管理研究，2013(4)：50-54.

（3）财务控制活动。

财务控制活动是根据企业的业务流程，结合各项业务活动，制定出合理的应对措施将风险降到最低。财务控制活动主要是由企业的货币资金、存货、固定资产、收入、费用和结算管理等财务管理过程构成。

（4）信息与沟通。

信息与沟通主要是指为了信息能够在企业内外部进行可靠的交流，从而进行系统、全面地收集、传递信息。在企业经营活动中，只有信息的可靠交流，才能使得企业的财务管理与企业的各个部门、人员沟通没有障碍，达到保障财产的目的。

（5）财务内部监督。

财务内部监督是指企业为了稳健运行财务内部控制机制的监督检查，及时发现机制中存在的问题，并进行相应调整。企业应当制定财务内部控制监督制度，同时规定内部审计机构在财务内部监督中的权限、程序和方法①。

五、精益管理理论

1.精益管理的含义

精益管理的理念来自精益生产，却又不同于精益生产。精益生产最先是由美国麻省理工学院教授詹姆斯·沃麦克提出的。他和他的团队在调查和对比分析全球90多个汽车制造商后得出：日本丰田汽车公司采用的精益生产是最适用于现代企业的一种生产组织管理方式。精益生产因此而被世界知晓，并上升为战略管理理念。它利用标准化作业、看板管理、5S管理等消除一切浪费，降低成本，缩短流程周期，增强相应能力，提高生产率。

精益管理被其他领域逐渐认可并应用，越来越多的政府部门、服务型企业、销售类公司都实施精益管理。其中，企业将精益管理融入市场销售、成本控制等管理中。

精益管理既要提供满意的服务或者产品，又要尽全力减少浪费，以实现价值最大化。主要手段包括减少各类成本支出、增强产品品质、提升顾客满意度、

① 汤雄.运用内部控制理论提升企业行政管理人员管理意识的对策研究[J].科技·经济·市场，2020(6)：120-122.

加快周期运转速度和提高资本投入利用率。精益管理的目标是要求在整个过程中的各项行为都要运用精益思维。精益思维就是投入最少的资源来创造更多的价值，这些资源包括但不限于资金、人力资源、时间和空间资源、材料设备等。

2.精益管理的基本原则

（1）以顾客的角度定义有意义的价值。这种价值是指在将生产过程中多余的消耗减至最少时，可以为顾客增加效用的价值。这样才可以使顾客承认它的必要性并愿意为其付款。正确定义价值是精益管理的第一步，它是评判是否产生浪费的源头。

（2）识别价值流。价值流是指产品从原材料变为成品，再由成品变为商品所必需的一系列的活动。识别价值流的意义是在这一系列活动中找到真正增值的部分，剔除消耗资源而不增值的环节，即发现浪费和消灭浪费。所用的方法是价值流图分析法，这是实施精益管理思想的重要工具之一。

（3）流动。精益管理思想要求有价值的活动要不间断地流动起来，流动中所有的等待都被称为企业的浪费。

（4）拉动。遵照客户的时间提供他们要求的东西所进行的投入和产出叫作拉动。它的原则是把生产直接对应需求，减少了过早的投入、大量的库存和提前期。

（5）尽善尽美。上述四个原则相互作用，并形成良性循环，趋于尽善尽美。企业始终坚持对尽善尽美的执着追求，就能将自己建设成不断进步、持续发展的企业。

3.精益管理在企业行政管理中的应用

精益管理是企业提升管理水平的有效工具。长期以来行政管理是企业管理中最容易被忽视的部分，却是很关键的部分。行政管理水平滞后制约了企业的发展，也影响了企业的形象。为了改变行政管理现状，部分企业和政府机关开始实行精益行政管理，在行政后勤管理、日常办公管理、人力资源管理等方面已经有显著成效。

部分政府机关将精益管理应用到政务大厅工作服务的环节中，简化规范审批程序，提高现场办事效率，搭建一站式服务平台，降低行政和办事成本，为公众提供更完善的服务。

一些企业和高校更倾向于在食堂管理中使用精益管理的方法。因为在食堂管理中存在服务意识差、标准化程度低、菜品质量和环境卫生情况不稳定等问题，使用传统管理方法收效甚微。运用精益管理后，在商品选择、标准化烹饪、工作人员配置等方面均有提升，配合满意度调查，既能将食物浪费降到最低，又能将服务和菜品质量提高，满足了多方的需求，实现了精益管理的目标。

某煤炭企业在践行精益行政管理中研发了全面岗位精益化管理系统——“HOPE系统”（Humanity人性化；Overall全面化；Post岗位化；Particular精细化；Earnings效益型），用于实现企业与员工双赢的管理。该系统实行人本管理，精细化人员岗位管理，全面和科学地分解工作指标，严格测定每一个岗位的工作价格、材料消耗单价，确立岗位目标成本，通过建立多种考核方式，使员工的收入和企业的效益互利共赢。虽然精益行政管理有一些成功案例，但是目前还没有成熟完善的精益行政管理体系可直接用于企业行政管理全面改革中，这和企业规模大小、行政职能范围等不同有一定的关系①。

六、九型人格理论

1.九型人格理论的含义

九型人格是一种性格分类理论，顾名思义就是将人的性格基本分为九类，也称作九柱性格学。九宫图、九芒图、九形图、九柱图等都是九型人格理论的相关图案。美国医生史黛拉·翟斯和亚历山大·汤玛斯在1977年出版的《气质和发展》一书中提出：在刚出生八周到十二周的婴儿身上可以找到九种人格气质，即适应性、心理素质、活跃程度、主动性、兴趣范围、专注力持久性、规律性、分心程度、反应强度。九型人格理论并不是简单地对人的性格进行分析，而是在不受外在行为、环境变化影响的同时，真实准确地对人内心与精神深处的注意力焦点和价值观进行揭示，帮助人们提高洞察力、个人修养和自我认知。

2.九型人格理论的两大优势

（1）动机导向。

与其他诸多性格分类方法相比，九型人格理论的卓越之处是它不仅仅关注

① 黄博.精益管理在企业行政管理中的应用——以某石油管理局为例[D].天津：天津大学，2018：7-11.

员工的行为特征，更注重行为背后的深层动机，能够穿透人们表面的喜怒哀乐，发现人最真实、最根本的渴望和需求，进入人心的最隐秘之处，关注人们的深层焦点和核心动机，它描述“行为”，但不拘泥于“行为”本身。一方面，不同的深层动机可能会呈现相同的行为，例如，一些完美型的人可能认为积极进取是正确的，而一些成就型的人积极进取可能更加倾向于达成效果，相应地，前者会坚持原则，后者希望得到切实的成果，形成明显差异。另一方面，同样的核心动机会呈现不同的行为，例如，一些疑惑型的人追求安全感的行为是躲避、畏惧，而另一些疑惑型的人追求安全感的行为是主动进攻、先发制人。所以，九型人格理论类似于给人的心灵拍“X”光片，是全面探索个体内在深层动机的理论，区别九型人格类型的核心，不是外在的行为表现，而是内在的深层动机。九型人格理论的应用有助于管理者进行员工激励、人际沟通、员工心理援助、团队建设等方面的企业行政管理。

（2）成长导向。

九型人格理论与人的成长、心理完善相关，超越了性格分类本身。有的学者认为九型人格是一个心理学科体系的流派，还有一些学者认为九型人格理论是“精神性”的神秘主义流派。但是这两种观点都认为它更加关注人的心理发展和改变，这是九型人格分类之外的内容，而不是分类本身。许多学者将九型人格理论与心理学范畴理论进行比较后发现，两者体系一致，前者还可以为澄清后者体系中的模糊之处提供借鉴，所以九型人格理论从20世纪70年代后期开始就被应用于心理治疗。九型人格理论是对情商的分析和研究，全方位地促进人的性格的形成、变化和发展。所以，九型人格理论的目标不仅仅是性格的分类，还是心理的完善，这是它被广泛用于企业潜能开发和培训的原因①。

3. 九型人格理论的测量

（1）书面测验。

现阶段，中国普遍使用的九型人格测量方法是书面测验。书面测验是较为简单的方法，目前使用较多的是美国学者理查德等人开发的144道题的测试，此外还有其他学者研究开发的108道测试等。但是书面测验有一些缺陷，因为九型人格理论是人的潜意识研究和分析，简单使用测试题来测验人的潜意识难

① 杨渠昌.探索九型人格理论在企业行政管理中的应用[J].商场现代化，2014(10)：90-91.

度较大，且题目要科学合理并适合每一个人的难度也不容小觑。戴维·丹尼尔斯等人历时7年研究开发了五步测试法，该方法的测试效度为0.5254（$p<0.0001$），信度为0.589（$p<0.0001$），已经通过了有效性检测，被验证是一种科学有效的分析方法，也已经被部分大学纳入教学内容。这对书面测验来说是一种技术层面上的进步。

（2）面谈测验。

在经过书面测验之后，企业行政管理人员可以运用九型人格理论对书面测验结果进行研究和分析，对自己不清楚或感兴趣的方面进行特别提问。对面试者进行测试的行政管理人员必须熟悉和掌握九型人格理论，并经过特殊培训。在条件允许的情况下最好有专家参与，经过培训后的专业人员会运用心理学中的精神分析、投射技术等，慢慢引导确定面试者的具体人格类型，并在类型确定之后再增加几个问题进行检验和进一步确认。面试人员要注意不要简单下结论，不同的人格可能会对同一问题有相同的反应，但反应的背后是不同动机。譬如，面试者希望在工作及学习中能被认可，但不能简单地将“被认可”作为测试结果，因为希望“被认可”可能来自内心的成就感，属于成就型人格，也可能来自追求安全感和踏实，这属于疑惑型人格。因此，测试不能止步于表面，判断背后的核心动力和核心价值观是九型人格理论测试的重要任务之一，做好人格类型判断对企业员工的人格引导和全方面培养具有重要意义。

九型人格理论测试与其他理论测试方法的主要区别在于核心价值观等深层次核心追求，所以单单依靠书面测验准确度难以保证，还需要面试人员结合书面测验的结果对面试者进行针对性提问。由于测验需要花费较多的时间和脑力劳动，企业可以只对管理层和专业技术高、发展潜力大的员工进行测验，对相关生产技能和工作岗位进行层级划分，有效延伸岗位序列，让企业员工能够在工作岗位上获得精神与物质满足，真正挖掘企业员工的各项能力[①]。

① 高清华.九型人格理论在企业行政管理中的应用研究[J].现代国企研究，2017(18)：99，101.

第三节 大数据时代企业行政管理面临的新挑战和新任务

一、面临的新挑战

1.信息技术

信息技术的发展改变了人们的生活，也在改变企业组织的管理模式。对于企业组织来说，信息技术能够激发创新，具有重要的战略意义。大数据时代，企业的组织管理方法得到了改变：企业利用技术收集并分析顾客的信息，进而制定相应的经营决策；数据开放平台为合作伙伴提供商业机会；大数据的应用能够帮助企业快速处理突发事件。此外，随着网络技术的发展，组织的外在形态逐渐虚拟化，员工的工作方式也越来越多样化，弹性工作时间、远程办公常态化，这也导致员工对组织的黏合度下降，越发重视个人发展。因此，企业需要不断探寻新的激励方式，满足员工需求，促使员工提高效率，进而推动企业向好发展。

2.信任

在企业组织中，成员之间的信任对企业的生存与发展具有重要意义。信任有多种类型，比如能力信任、人品信任、个人因素信任与法制信任。当员工在某一企业的工作时间越长，对其他员工的信任度越高，员工之间的关系也越亲密，组织内部的信任度也就越高。因此，企业应创造良好的信任环境，关心员工，提升员工在组织内部的安全感，进而增强企业的凝聚力，同时降低企业的管理成本与运行成本，促使组织内部更加合理地配置资源，提高组织效能。

3.情绪管理

随着经济的发展，人们的生活与工作节奏不断加快，面临的压力也越来越大，消极情绪频繁出现。在企业组织中，企业家与员工的情绪都会对企业的运行产生影响。当工作压力产生时，情绪可表现为工作倦怠、情绪耗竭、情绪过度延展等。可见，员工的情绪问题是管理研究的一项重要内容。在服务型行业中，员工的情绪对工作绩效与组织目标的影响更加显著。企业组织应重视员工的情绪，及时对员工进行心理疏导，减少消极情绪的发生，使员工的情绪保持平稳状态[①]。

二、面临的新任务

1.建立和完善企业的规章制度

大数据时代企业的行政管理不能简单地照搬政府机关的管理模式，应该有属于本企业特色的管理模式。这种管理模式就是企业的规章管理制度，是在相关法律法规的框架下整合而成的符合本企业发展目标的管理制度。企业的管理制度要具有先进性、时代性和前瞻性。首先，它要符合企业的根本利益，同时要惠及大多数人。其次，企业的规章制度要与时代相结合，与大环境的背景相适应，同时能够根据相关政策的变化而相应地进行改变。企业的规章制度也要对企业的未来发展有一定的推动作用，能够着眼于未来的发展趋势，尽量保持一定的优越性。企业的规章制度是企业行事的基本准则，是推进行政管理改革的首要任务和内容。只有完善企业的规章制度，才能为企业的发展打下坚实的基础。

2.加强行政管理沟通和协调

目前，有很多企业的行政管理机构与企业的实际发展严重脱节，与其他部门也缺少沟通，导致企业在行政管理过程中，往往制定了一些不切实际的管理制度，不仅使企业的发展和员工的利益受到影响，还严重影响企业的效益和声誉。因此，在企业行政管理改革中，企业的行政管理不能脱离实际，要对接企业的生产一线或者服务一线。只有这样，企业的行政管理才能获取真实有效的信息，确立符合企业根本利益的管理思路。同时，行政管理的相关负责人要积极地参与企业各部门的日常会议，认真听取企业其他部门和员工的意见，并详细分析和整理，与企业的相关负责人共同研讨和制定相关制度。

3.提高行政管理人员的整体素质

目前，有些企业的行政管理部门人员基本素质不高，容易受到利益的诱惑和不良习气的侵染。因此，在企业行政管理改革中，提高企业行政管理人员的素质显得尤为重要。首先在人才引进方面，要建立一套完整的选才制度，通过社会和学校招聘相结合的形式，为行政管理岗位注入新鲜的血液，要选择相关

① 黄晶晶.浅述组织管理发展研究[J].营销界,2021(18):47-49.

专业或者具有丰富工作经验的现代管理人才。在行政管理内部增加培训和考核机制，考核未通过的或者因其他原因不适合在行政管理岗位工作的人员要及时调离，否则不仅会影响行政管理的工作效率，也易使其他努力工作的人员产生负面情绪。建立一支高素质的行政管理队伍，完善人才储备系统和培训制度，对于企业的高效、协调运转十分重要[①]。

4.创新企业行政管理思想

现今市场经济动态变化，企业在这一背景下要想提高竞争力，应视情况调整企业行政管理组织，确保行政管理理论在最新思想引导下得到有效运用。管理人员应与时俱进，创新管理思想，并为创新式管理提供建议，使创新工作具体落实，真正提升企业发展水平，促使企业行政管理取得良好效果。在正确管理思想引导下，适当优化行政管理流程，并创新行政管理方法，以此加快企业发展步伐，全面提高企业竞争力。在行政管理执行环节，运用行政管理理论，严格按照管理制度规范管理行为，确保企业资源合理整合、高效利用，实现行政管理理论与管理实践的有机结合，进而扩大企业利润空间，提高企业经济价值[②]。

※小　结

企业行政管理基础理论是行政管理过程中的重要组成部分。了解企业行政管理的含义及相关内容，是实施企业行政管理的第一步。现代的企业行政管理不能完全地使用刚性手法，而应该刚柔并用，在系统了解目标管理理论、以人为本理论、木桶理论、内部控制理论、精益管理理论，及九型人格理论的基础上提高管理水平。因此，在企业行政管理中应不断创新企业行政管理思想，有效地调动员工的积极性、创造性和主动性，实现员工自身价值，帮助企业顺利完成目标，同时对大数据时代企业行政管理面临的新挑战和新任务进行思考。

① 陈程.浅析加强行政管理改革在企业管理的重要作用和意义[J].现代商业，2018(31)：136-137.

② 陈晶.探究企业经济管理中行政管理理论的应用[J].质量与市场，2020(2)：78-79.

※ 关键概念

企业行政管理　目标管理理论　以人为本理论　木桶理论

内部控制理论　精益管理理论　九型人格理论

※ 思考与练习

（1）企业行政管理的含义是什么?

（2）如何理解企业行政管理的基本特征和主要内容?

（3）企业行政管理的理论架构主要包含哪些理论?

（4）大数据时代企业行政管理面临的新挑战和新任务是什么?

【案例分析】

松下电器：经营之神的精髓

松下电器公司是全世界有名的电器公司，松下幸之助是该公司的创办人和领导人。松下是日本第一家用文字明确表达企业精神或精神价值观的企业。松下精神，是松下及其公司获得成功的重要因素。

一、松下精神的形成和内容

松下精神并不是公司创办之日一下子产生的，它的形成有一个过程。松下有两个纪念日：一个是1918年3月7日，这天松下幸之助和他的夫人与内弟一起，开始制造电器双插座；另一个是1932年5月5日，他开始理解自己的创业使命，所以把这一年称为“创业使命第一年”，并定为正式的“创业纪念日”。两个纪念日表明，松下公司的经营观、思想方法是在创办企业后的一段时间才形成的。在第一次创业纪念仪式上，松下电器公司确认了自己的使命与目标，并以此激发职工奋斗的热情与干劲。

松下幸之助认为，人在思想意志方面，有容易动摇的弱点。为了使松下人为公司的使命和目标而奋斗的热情与干劲能持续下去，应制定一些戒条，以时时提醒和警诫自己。于是，松下电器公司首先于1933年7月，制定并颁布了“五条精神”，其后在1937年又议定附加了两条，形成了松下“七条精神”：产业报国的精神、光明正大的精神、团结一致的精神、奋斗向上的精神、礼仪谦让的精神、适应形势的精神、感恩报德的精神。

二、松下精神的教育训练

松下电器公司非常重视对员工进行精神价值观，即松下精神的教育训练，教育训练的方式可以做如下的概括：

一是反复诵读和领会。松下幸之助相信，让职工反复诵读和领会公司的目标、使命、精神和文化，是把它铭记在心的有效方法。所以每天上午8时，松下遍布日本的87000名员工同时诵读松下七条精神，一起唱公司歌。其用意在于让全体职工时刻牢记公司的目标和使命，时时鞭策自己，使松下精神持久地发扬下去。

二是所有工作团体成员，每个人每隔1个月至少要在他所属的团体中，进行10分钟的演讲，说明公司的精神和公司与社会的关系。松下认为，说服别人是说服自己最有效的办法。在解释松下精神时，松下有一名言：如果你犯了一个诚实的错误，公司非常宽大，把错误当作训练费用，从中学习，但是如果你违反公司的基本原则，就会受到严重的处罚——解雇。

三是隆重举行新产品的出厂仪式。松下认为，当某个集团完成一项重大任务的时候，每个集团成员都会感到兴奋不已，因为他们可以从中看到自身存在的价值，而这时便是对他们进行团结一致教育的良好时机。所以每年正月，松下电器公司都要隆重举行新产品的出厂庆祝仪式。这一天，职工身着印有公司名称字样的衣服大清早来到集合地点，作为公司领导人的松下幸之助，常常即兴挥毫书写清晰而明快的文告，如“新年伊始举行隆重而意义深远的庆祝活动，是本年度我们事业蒸蒸日上兴旺发达的象征”。在松下向全体职工发表热情的演讲后，职工分乘各自分派的卡车，满载着新出厂的产品，分赴各地有交易关系的商店，商店热情地欢迎和接收公司新产品，公司职工拱手祝愿该店繁荣，最后，职工返回公司，举杯庆祝新产品出厂活动的结束。松下相信，这样的活动有利于发扬松下精神，统一职工的意志和步伐。

四是“入社”教育。进入松下公司的人都要经过严格的筛选，然后由人事部门开始进行公司的“入社”教育。首先要郑重其事地诵读、背诵松下宗旨、松下精神，学唱松下公司之歌，参加公司创业史“展览”。为了增强员工的适应性，也为了使他们在实际工作中领会松下精神，新员工往往被轮换分派到许多不同性质的岗位上工作，所有专业人员都要从基层做起，每个人至少用3—6个月时间在装配线或零售店工作。

五是管理人员的教育指导。松下幸之助常说："领导者应当给自己的部下以指导和教诲，这是每个领导者不可推卸的职责和义务，也是在培养人才方面的重要工作之一。"与众不同的是，松下有自己的"哲学"并且十分重视这种"哲学"的作用。松下哲学既为松下精神奠定思想基础，又不断丰富松下精神的内容。按照松下的哲学，企业经营的问题归根到底是人的问题，人是最为尊贵的人，人如同宝石的原矿石一样，经过磨制，一定会成为发光的钻石，每个人都具有优秀的素质，要从平凡人身上发掘不平凡的品质。

松下公司实行终身雇佣制度，认为这样可以为公司提供一批经过二三十年锻炼的管理人员，这是发扬公司传统的可靠力量。为了用松下精神培养这支骨干力量，公司每月举行一次干部学习会，互相交流、互相激励，勤勉律己。松下公司以总裁与部门经理通话或面谈而闻名，总裁随时会接触到部门的重大难题，但并不代替部门做决定，也不会压抑部门管理的积极性。

六是自我教育。松下公司强调，为了充分调动人的积极性，经营者要具备对他人的信赖之心。公司应该做的事情很多，然而首要一条，则是经营者要给职工以信赖，人在被充分信任的情况下才能勤奋地工作。从这样的认识出发，公司把在职工中培育松下精神的基点放在自我教育上，认为教育只有通过受教育者的主动努力才能取得成效。上司要求下属要根据松下精神自我剖析，确定目标。每个松下人必须提出并回答这样的问题："我有什么缺点?""我在学习什么?""我真正想做什么?"等等，从而设置自己的目标，拟定自我发展计划。有了自我教育的强烈愿望和具体计划，职工就能在工作中自我激励，思考如何创新，在空余时间自我反省，自觉学习。为了便于互相启发、互相学习，公司成立了研究俱乐部、学习俱乐部、读书会、领导会等业余学习组织。在这些组织中，人们可以无拘无束地交流学习体会和工作经验，互相启发、互相激励奋发向上的松下精神。

三、松下精神——公司的内在力量

日本1984年经济白皮书写道："在当前政府为建立日本产业所做的努力中，应该把哪些条件列为首要的呢？可能既不是资本，也不是法律和规章，因为这二者本身都是死的东西，是完全无效的。使资本和法规运转起来的是精神……因此，如果就有效性来确定这三个因素的分量，则精神应占十分之五，法规占十分之四，而资本只占十分之一。”

松下精神，作为使设备、技术、结构和制度运转起来的科学研究的因素，在松下公司的成长中形成，并不断得到培育强化。它是一种内在的力量，是松下公司的精神支柱，它具有强大的凝聚力、导向力、感染力和影响力，它是松下公司成功的重要因素。这种内在的精神力量可以激发与强化公司成员为社会服务的意识、企业整体精神和热爱企业的情感，可以强化和再生公司成员各种有利于企业发展的行为，如积极提合理化建议，主动组织和参加各种形式的改善企业经营管理的小组活动；工作中互相帮助，互谅互让；礼貌待人，对顾客热情服务；干部早上班或晚下班，为下属做好工作前的准备工作或处理好善后事项等。

资料来源：松下电器：经营之神的精髓，(2012-12-05)[2022-03-13]，http://www.chinapp.com/zhuanfang/40371，有改动。

请结合案例思考：

（1）企业价值观的重要性是什么？

（2）该案例是如何反映出松下公司精神的？

※ 推荐阅读

1. 谢铉洋．从木桶理论的发展史浅议管理研究方法[J]．技术经济与管理研究，2013(4)：50-54.

2. 陈芹．构建学习型组织的领导力[J]．企业改革与管理，2014(12)：20-21.

3. 陈锋．刍议企业行政管理中精益管理的应用[J]．北方经贸，2014(10)：241.

4. 李晓莉．浅析新时期企业行政管理的重要性及创新路径[J]．经营管理者，2014(11)：45.

5. 陈彦．九型人格理论在企业行政管理中的运用[J]．经营管理者，2016(9)：150.

6. 王鑫博 . 中小企业内部控制现状及对策研究[J]. 时代金融,2017(36):120,124.

7. 张国山,刘智勇,闫志刚 . 我国市场监管现代化指标体系探索[J]. 中国行政管理,2019(8):41-46.

8. 尹洁 . 行政管理理论在企业人力资源管理中的应用及其相关分析[J]. 企业改革与管理,2019(13):94-95.

9. 朱奕臻 . 探究行政管理理论在企业经济管理中的运用[J]. 中小企业管理与科技,2021(4):40-41,158.

第二章 企业行政环境

内容结构：

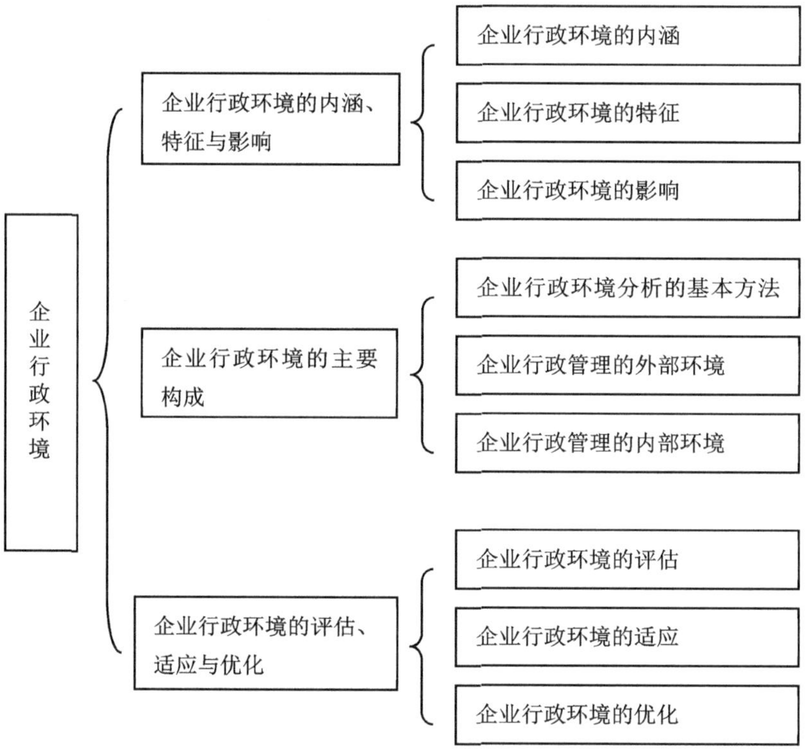

内容提要：本章主要介绍企业行政环境，从企业行政环境的内涵、特征与影响，企业行政环境的主要构成，企业行政环境的评估、适应与优化三个方面分别进行阐释。企业行政管理的产生、发展、变革根植于一定的社会发展环境和企业内部环境，尤其是经济环境、社会环境、政治环境、文化环境、生态环境等。可见，企业行政管理会受社会发展环境和企业内部环境的影响。一定的社会发展环境和企业内部环境可能对企业行政管理发展起到推动作用，也可能对其发展产生阻碍作用。

【引导案例】

越来越多国际投资者选择中国市场

近日，在上海举行的外资项目集中签约仪式上，全球光学和光电行业领先企业卡尔蔡司签约新上两个项目，投资额达6000万美元。该公司数字转型官马克礼说，此举将提升中国市场在集团全球战略中的地位，推动企业在中国进一步发展。

“中国依然是对外资吸引力最强的市场之一”，美国景顺投资的研究报告显示。该公司高级基金经理刘徽表示，中国采取有效的疫情防控政策，出口保持持续增长，体现了中国产业链供应链的韧性。

汽车行业对供应链的稳定性要求很高。今年2月，宝马集团与华晨集团同时对外发布消息，将于近期完成总额约279.41亿元人民币的股权交割。宝马在华晨宝马的股权占比将由50%提升至75%。宝马集团表示，基于对中国经济的信心，宝马将致力于在中国持续投资。

因为“看好中国市场巨大潜能、强大产业基础、齐全制造业门类”，德国蒂森克虏伯2021年在江苏常州投资1250万欧元，用于发展高端车用减振器项目，预计今年投产后，可年产77万套电子可调减振器系统。这是蒂森克虏伯6年来第六次增加在当地投资。该企业相关负责人高岩表示，随着中国汽车保有量不断增加以及新能源汽车行业的迅猛发展，蒂森克虏伯对中国市场的信心更足更强。

“中国坚持扩大开放，投资环境不断改善，越来越多国际投资者选择中国市场。”全球最大指数公司明晟（MSCI）董事总经理吴佳青表示，中国经济影响力不断提升，一些投资机构设置了专门部门来负责处理与中国相关的一系列投资机会。渣打集团近日公布的业绩报告显示，渣打在中国市场的业务实现大幅增长。该集团宣布，未来3年将在中国的相关业务上投资3亿美元，以期“把握中国持续开放带来的机遇”。

资料来源：共享发展机遇 实现互利共赢，(2022-03-05)[2022-03-13]，http://www.gov.cn/xinwen/2022-03/05/content_5677113.htm，有改动。

第一节　企业行政环境的内涵、特征与影响

企业行政管理的发展基于一定的外部环境和内部环境。不同历史时期的经济环境、社会环境、政治环境、生态环境、文化环境等因素，决定着不同历史时期企业行政管理的理念、策略、模式及发展特点。因此，探讨企业行政管理相关内容，必须深入把握企业行政管理的内部环境和外部环境。

一、企业行政环境的内涵

企业行政管理是一个与内、外部环境密切联系的组织系统，在与内、外部环境的相互作用中获得生存与发展。从企业行政环境研究的历史经验来看，科学地理解企业行政环境的概念在企业行政管理学科领域具有重要意义。探讨企业行政环境，其实质就是探讨如何在企业行政管理体系中系统把握“企业行政环境”的含义。从这一视角出发，企业行政环境的概念可以从两个不同的方面界定：一是把握企业行政环境概念中“企业行政”一词的含义，从而准确理解企业行政环境的内涵和外延；二是具体分析企业行政实践中的相关环境因素与企业行政之间的关系，从而提炼企业行政环境的概念。

1.企业行政的含义

行政是一个古老的概念，它随着国家的产生而出现，最初是用来表示国家的一种基本职能形态的概念。在我国古代，行政是执掌政务、推行政令的意思。如远在2000多年前的《左传》中，就有“行其政事”“行其政令”的记载[①]。到了近现代，人们对行政概念的理解更加丰富。如法国思想家孟德斯鸠在其“三权分立”思想中，将行政与立法、司法并立为管理国家活动的组成部分，美国政治学家古德诺在《政治与行政》一书中将行政视为国家意志的执行功能[②]，等等。随着行政一词外延的不断扩大，行政的概念被引入企业管理的具体实践中，研究者开始从企业管理实践的层面来分析和解释行政，并赋予行政新的内涵。

迄今为止，国内外企业行政管理研究者们从不同的学科视角和实践视角对

① 张永桃.行政学[M].北京:高等教育出版社,2009:1.

② 弗兰克·J.古德诺.政治与行政[M].王元,杨百明,译.杨百揆,校.北京:华夏出版社,1987:21.

企业行政进行了界定。由于研究者们研究视角的差异，他们在对企业行政的具体界定上也表现出很大的不同。如“企业的行政管理体系是企业的中枢神经系统。这一系统以总经理为最高领导，由行政副总分工负责，由专门行政部门组织实施、操作，其触角深入企业的各个部门和分支机构。行政管理体系担负着企业的管理工作，推动和保证着企业的技术（设计）、生产（施工）、资金（财务）、经营（销售）、发展（开发）几大块业务的顺利、有效进行和相互之间的协调。”① “企业行政管理是指为保障企业经营管理目标的实现，由企业行政组织及人员按照既定的行政渠道，采取一定的行政手段，实施的事务处理、统筹协调、服务保障管理等保证企业经营活动正常开展的带有内部公共性的企业管理活动。”② “企业行政管理是指为完成企业的使命和目标，通过组织行为或行政权威，处理企业的行政公务、协调关系和后勤保障等，是一种带有内部公共性质的企业管理活动。”③

综上所述，企业行政是指企业为实现其相关经济利益目标而制订的各种规则和行动的总和。这一定义包含了三方面的含义：①企业行政是有组织的活动。企业行政的主体是企业组织，也就是说，企业行政是一种有组织的行动，它是由企业组织制订方案和细则，并通过调动落实方案和细则的行动过程。②企业行政具有明确的方向性和目的性。企业行政的目标之一是实现企业的经济利益，以及围绕经济利益目标有序地处理各项日常事务。③企业行政是规则体系与行动体系的结合。企业行政包含了规则体系和各种具体行动。

2. 企业行政环境的含义

企业行政管理是社会和企业自身发展到一定阶段的产物，受企业行政环境的制约和影响。一般而言，企业行政管理实践能否实现其设定的目标，不仅取决于规则体系和具体行动是否科学合理，还取决于一定的内部环境和外部环境。结合企业行政的含义，可将企业行政环境界定为影响企业行政管理战略目标实现的各种力量的总称，既包括政治、文化、社会等外部环境，也包括资源、能力、竞争力等内部环境。在企业行政内外部环境的共同作用下，企业行政管理

① 高磊.浅述企业行政管理[J].人口与经济，2012(增刊)：103.

② 黄安心.企业行政管理概论[M].2版.武汉：华中科技大学出版社，2017：4.

③ 徐胜源.企业行政管理理论与实务[M].北京：中国经济出版社，2012：1-2.

活动才得以开展。

二、企业行政环境的特征

企业行政环境是客观存在的，并作用于企业行政管理实践，在企业行政管理活动中或有利于企业的生存与发展，或对企业产生威胁。在企业行政管理活动过程中，企业行政环境呈现以下特征。

一是企业行政环境的客观性。客观性是企业行政环境最突出的特征。在企业行政管理学科领域占主流地位的实证主义者认为，企业行政管理实践就是在某种特定社会状况、经济条件、法律制度等环境中开展企业行政活动的过程，企业行政管理实践活动离不开特定的环境。“企业作为一个市场主体，总是存在于一定的环境之中。影响企业的各种环境因素是客观存在的。”①所谓企业行政环境的客观性主要是指企业行政环境的存在是一种客观的现象，它独立于人的意志之外，企业行政环境的产生、变化、发展等有其自身的规律，人们可以认识并利用企业行政环境，但不能无视它的存在，否则，必将受到惩罚。

二是企业行政环境的复杂性。企业行政环境是一个复杂的系统，会对企业行政活动产生不同程度的影响。企业行政环境的复杂性表现在企业行政环境产生原因的复杂性、企业行政环境内容和形式的复杂性、企业行政环境问题后果的复杂性、企业行政环境解决方案的复杂性等方面。同时，企业行政的内外部环境一直处于变化之中，企业行政环境是动态的，它们之间不断进行着分离和重组，形成新的企业行政环境。这就要求企业行政管理要及时适应新的环境，随之进行改革或调整。

三是企业行政环境的过程性。企业行政环境的过程性主要是指其历史性。由于企业发展的规模和程度存在差异，在不同的历史发展阶段，企业管理者对特定的环境认识和评判标准也是不同的。具体表现在两个方面：一方面，从时间维度来看，企业行政环境是历史的、变化的；另一方面，企业管理者精准地把握企业行政环境需要一个过程。

四是企业行政环境的系统关联性。企业行政环境的各组成要素不是单独的个体，而是一个相互联系、相互制约、不可分割的有机统一体，它们共同影响

① 黄安心.企业行政管理概论[M].2版.武汉：华中科技大学出版社，2017：43.

着企业行政管理的实践活动。一方面，企业行政管理外部环境和内部环境之间相互联系，共同影响企业行政活动；另一方面，企业行政环境的不同要素之间相互联系，构成不同层次的子系统，对企业行政活动产生影响。

五是企业行政环境的价值选择性。在企业行政管理实践中，各企业主体在制订企业行政管理实践规则时，一般会对内部和外部环境进行分析判断，并以此为基础来决定企业行政管理实践的走向。企业行政环境的价值选择性充分体现了企业行政管理实践活动合规律性与合目的性的统一。

三、企业行政环境的影响

企业行政管理的产生、发展和变革，是社会、政治、经济、文化等各种内外部环境因素共同作用的结果，企业行政管理实践与企业行政环境的各要素之间存在着紧密联系。同时，企业行政环境的客观性、复杂性、系统关联性等特点，决定了企业行政管理实践效应的发挥必须协调好各个环境要素之间的关系。“在复杂条件下，组织与环境互相依赖、互相作用，共同演变，形成一个开放系统。在某种程度上可以说，组织的成败取决于组织与环境的适配：与环境适配的组织会获得更多环境力量支持，从而实现组织目标，提高组织效能；与环境不适配的组织则难以实现既定目标或预定绩效，从而导致组织失败。”[①]因此，企业行政管理实践必须与所处环境状况相适应，任何超越或滞后于相应环境的企业行政管理实践都将使其结果与初衷相背离，从而影响企业行政管理实践的效果及持续发展。

一方面，企业行政管理实践超越企业行政环境的发展，会造成企业资源浪费，给企业发展带来沉重负担，最终影响企业竞争力的发挥。企业行政管理实践是采取行政的手段来解决企业发展问题，必须以牺牲一定的企业经济资源为条件。如果企业行政管理实践无视企业的发展水平，只顾提高企业行政管理实践标准，最终可能会加重企业负担，从而影响企业的扩大再生产。另一方面，企业行政管理实践若滞后于企业行政环境的发展，企业发展中积累的一些风险就无法有效化解，最终会给企业持续稳定运营带来隐患，破坏企业的正常生产

① 康丽群，刘汉民．复杂组织目标演变与组织成长：一个纵向案例研究[J]．商业经济与管理，2017(12)：36.

秩序。由此可见，企业行政管理实践要善于利用企业行政环境，根据企业行政内外部环境的变化，及时调整和跟进，保持企业持续发展的效率与活力。

第二节　企业行政环境的主要构成

任何一个企业的行政管理实践都处于一定的环境中，并受制于企业行政内外部环境的变化。因此，在对企业行政管理实践进行分析时，要了解企业行政环境分析的基本方法，在此基础上，掌握企业行政环境的主要构成。对具体的企业行政环境进行分析，也是实现企业战略目标的必然要求。

一、企业行政环境分析的基本方法

在世界联系日益紧密的今天，现代企业所面临的内外环境尤为复杂。“良好的行政环境将降低企业的交易成本，使原本复杂的创新项目具有实施的可行性，并使创新项目的实施更加方便快捷，从而提高创新效率。”[①]结合企业行政环境的特点，可以通过以下几种方法对企业行政环境进行分析。

第一，企业行政环境的描述性分析。企业行政环境的描述性分析主要是指对企业行政管理实践构成的环境要素进行分析，主要解决“特征分布状况”的问题。企业环境的描述性分析关注的焦点通常不是为什么会存在这样或那样的环境，而是企业环境的分布是怎样的。通过企业行政环境的描述性分析，我们可以了解企业行政管理实践面对的政治、经济、文化、社会、技术等方面的发展状况。第二，企业行政环境的过程分析。同企业行政环境的描述性分析相比，企业行政环境的过程分析重点回答企业行政环境“是什么”及“怎么样”的问题，即主要解决企业行政环境“如何”的问题。企业行政环境过程分析的焦点是内外部环境在企业行政管理实践中的相互作用，包括政治、经济、文化、社会、技术、资源等因素在企业行政管理实践中产生的影响。第三，企业行政环境的解释性评估分析。企业行政环境的解释性评估分析主要是在回答环境“是什么”及“怎么样”问题的基础上，进一步回答企业行政环境“如何”“为什么”等问题。企业行政环境的解释性评估分析主要着眼点不是企业行政环境是

① 鲁桐，党印.投资者保护、行政环境与技术创新：跨国经验证据[J].世界经济，2015(10)：120.

如何呈现的，而是对企业行政环境的诸多构成要素做出一个科学的评判，为更好地推动企业行政管理实践提供理论支持。第四，企业行政环境的规范性分析。企业行政环境的规范性分析主要是指在企业行政环境解释性评估分析的基础上，系统思考通过什么样的方式使企业行政管理实践与环境相契合，更好地提升企业行政管理实践的效果。

在现实的企业行政环境实践分析中，还存在其他一些企业行政环境分析方法，这些企业行政环境分析方法为我们认识企业行政环境提供了多元的视角，如PEST分析法、外部因素评价法、综合交叉分析法、SWOT分析法等。在具体分析某企业行政环境时，需要结合企业发展面临的实际环境状况来寻找合适的分析方法。

二、企业行政的外部环境

企业行政的外部环境直接影响到企业的决策。因此，企业在发展过程中要注意区分外部环境，并对外部环境做出积极反应。一般认为企业行政的外部环境主要包括五类，即经济环境、社会环境、政治环境、生态环境、文化环境。

1.企业行政的经济环境

企业行政是工业化大生产的产物，是经济发展到一定程度的企业制度安排。企业行政的经济环境是指在企业经营活动过程中赖以生存和发展的经济发展状况以及政府制定的经济政策。企业行政的经济环境在企业发展过程中起决定性作用，关乎企业发展存亡。一般而言，企业行政的经济环境对企业行政管理实践的影响主要表现为两个方面：一方面，任何企业的行政管理体系都是在一定经济条件下发展起来的，都会在不同程度上受到经济环境的硬性制约。经济环境会对企业行政管理的总体水平产生制约作用，也会对企业行政管理的结构模式和运行体系产生影响。因此，企业行政管理要在当下的经济环境中寻求发展先机。另一方面，企业行政管理实践本身就包含经济性的基本目标，其运行必将会影响企业的经济行为，并最终对经济发展产生一定的影响。由此可见，任何一个企业的行政管理体系都与经济环境有着千丝万缕的联系。

2.企业行政的社会环境

企业行政是一个复杂的组织活动，时刻与社会环境进行着物质利益的交换，社会环境渗透在企业行政管理活动的所有环节。从社会环境的角度来看，企业行政管理实践始终处于一个社会系统中，实际上也是一个社会角色的扮演者。任何一个社会都存在一定的时间结构和空间结构，它构成了企业行政管理实践的大舞台，规定着企业行政管理实践的形态和发展。从时间结构来看，企业行政管理实践不仅会受到自然时间的影响，也会受到社会时间的影响，包括人们的娱乐、休息、放松等；从空间结构来看，企业行政管理实践不仅会受到物理空间的制约，也会受到社会空间结构的制约，包括私人空间、公共空间、人际关系等。社会环境对企业行政管理实践的影响主要表现为三个方面：①企业行政管理实践作为社会化的机制，其运行方式会受到社会角色规范的影响和制约；②企业行政管理实践作为社会化的行动体系，其运行效率会受到个体成员社会化水平的影响和制约；③企业行政管理实践作为社会系统的构成要素，其运行结构会受到社会系统的影响和制约。因此，关注企业行政的社会环境，对企业行政管理实践具有非常重要的意义。我们需要认识到，企业行政管理实践处在一定的社会环境之中，只有充分适应相应的社会环境，企业才能获得持续健康发展的机会。

3. 企业行政的政治环境

当前，积极实施招商引资，推动企业持续快速发展是政府的一项重要任务。从本质上说，政府扶持企业发展是一个政治行为，因此，企业行政管理实践必然会受到一个国家或地区政治环境的影响。企业行政的政治环境指政治形势、方针政策、法律法规及执行体系等。自企业组织出现以来，企业的发展都与政治过程有着密切的联系。在传统社会，统治者通过发展手工业、商业等来巩固统治，尽管当代企业发展是建立在民主政治和企业家广泛参与的基础上，但企业发展的具体过程仍然会受到政府政策的影响，政府制定的企业发展规划和企业发展的过程密切交织在一起。从某种意义上说，不了解一个国家或地区企业发展的政治环境，就无法科学地制定企业发展的具体规划。由此可见，企业行政与政治环境之间存在密切的联系，在企业行政管理实践中要妥善处理好两者的关系。

4. 企业行政的生态环境

企业行政的生态环境是指与企业的生存和发展密切相关的外在自然环境的

总和，它为企业的生存和发展提供了一定的资源和场所。自然环境被认为代表了一切生物和非生物的自然事物，只要不是人为的，都在它的涵盖范围之内[①]。良好的生态环境和充足的自然资源是一个企业持续发展的重要外部条件。一般而言，生态环境破坏和自然资源短缺都有可能导致企业前进的动力不足，从而威胁企业的持续健康发展。也就是说，当一个企业其他因素已经确定时，企业的发展空间通常会由自然资源和生态环境两种因素共同决定，企业的发展情况主要取决于生态环境质量和自然资源拥有量。因此，要处理好企业行政管理实践与生态环境之间的关系。生态环境状况与企业行政管理实践相协调，就会促进企业良性发展；反之，就会降低企业行政管理实践的效率，甚至阻碍企业持续稳定发展。

5.企业行政的文化环境

每一个企业都存在于一定的文化环境之中，这种文化环境就会成为企业发展的文化环境。企业行政的文化环境是由知识、价值观念、历史传统、民风民俗等构成的，它是企业生存发展的一种特殊环境。国家文化软实力分为以下五个组成部分：激励国家形成强大向心力的国家文化凝聚力，获得外界仿效的国家文化吸引力，推动发展、追求领先的国家文化创新力，将文化要素组织成效能最大有机整体的国家文化整合力，向外界正确表达意图的国家文化辐射力[②]。企业行政管理实践之所以重视文化环境，不仅在于它对企业的生存和发展产生重要影响，更重要的是现代企业所赖以实现战略目标的部分资源存在于文化环境之中。

三、企业行政的内部环境

企业内部环境是企业边界以内的、能为企业所掌控的、在企业决策行为中纳入直接考虑的相关的物理的和社会的因素的全部[③]。企业行政的内部环境对企业行政管理实践行动效率及预期效果会产生很大的影响，因此其一直是企业行

① 黎兵，王寒梅，史玉金.资源、环境、生态的关系探讨及对自然资源管理的建议[J].中国环境管理，2021(3)：122.

② 洪晓楠，邱金英，林丹.国家文化软实力的构成要素与提升战略[J].江海学刊，2013(1)：205.

③ 南建设.企业内部环境的概念及构成要素研究述评及展望[J].外国经济与管理，2015(4)：78.

政管理实践领域中被关注的焦点问题之一。如果不了解企业行政管理实践活动的各种内在环境因素，就难以全面而深入地理解企业行政管理实践。企业行政的内部环境主要由以下几个方面构成。

1.企业行政的人力资源环境

一般来说，拥有一定数量和质量的人力资源是保证企业持续健康发展的关键。人不仅是企业行政管理的实践者，也是企业资源的协调者和企业发展战略的影响者。一方面，企业行政管理实践离不开一定数量的人力资源，他们凭借专业的知识、技能开展企业行政管理实践，为企业提供优质的服务，推动企业持续发展；另一方面，企业行政管理实践是一个连续的过程，要保证企业行政管理实践取得一定的效果，显然需要人力资源的协调和控制，以解决问题，推动企业持续发展。由此可见，在企业行政管理实践中，一定数量和质量的人力资源起着关键作用。因此，注重企业行政管理的人力资源环境分析，对企业行政管理实践具有非常重要的意义。

2.企业行政的生产要素环境

企业行政的生产要素环境包含的内容十分丰富和广泛，每个特定企业的行政管理实践都需要根据自身运行的要求来获取相应的生产要素，各个企业的行政管理实践者也会根据企业的具体情况来对其生产要素环境进行分析。对企业行政管理的生产要素环境分析要结合企业性质和行动才能加以具体说明。一般来说，企业行政的生产要素环境包括资本、设备、信息等。企业行政管理的生产要素主要包括组织资源、财务资源、实物资源和技术资源四个方面[①]。企业行政管理实践是一项综合性行动，需要多种生产要素共同参与才能达到预期目标。在这项综合性行动过程中，企业生产要素的数量和质量构成十分重要。显然，分析企业行政的生产要素环境，对企业行政管理实践具有非常重要的意义。

3.企业行政的内部管理环境

企业行政是通过严格的企业内部管理体系实现企业的发展。在企业行政活动中引入效率导向的管理体制，可以提升企业行政管理实践效果。但企业行政管理体制的选择却很难摆脱企业整体管理模式的影响，管理效率的高低往往取决于企业管理的整体环境。随着企业行政管理实践的日益复杂化，管理效率的

① 黄安心.企业行政管理概论[M].2版.武汉：华中科技大学出版社，2017：48.

重要性更为凸显。因此，需加强企业行政的内部管理环境，提高管理效率。

4.企业行政的资金供应环境

充足的运行资金供应是保障企业行政管理实践得以有效实施的物质基础，企业资金供应的充足与否通常也是衡量一个企业行政管理水平高低的重要指标。资金供应环境是企业行政环境分析中重要的环境因素。一般来说，企业行政管理日常活动的开展都需要一定的运行资金支撑，如工作场所、人员安排、信息服务系统等，这都需要一定的运转资金。可见，企业行政管理实践的具体过程是一个“资金供应—服务传递”的过程。因此，分析企业行政的内部环境，必然涉及企业行政的资金供应环境。

第三节 企业行政环境的评估、适应与优化

企业行政管理是一定环境条件下的产物，作为一种制度化的安排，必然在相应环境下以自身的逻辑进行演进和发展。正确处理企业行政管理与内外部环境之间的关系，是每个企业行政管理者都要面对的问题。一方面，企业行政管理实践要与企业内部环境保持良好的协调关系。企业行政管理实践发展至今，涉及企业行政管理体制及组织构建、企业行政资源配置、企业行政决策与计划、企业行政事务管理等内容。因而，企业行政管理内部各系统间不是彼此孤立的，企业行政管理与企业内部环境存在着密切的关联。另一方面，企业行政管理实践要与企业外部环境保持良好的协调关系。企业行政管理实践置于一国社会结构、政治体制、经济制度、历史文化之下发挥作用，其实践成效必将受到特定企业外部环境的影响和制约。企业行政环境的复杂性决定了企业行政管理实践行动的效果，其功能发挥要有各方面的协调，是一个系统性的工程。

一、企业行政环境的评估

企业行政管理实践是一个动态的过程，它必须面对不断变化的企业外部环境，同时也会随着企业外部环境的变化而不断改变行动方案，做出调整。因此，在企业行政管理实践过程中，要对其内外部环境进行评估，全面掌握企业行政管理实践面临的环境状况，为调整企业行政管理实践提供有用的信息支撑。

1.企业行政环境评估的主要意义

企业行政环境评估是指按照一定的技术参数或标准，对企业行政管理实践的外部环境做出理性判断的过程。企业行政环境评估的意义在于：一方面，企业行政管理实践是一个复杂的过程，在行动过程中难免会受到来自各方面环境因素变化的影响，导致企业行政管理实践目标无法顺利实现，因此，需要通过对企业行政管理实践的环境因素变动情况进行监控，防止企业行政管理实践方向发生偏离；另一方面，通过企业行政环境评估可以使企业行政管理者清楚地了解其外部环境的变化，包括有利的环境变化和不利的环境变化，以便及时总结经验，为企业行政管理实践活动的调整提供必要的经验资料。

2.企业行政环境评估的主体选择

企业行政环境评估的主体是指对企业行政环境进行评估的具体组织者或执行者。从评估的主体来看，企业行政环境评估主要有领导评估、实践机构评估、专家评估和员工评估等方式。其中领导评估是企业行政环境评估中最直接、高效的评估方式。由于领导者在企业行政管理实践中扮演着决策者和实施者的角色，通常能够对企业行政环境变化做出全面判断，并且可以及时调整企业行政管理实践。当然，领导评估也有不足之处，如受领导者专业知识、时间、精力、价值偏好等因素限制，领导评估可能会导致企业行政环境评估结论出现偏差。为弥补领导评估的不足，企业行政管理实践越来越多地采取领导评估与实践机构评估、专家评估和员工评估等相结合的方式。

3.企业行政环境评估的方法和程序

企业行政环境评估的方法和程序是否科学，会影响企业行政环境评估结果的精准性。在企业行政环境评估中常用的方法通常有两种：一是对企业行政环境进行定性分析，即通过解析部分环境要素而获得对企业行政环境整体状况的判断；二是对企业行政环境进行定量分析，即通过广泛收集企业行政环境信息和数据，并对这些信息和数据进行统计分析和比较，从而获得对企业行政环境整体状况的精准判断。企业行政环境评估的程序一般包括企业行政环境评估计划、评估主体的确定、评估的实施等。在企业行政环境评估过程中，我们应该严格制定和遵循企业行政环境评估的程序，它直接关系到企业行政环境评估结果的优劣。

二、企业行政环境的适应

“企业环境是由宏观环境、中观环境和微观环境组成的一个复杂的环境系统；企业与企业环境之间是一种相互依存、相互影响的动态的关系；环境变动通过一定路径影响企业，企业通过调整内部要素或直接改造和选择反作用于环境”[①]。由此可见，企业适应环境的变化要求，对保证企业持续健康发展具有重要而积极的意义。企业行政环境的适应，是指企业管理者在验证企业行政管理实践方案可行的基础上，重点提升企业行政管理实践与相应环境之间的契合程度，以便进一步增强企业行政管理实践的效果。企业行政环境的适应是企业行政管理实践过程中的一个重要环节。当代企业行政管理实践的环境变得越来越复杂，给企业行政管理实践行动带来了更为严峻的挑战。因此，在推动企业行政管理实践时，需要持续不断地关注其与环境的适应情况，适时调整方向，保证企业行政管理实践方案顺利实施。外部环境对企业管理创新的影响较为复杂，不能简单地将其看作企业管理创新的驱动因素或抑制因素。部分学者将外部环境看作企业管理创新的主要影响因素，并认为管理创新的驱动力来自企业内部，但也不否认外部环境的影响[②]。

在企业行政管理实践过程中，企业行政管理者应科学地预测并精准地把握环境的变化趋势，主动调整企业行政管理实践，使之适应不断变化的环境状况，从而使企业在市场竞争中更好地立于不败之地。外部环境变化与企业战略节奏息息相关，是企业战略节奏的重要驱动因素，企业为了寻求长期发展，必然要形成与环境相匹配的战略节奏[③]。在企业行政管理实践过程中，企业应从以下几个步骤着手。首先，在企业行政环境的适应中，企业应该分析哪些环境或变量与企业行政管理实践直接紧密相关，在抓住关键因素的同时，不能只是罗列现象和数据，而应该抓住环境因素对企业行政管理实践的本质影响。其次，对企业行政管理实践本质而言，企业必须了解导致企业行政管理实践效果变化的逻

① 朱华.企业与企业环境互动探析[J].武汉大学学报(哲学社会科学版),2007(2):235.

② 张振鹏.企业管理创新影响因素与过程机制:研究综述及整合模型[J].科技进步与对策,2021(20):155.

③ 唐继凤,肖宵,李新春.企业战略节奏与竞争优势:一个理论框架[J].外国经济与管理,2021(7):11.

辑结构，分清哪些是主要因素，哪些是次要因素，并且要对企业行政管理实践的演化进行分析，探讨企业行政管理实践效果与环境之间的契合问题。最后，在企业行政管理实践中，要重视企业行政管理实践与环境之间的关系，做到企业行政管理实践与环境变化相适应，并随着环境变化不断完善自身，在适应环境变化的同时促进企业持续健康发展。

三、企业行政环境的优化

企业行政管理实践不能被动地适应环境，而应充分发挥主观能动性，保证企业行政管理实践积极主动地适应环境、优化环境。企业行政环境的优化，并非由企业行政管理主体的某一个机构来实现的，也不是通过某一个过程就能完成的，而是要靠企业不同层级机构、不同部门的协调合作，以不同的方式来实现。处在超竞争环境下的企业，很难保持原有竞争优势，要不断培育出新能力，以便适应环境的变化。因此，企业只有做到企业能力与外部环境的动态适应，才能拥有持续竞争优势①。

1. 企业行政环境优化的决策层次

这一层次的企业行政环境优化者是企业核心领导层，在企业行政环境优化上制定相应的方案，包括对企业行政环境优化的基本目标、大致实现路径、资源的调动方式等重大问题做出方向性部署。由于这一问题涉及企业发展的战略性目标，因此必须由高层管理者集体做出决策。在这一层次上，企业管理者对企业发展的环境变化趋势做出技术分析，并结合企业发展的战略制定出企业行政环境优化的宏观性政策框架，而不是拘泥于某些技术手段。

2. 企业行政环境优化的技术手段

企业行政环境优化的顺利实施，不仅取决于企业核心领导层的决心和意志，还取决于是否拥有科学合理的技术手段。尤其是面对复杂多变的各种环境因素，完善的企业行政环境优化技术手段就变得十分重要。所谓企业行政环境优化的技术手段，主要是指企业行政环境优化的方法、机制、资源调动等方面能够采用的技术和物质条件。企业从行政环境优化决策开始就需要有技术手段的准备。企业核心领导层在制定企业行政环境优化的方案时，一般需要充分考虑企业行

① 陆淳鸿.企业竞争优势理论演进评述[J].经济问题，2007(4)：24.

政环境优化在技术手段上的可行性。企业行政环境优化方案既是企业管理决策的需要，也是将企业环境优化决策转化为具体可操作方法的途径。

3. 企业行政环境优化的方案设计

所谓企业行政环境优化的方案设计，是指一项企业行政环境优化决策在具体落实行动中各个环节所采取的具体操作方法和步骤，一般包括企业行政环境优化的程序、具体方式、组织指挥体系、资金调动方式等方面的内容。企业行政环境优化的方案设计，是企业管理者在企业行政环境优化决策的基础上，对企业环境优化的技术手段和可行范围进行的讨论和规定。其重点包括两个方面：一是企业行政环境优化基本方案的设计，二是企业行政环境优化实施细则的规定。

※ 小　结

企业行政管理是社会和企业自身发展到一定阶段的产物，现代企业行政管理体系更是工业化社会发展和企业现代化发展的结果和要求。与其他管理体系的发展变化一样，企业行政管理体系的发展也是以一定社会发展环境和企业内部环境为基础。企业行政管理是一定环境条件下的产物，其作为一种机制化的安排，必然在相应环境下以自身的逻辑演进和发展。正确处理企业行政管理实践与内外部环境的关系，是每个企业行政管理者都要面对的课题。只有从企业行政的社会发展环境和企业内部环境入手，选择与企业行政管理最直接的环境变量进行深入研究，清源方能正本。

※ 关键概念

企业行政　企业行政环境　企业行政的经济环境　企业行政的社会环境

企业行政的政治环境　企业行政的生态环境　企业行政的文化环境

企业行政环境的评估　企业行政环境的适应　企业行政环境的优化

※ 思考与练习

（1）企业行政环境的特征是什么？

（2）企业行政环境对企业行政管理实践的影响有哪些？

（3）企业行政环境分析的方法主要有哪些？

（4）企业行政的外部环境主要有哪些？

（5）企业行政的内部环境主要有哪些？

（6）企业行政环境评估的主要意义是什么？

（7）企业行政环境的优化方式有哪些？

【案例分析】

优化营商环境，强健经济“体格”

营商环境就是生产力，优化营商环境就是解放生产力、提升竞争力。党的十九届五中全会提出，全面深化改革，构建高水平社会主义市场经济体制。落实这一重要要求，必须打造市场化、法治化、国际化营商环境，依托国内强大市场，使我国成为吸引全球优质要素资源的强大引力场，为实现高质量发展、构建新发展格局提供助力。

河北省全面推行行政执法“三项制度”，山西省实施企业投资项目承诺制改革，上海市建立优化营商环境法治保障共同体，浙江省推行“最多跑一次”改革……不久前，国家发展改革委发布了我国营商环境评价领域的首部国家报告《中国营商环境报告2020》，从一个侧面展示了“十三五”时期，在以习近平同志为核心的党中央坚强领导下，各地区、各部门以“放管服”改革为抓手改善营商环境的探索实践。营商环境的改善，微观主体的活力更有说服力。2012年我国各类市场主体不到6000万户，到去年底数量已经达到1.2亿户。随着抗击新冠肺炎疫情斗争取得重大战略成果和各项助企纾困政策发挥作用，从今年4月起，新设市场主体数量重新恢复增长，前三季度日均净增企业1.2万户。来之不易的成绩，与扎实做好“六稳”工作、全面落实“六保”任务、不断优化营商环境密不可分。

营商环境的优化强健了经济“体格”。中国经济能够更好地抗击风雨、砥砺前行，靠的是持续不断“刀刃向内”的改革创新。5年来，审批少了、税费轻了。中央层面核准的企业投资项目压减90%，非行政许可审批退出历史舞台，“十三五”时期新增减税降费将达7.6万亿元。5年来，创新多了，法治强了。今年新增的2万亿元财政资金，通过“一竿子插到底”的创新直达机制，下达时间从120天以上缩短到7天，确保助企纾困政策能够快速扎实地作用于企业。营商环境的优化还有法治举措保驾护航。《关于完善产权保护制度依法保护产权的意见》《中华人民共和国外商投资法》等法律法规的颁布，有力保障了内外资企业、不同所有制企业都能受到平等保护、在市场中公平竞争。

前不久，深圳综合改革试点实施方案发布，首次以清单批量授权方式赋予地方在重要领域和关键改革环节上更多自主权，展现了我国进一步深化改革创新、优化营商环境的智慧和魄力。中国进入新发展阶段、构建新发展格局，优化营商环境应有更高目标、付出更多努力。目前，在一些审批中，对产品外观或不重要的参数做调整仍需要重新办理许可或认证，一些涉及新兴产业或是专业性很强的项目审批时间仍然过长。对此，应进一步梳理排查，该整合整合，该取消取消，减少对微观经济活动不必要的干预。从落实情况看，近年来简政放权、减税降费等政策制定步步深化，但各地执行力参差不齐，有的政策卡在基层“最后一公里”，导致企业获得感不强。更好完善配套政策和实施细节，健全完善营商环境评价机制，才能不断提升地方落实改革部署的积极性和执行力，推动营商环境持续改善。

良好的营商环境如同清新空气，是市场主体成长发展的前提，是构建高水平社会主义市场经济体制、推动有效市场和有为政府更好结合的基础。继续深化“放管服”改革，优化政务服务和营商环境，中国经济必将创造更多发展奇迹。

资料来源：优化营商环境，强健经济“体格”，(2020-11-13)[2022-03-13]，http://industry.people.com.cn/n1/2020/1113/c413883-31929742.html，有改动。

请结合案例思考：

（1）良好的营商环境对企业发展有何关键意义？

（2）中国进入新发展阶段，如何进一步优化企业行政环境？

※ 推荐阅读

1. 戴维·J. 科利斯，辛西娅·A. 蒙哥玛利. 公司战略（英文版）[M]. 北京：机械工业出版社，1998.

2. 卡尔·W. 斯特恩，小乔治·斯托克. 公司战略透视：波士顿顾问公司管理新视野[M]. 波士顿顾问公司，译. 上海：上海远东出版社，1999.

3. 李怀祖. 管理研究方法论[M]. 2 版，西安：西安交通大学出版社，2004.

4. 蔡守秋. 环境政策学[M]. 北京：科学出版社，2009.

5. 约瑟夫·熊彼特. 经济发展理论[M]. 北京：商务印书馆，2017.

6. 黄安心. 企业行政管理概论[M]. 2 版. 武汉：华中科技大学出版社，2017.

第三章　企业行政组织结构

内容结构：

- 企业行政组织结构
  - 组织结构的含义与重要性
  - 企业组织结构的主要形式
    - 从直线制到职能制
    - 从职能制到事业部制
    - 从事业部制到模拟分权制
    - 从模拟分权制到矩阵制
    - 从等级制到网络化
  - 企业组织结构设计的影响因素与步骤
    - 影响企业组织结构设计的宏观因素
    - 影响企业组织结构设计的内部因素
    - 企业组织结构设计的步骤
  - 企业组织结构形态的演进和发展趋势
    - 企业组织结构形态的演进
    - 企业组织结构形态的扁平化发展趋势
    - 企业组织结构形态扁平化管理的推行
    - 层级组织的历史局限与网络组织的兴盛
    - 企业组织结构设计中的权变思想

内容提要：本章主要介绍企业组织结构的含义与重要性，阐释企业组织发展至今所呈现出来的主要形式及其优缺点。通过学习本章内容，掌握影响组织结构设计的宏观因素和内部因素，有助于全面系统考量企业组织能力的现状，并加深对组织结构历史演进背后的企业发展逻辑的认识。

【引导案例】

美的集团组织结构的案例分析①

一、案例背景

美的集团由成立之初的街道小厂，经过几十年的不断调整、发展与壮大，经历了数次战略和组织结构的变革，如今已成为以家电业为主的大型综合性现代化企业集团。美的集团从最初被动地进行组织结构调整发展到为强化竞争力而主动地、有意识地让组织结构适应市场竞争环境的发展，是其不断发展的重要原因。

二、直线职能制组织结构

组织学大师弗莱蒙特·E. 卡斯特认为，当组织“环境相对稳定而确定，目标明确而持久，技术相对统一而稳定，决策可以程序化时，以采用直线职能制的组织结构为宜”。美的集团在发展早期，产品线单一、部门简单，所以采取直线职能制组织结构（图3-1）。

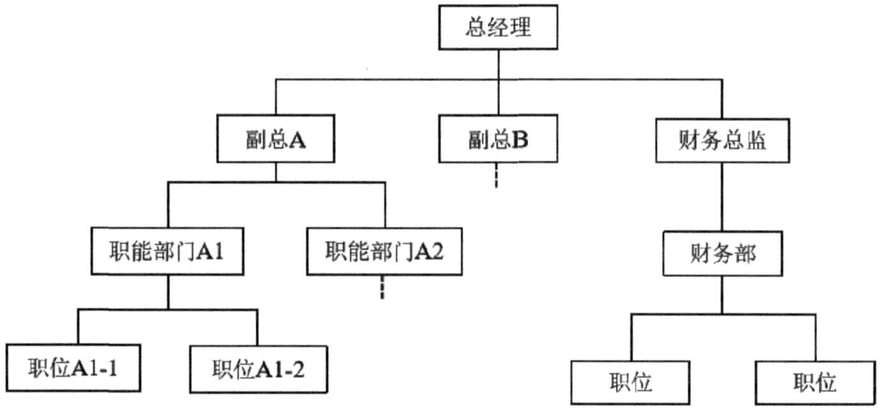

图3-1　美的集团早期的直线职能制组织结构示意

这种组织结构的最高领导直接下达的命令可以到达所有部门或个人。这种组织结构形态呈现出来的组织运作特点是：强调直线指挥从上到下的贯彻力；在各级行政主管之下设置相应的职能部门（如计划、销售、供应、财务等部门）

① 改编自多份网络资料。

开展专业管理，作为该级行政主管的参谋。在直线职能制组织结构下，下级既受上级部门的管理，又受同级职能管理部门的业务指导和监督。这种类型的组织结构既有直线制结构集中统一指挥的优点，又具有职能制结构分工细密、注重专业化的特点。

直线职能制组织结构的不足之处在于：

（1）强调权力集中于最高管理层，下级缺乏必要的自主权。

（2）职能部门与直线部门之间如果目标不统一，容易产生矛盾。特别是对于需要多部门合作的事项，往往难以确定责任的归属。

（3）信息传递路线较长，信息交流速度较慢、易失真，决策对于市场环境的适应性较差。

三、事业部制组织结构

21世纪初，美的集团根据企业发展实际，将组织结构调整为事业部制。每个事业部主要负责一个或者几个产品。凡与该产品有关的设计、生产、技术、销售、服务等业务活动，均归并在这个产品事业部之中，由该事业部总管（图3-2）。在销售地区广、工厂分散的情况下，企业可按地区划分事业部。如果顾客类型和市场不同，还可按顾客（市场）成立事业部。

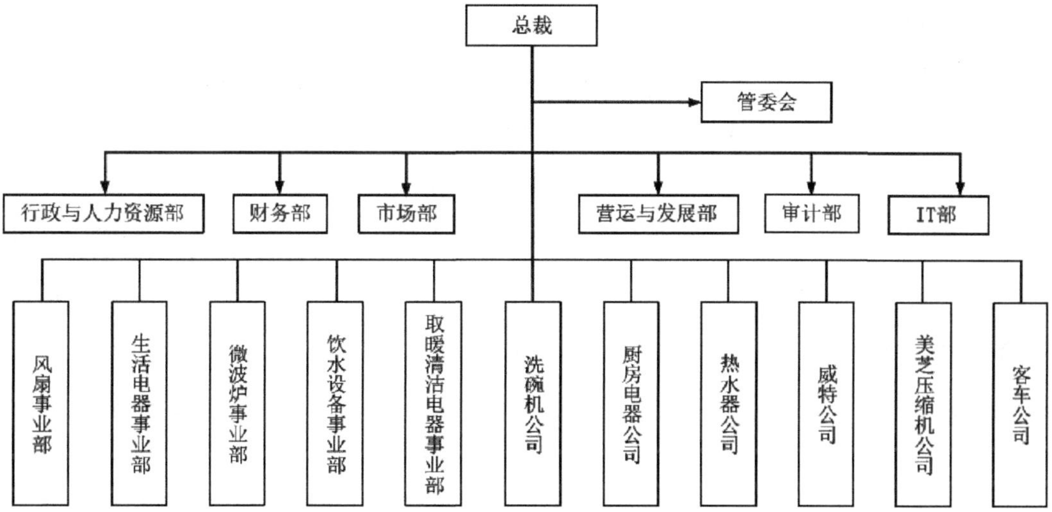

图3-2　美的集团事业部制组织结构示意

这种类型的组织结构可让最高领导摆脱繁杂的日常行政事务，集中精力研究和制定企业发展的经营战略和经营方针，最大限度地把管理权限下放到各事业部，使各事业部领导能够依据集团的经营目标、政策和制度，自主经营，充分展示各自的积极性和主动性。各事业部实行独立核算。各事业部间的经济往来遵循等价交换原则，集团内部构成内部交易关系。

美的集团实施的组织结构形态的调整是集团发展战略对于组织结构的必然要求。美的集团在2000年左右的一段时间里快速成长，进入不同领域开发、生产、销售不同的产品，这样就要面对经营多个产品的任务。集团原来的直线职能制组织结构的不足就愈发明显地表现出来。调整后采用的事业部制组织结构有很多优点：

（1）每个事业部有自己的产品和市场，能够规划具体产品的发展路线，也能灵活自主地适应市场出现的新情况并迅速做出反应，所以事业部制组织结构有强适应性。

（2）集团高层的决策职能与各事业部经营权的适当分离恰恰让各自的优势得到体现，尤其突出发挥事业部领导的经营管理积极性和创造性。

（3）事业部需要独立经营，因此能够让事业部的管理者得到很好的锻炼，有利于培养人才，为企业的未来发展储备干部。

（4）各事业部之间能形成良性竞争，企业内部活力得到加强，有助于促进集团核心竞争力的形成。

四、美的集团组织结构的变化给我们的启示

随着美的集团发展战略从单一产品向一体化、再向多样化经营的转变，组织结构静态上看也伴随着改变。一般来说，企业起始于单一产品的生产和经营，简单的战略只要求一种简单的结构形式来配合。这个阶段，决策可以集中在一个高层管理人员手中，组织结构简单。当企业发展起来以后，它的战略更宏伟、更富有进取心，在纵向一体化、横向一体化发展的要求下，增加了许多职能部门以支持所选择的战略。当企业进一步成长以后，进入多样化战略时期，这时结构需要再一次调整，而组建多个独立的事业部，让某一个部门对一类特定的产品负责，能够更好地达到上述要求。

企业的组织结构是达成战略目标的一项重要管理工具。企业组织结构是随着战略而定的，它必须按战略目标的变化而及时调整。战略可以在两个层次上影响组织结构：一是不同的战略要求开展不同的业务和管理活动，由此就影响到管理职务和部门的设计；二是战略重点的改变会引起组织业务活动重心的转移和核心职能的改变，从而使各部门、各职务在组织中的相对位置发生变化，相应地就要求对各管理职务和部门之间的关系做出调整。

企业组织结构要随着社会经济环境、发展战略、市场竞争格局、自身所处的阶段、信息技术、员工素质等多方面的变化不断进行动态调整。良性运作的组织结构形态是企业提高经营活动效率、培育竞争优势的基本保证。企业组织在结构形态上的调整与改变是企业组织适应外部环境变化的一种反映。

第一节 组织结构的含义与重要性

管理中的组织工作是指对组织的活动和资源进行组合以保证组织的计划得以实施。小到夫妻店，大到华为、苹果公司，都需要通过组织工作来实现自己的目标。现代管理学强调从结构的角度来理解组织的活动。

组织能力水平高低是个大问题。对于竞争性质的企业组织而言，甚至可以说是个要命的问题。从直线制形态的组织结构到现在网络化、无边界组织形态的出现，本质上都是组织能力在组织结构上的呈现。越是国际化大公司，越要重视组织能力体系建设。

管理基本职能的第二项职能就是“组织”，是指将人与事、人与岗、人与活动之间分配组合合理安排的过程。初创企业必然要搭建起一个组织结构，来实现组织资源利用效率和效能的最优化。企业发展到一定阶段后会对原来的组织结构进行调整，再造成新的组织结构。多数人所面对的组织都是组织结构已经完整成型的，所需要考虑的事情是如何融入组织中，所要解决的问题是理解现有组织结构的体系设计安排以便于找准自己在组织结构中所处的位置，更好地开展自身的工作。静态的组织结构（架构）反映了对完成组织目标的人员、工作、技术、信息、权责等所做的制度性安排。

动词意义上，专门有个词即组织结构设计，就是为了实现组织目标而在组织资源使用效率和效能方面开展的人为设计过程，其具体内容包括管理幅度的确立、机构的设置、层次的划分、各部门权责划分及其之间的沟通方式等。一个组织应该建立怎样的组织结构这个问题没有最佳答案或唯一方案。有些组织适合机械式、偏于稳定的架构设计，而有些组织可能更适合有机的强调灵活性的结构安排。名词意义上，组织结构的概念有广义和狭义之分。狭义的组织结构，是指为了实现组织的目标，在组织理论指导下，经过组织设计形成的内部各个部门、各个层次之间稳定的合作方式。广义的组织结构，除了包含狭义的组织结构内容外，还包括组织之间的相互关系类型，如专业化协作、经济联合体、企业集团等。这里主要介绍狭义的组织结构内容。

现代管理学之父彼得·德鲁克对组织结构有如下重要观点①：

（1）组织结构不是“自发演变”的。在一个组织中，自发演变的只有混乱、摩擦和不良绩效，所以组织结构设计需要思考、分析和系统的研究。

（2）设计组织结构并不是第一步，而是最后一步。第一步是对组织结构的基本构成单位进行识别和组织。组织结构的基本构成单位是指那些必须包含在最后的结构之中，并承担整个组织的“结构负荷”的业务活动。基本构成单位是由它们所做贡献的种类来决定的。

（3）战略决定结构。结构是实现某一机构各种目标的一种手段，为了确保效率和合理性，必须使组织结构与战略相适应，即战略决定结构。因此，有关结构的任何工作，都必须从目标和战略出发。

（4）日常的经营管理、创新和高层管理这三种不同的工作必须组合在同一组织结构之中，组织结构必须一方面以任务为中心，另一方面以人为中心；并且既有一条权力的轴线，又有一条责任的轴线。

上述观点奠定了组织结构设计的主要原则和组织结构再造、调整的基本方向。

第二节　企业组织结构的主要形式

企业组织结构设计要达到企业内部系统功能完备、功能担负分配合理、岗位权责匹配、管理跨度合理四个标准。随着社会生产力发展水平的提高，企业组织结构形式也处在变化之中，经历了从简单到复杂、从相对固定形式到灵活

① 彼得·德鲁克.管理：使命、责任、实务（实务篇）（珍藏版）[M].王永贵，译.北京：机械工业出版社，2009.

变化形式的演进。

一、从直线制到职能制

直线制是一种最基本、最简单的组织形态。它与个人业主制这种企业发展阶段相应而生。此时的企业往往处于技术水平较低或产品单一或企业规模较小的历史阶段。直线制组织结构形态的特点是决策权力由下而上集中到组织金字塔尖，再从上到下实行垂直指挥；下属员工或下属部门只接受一个上级的指令；各级主管对所属部门的一切问题负责。组织结构中没有设立职能机构，没有专业分工。直线制组织结构的优点明显：机构简单、权责分明、命令统一、决策迅速、工作效率高。其缺点是企业主需要自己处理几乎所有问题，缺乏专业化分工，下级的积极性和创造性受到压制。企业直线制组织结构如图3-3所示。

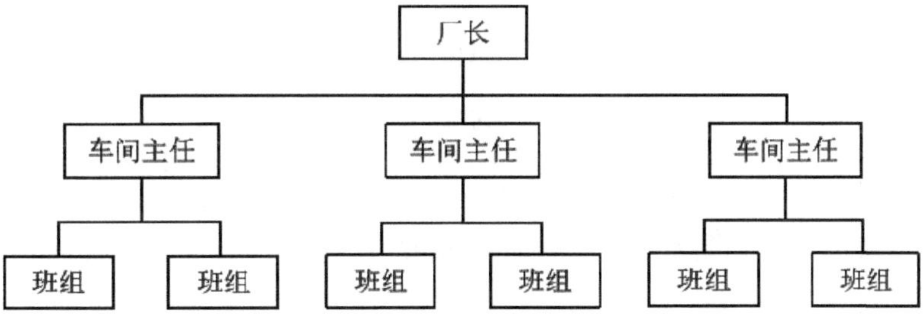

图3-3　企业直线制组织结构示意

职能制，又称直线职能制或直线参谋制。这种类型的组织结构体现为配合主管负责人的权责设计了一些职能机构。它起源于20世纪初法约尔在一家法国煤矿担任总经理时所建立的组织结构形态，故又叫“法约尔模型”[①]。现代组织理论研究的学者将其称作U型结构（Unity Form）。比如在厂长下面设立了诸如技术、财务、人事、生产、营销、行政等职能机构并配以人员，各职能机构负责人可以在自己的业务范围内发号施令。因此，下级机构既受主要上级部门的管理，也受到职能管理部门针对业务的管理和监督。美国学者钱德勒认为，U型结构的直线职能制是大批量生产与大批量配送结合的产物，在20世纪初与当时的生产流通体系相互适应[②]。企业直线职能制组织结构如图3-4所示。

① 亨利·法约尔．工业管理与一般管理［M］．胡苏云，吕衎，译．成都：四川人民出版社，2017.

② 艾尔弗雷德·D．钱德勒．战略与结构：美国工商企业成长的若干篇章［M］．北京天则经济研究所，北京江南天慧经济研究所，译．昆明：云南人民出版社，2002.

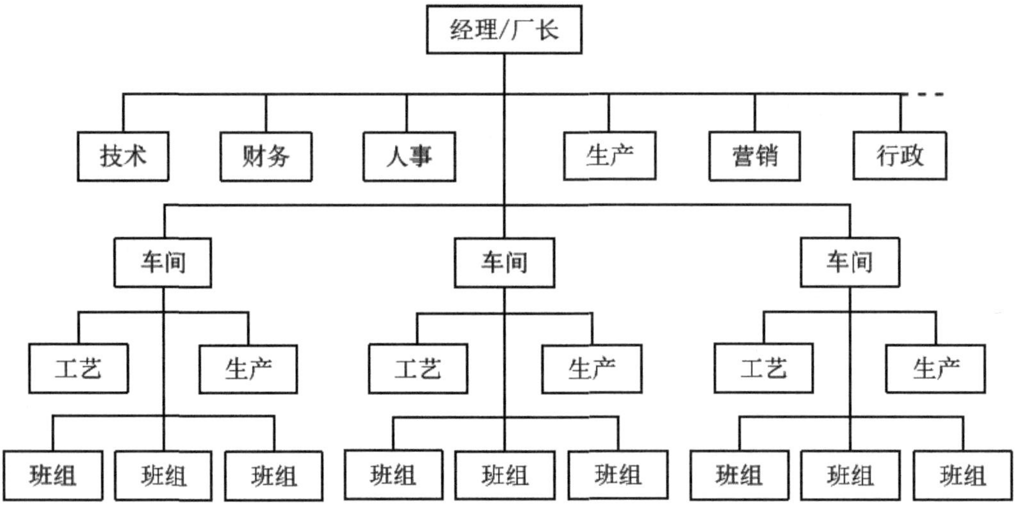

图3-4 企业直线职能制组织结构示意

直线职能制组织结构的优点是能够适应工业企业生产技术比较复杂、管理工作内容分类精细的特点；能够发挥职能机构的专业管理作用，减轻主管负责人的工作负担。缺点是它妨碍了必要的集中领导和统一指挥，上级指令和职能机构的命令易发生矛盾；各部门之间的横向联系较差，容易产生脱节与矛盾；信息传递路线较长，反馈较慢，适应环境变化较难；易造成机构臃肿与内部运行低效率。

二、从职能制到事业部制

为了解决职能制的缺陷，20世纪20年代美国企业率先开始酝酿对其内部管理方式进行变革，导致了组织结构的一次根本性创新，即从集权的职能制迈向分权的事业部制。一些学者将事业部制结构取名为M型结构（Multidi Visional Form）。

事业部制最早是由美国通用汽车公司总裁斯隆于1924年提出的，故有“斯隆模型”之称[①]。它适用于规模庞大、产品品种繁多、技术复杂的大型企业。一个公司按地区或按产品类别可以分成若干个事业部，从产品的设计、原料采购、成本核算、产品制造，一直到产品销售，均由事业部及其所属工厂负责，实行单独核算、独立经营，公司总部只保留人事决策、预算控制和监督大权，并通

① 艾尔弗雷德·P. 斯隆. 我在通用汽车的岁月：斯隆自传[M]. 刘昕，译. 北京：华夏出版社，2005.

过利润率等指标对事业部进行控制。也有的事业部只负责指挥和组织生产，不负责采购和销售，实行生产和供销分立。还有的事业部则按区域来划分。钱德勒教授认为，M型结构的事业部制由于与大企业多行业、多产品线的情况相适应，在20世纪30—60年代逐渐成为美国大企业的主导组织结构。以海尔公司为例，业务事业部的任务主要是运营，包括降低成本、发展新的营销模式，而发展战略、投资决策、并购决策则保留在集团。上海文广集团则将同一个新闻题材在不同的媒体（广播、电视、报刊和网络媒体）间进行共享，以实现更高的效益。这些都是事业部制组织结构的典型形态。企业事业部制组织结构如图3-5所示。

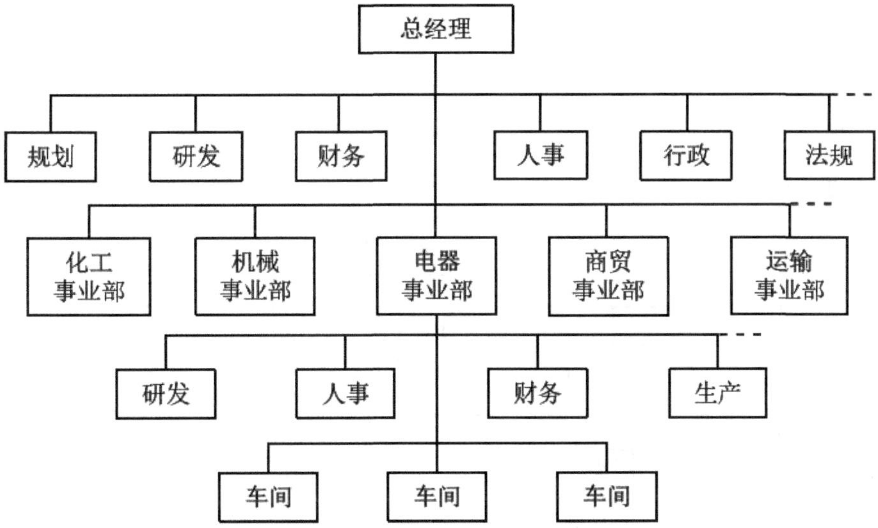

图3-5　企业事业部制组织结构示意

事业部制的优点是总公司领导可以摆脱日常具体行政管理事务，集中精力考虑战略性、全局性问题；实行独立核算有利于调动事业部经营管理人员的积极性；事业部之间的竞争有利于培养和锻炼管理人才。其缺点在于事业部与总部在职能机构上有一定程度的重叠，会抬高总体管理成本；各事业部之间沟通困难，削弱了整个集团内部协调性，造成集团整体运营成本上升。

三、从事业部制到模拟分权制

随着企业组织规模的扩张和经营活动复杂程度的增加，不仅直线职能制难以适应，事业部制的适应性也不尽如人意。某些大型企业，如连续生产的钢铁、化工企业由于产品品种或生产工艺过程限制，难以分解成独立的事业部门。在这种背景下，就出现了模拟分权制。

模拟分权制组织结构是指人为地把企业划分成若干个“组织单位”，模拟事业部制的独立经营、单独核算的功能。这些生产单位有自己的职能机构，享有尽可能大的自主权，负有“模拟性”的盈亏责任，目的是要调动它们的生产经营积极性，达到改善企业生产经营管理的目的。在生产过程连续性程度高的大型原材料企业中，前一个“组织单位”生产出的产品直接成为下一个“组织单位”的原料，其间无须停顿和中转。它们之间的经济核算，只能依据企业内部的价格，而不是市场价格，也就是说这些单位没有自己独立的外部市场，这也是其与事业部的差别所在。通过模拟分权，在企业内部构建了模拟市场机制，有利于调动各生产部门的积极性和主动性，促进企业实现降本增效的管理目标。当然，其自主权的有限性难以激发出各部门巨大的创造热情，且模拟市场价格难以准确地考核模拟部门的绩效。企业模拟分权制组织结构参见图3-6。

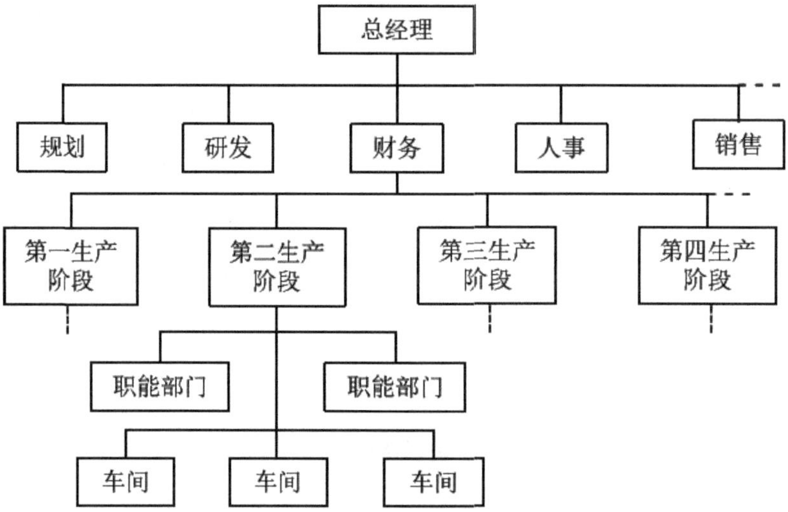

图3-6　企业模拟分权制组织结构示意

四、从模拟分权制到矩阵制

协作性强和复杂程度高的企业组织结构最典型、最常用的形态是矩阵制。矩阵制组织结构将按职能划分的部门与按项目划分的小组结合起来，形成一个类似于数学中的“矩阵”的一种组织形式，产生于工业化成熟时期，见图3-7。

它的特点表现为围绕某项专门任务成立跨职能部门的专门机构，例如组成一个专门的产品（项目）小组去从事新产品开发工作，在研究、设计、试验、制造各个不同阶段，由有关部门派人参加。这种组织结构形式是固定的，人员却是变动的，任务完成后就可以离开。项目小组和负责人也是临时组织和委任的，任务完成后就解散，有关人员回原单位工作。因此，这种组织结构非常适用于横向协作和攻关项目。

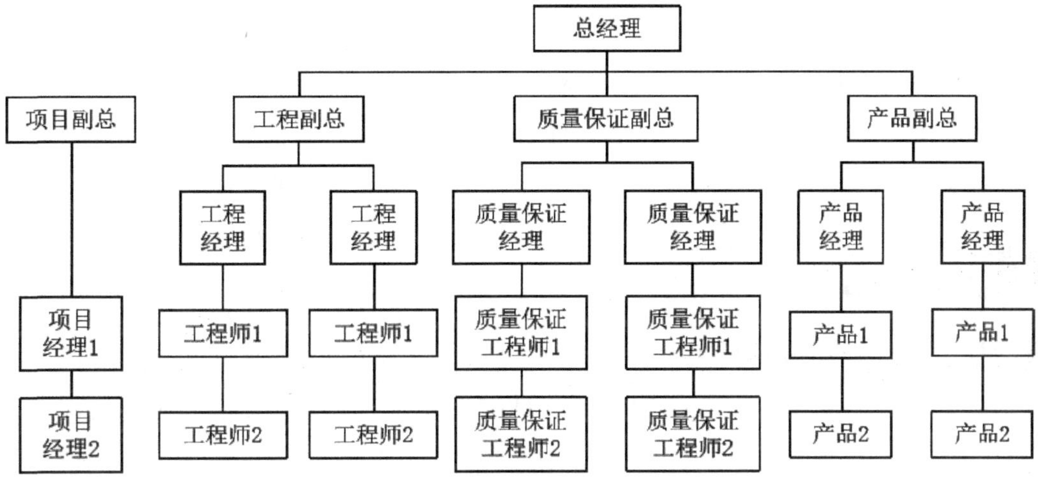

图3-7 企业矩阵制组织结构示意

矩阵制组织结构的优点是结构弹性大，具有高度的机动性、灵活性，较能适应不确定的市场，尤其适用于以开发和试验项目为主的单位。其缺点主要是难以解决组织结构可变性与稳定性的矛盾。因为参加项目的人员来自不同部门，隶属关系仍在原单位，所以项目负责人对成员管理相对困难，缺乏足够的激励手段与惩治手段，这种人员上的双重管理是矩阵制组织结构的先天缺陷。由于项目组成员来自不同职能部门，工作中易出现任务分配不明确、权责不统一的问题，从而影响工作效率、工作质量等。

五、从等级制到网络化

上述几种组织结构形式，多数是建立在等级制的金字塔型组织结构基础上的。20世纪90年代初伴随着信息技术的广泛应用、知识经济兴起、企业再造理论[①]的提出，产生了一项创新型企业组织结构——告别等级制的网络化组织结构，也有人称之为扁平化组织。网络化组织结构形态上的突出特点是，组织的垂直层大大精简，水平层扩大，从职能式机构转变为流程式工作单位，它只具有很小的中心组织，而将制造、销售及其他关键的经营活动都通过签订合同的形式外包出去，或者从本组织外购买大部分职能。在网络组织中，重要的不再是职能，而是企业间的关系网络。网络组织成员之间的关系建立在期望结果的合约之上，沟通联系以电子通信作为主要手段。例如，东西网是一家以翻译业务为主的电子商务公司，聚集了众多的翻译人才。2011年出版的《乔布斯传》长达600页，东西网帮助出版社组织译者只用了20多天就完成了这项工作。

华人经济学家张五常[②]认为，“企业是合同的纽结”。网络化组织结构企业的中心组织与其外包的各类组织之间就是“契约”关系基础上的动态联结体，它们之间的关系是一种专业化的管理合同关系。这种专业化给企业提供了高度的灵活性，能够对市场环境的变化做出最迅速的反应，也有利于按照比较优势进行国际化分工。另外，网络化组织结构形态上非常简单、精炼，扁平化程度相当高，简化了机构和管理层次，自然降低了管理成本。但由于网络化组织结构的基本单元都是独立的经营单位，通常缺乏实际控制并且具有较高的不确定性。企业的中心组织必须要熟练地维持和发展与各个外包组织之间的关系，避免合同缺陷，这就对中心组织的协调、控制能力提出了相当大的挑战。网络化组织结构参见图3-8。

① 企业再造理论是美国学者哈默和钱皮在《企业再造：企业革命的宣言书》中提出的。基本含义是从顾客需求出发，以企业流程为改造对象，对企业流程进行根本性的思考和分析，实现企业流程彻底的重新设计，以期获得企业绩效的巨大改善。例如，戴尔公司并没有在PC领域中做出重大发明，但它极大地促进了PC生产的组织，从直销、按单生产、网上订单，到整合供应商和库存的供应链一体化，这些流程上的创新构成了戴尔公司的竞争优势。

② 张五常，1935年出生于香港，国际知名经济学家，新制度经济学代表人物之一，毕业于美国加利福尼亚大学洛杉矶分校经济学系，为现代新制度经济学和现代产权经济学的创始人之一。其著作《佃农理论》获得芝加哥大学政治经济学奖。

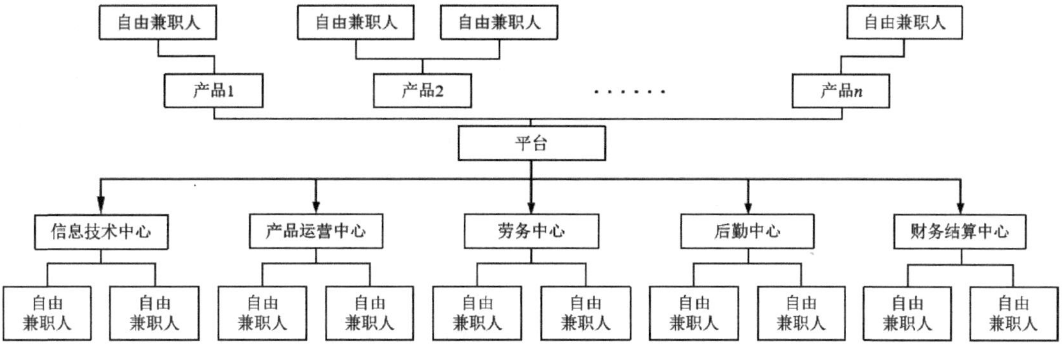

图3-8　网络化组织结构示意

表3-1　不同企业组织结构形式比较

组织结构类型	优点	缺点	较适宜的企业	产生年代及其背景
直线型组织结构	1.集权制下的指挥链明确 2.部门划分的权责明确 3.结构形态简单 4.管理幅度较窄	1.下级人员的工作积极性及其潜力不被关注 2.权力过于集中 3.对外界变化反应迟缓 4.结构形态高耸	生产加工技术简单的众多中小企业	最早在14、15世纪的古典企业中出现
直线职能制组织结构	1.集权式，强调命令统一 2.部门划分清晰、职责明确 3.结构稳定性高 5.正规化程度高	1.职能部门间横向联系较差 2.权力集中于高层，下级缺乏必要的自主权 3.系统缺乏灵敏性，信息传递路线长	组织规模不大、产品品种不复杂，市场环境较为稳定的中小企业	工业化早期及其进程中
事业部制组织结构	1.专业化程度高 2.最高层与事业部管理层分别聚焦于战略与执行 3.市场竞争机制的引进 4.总部突出财务控制、战略控制导向	1.职能部门、机构重叠，需要大量管理人员 2.部门与集团公司之间重点资源把握及其投放难	经济规模大、产品品种多、生产环节复杂、跨区域经营的大中型企业、跨国公司	20世纪20年代后发达国家大型公司率先实施

续　表

组织结构类型	优点	缺点	较适宜的企业	产生年代及其背景
模拟分权制组织结构	1.调动各生产单位积极性 2.降本增效 3.企业规模过大，不易管理的问题得到解决	1.无法为模拟分权单位明确具体生产任务和经济指标 2.考核与评价有困难 3.各生产单位间信息沟通、决策方面有缺陷	流程型（产品）的大型创业公司、大型原材料企业	—
矩阵制组织结构	1.各职能部门之间的协作配合与沟通得以实现 2.相互启发、集思广益利于技术性、开发性难题的破解 3.适应外界环境变化的能力较强	1.双重领导、多重领导造成报告关系上的混乱 2.人员素质要求高 3.任务临时性特征强 4.可能出现推诿责任和争夺权力的现象	房地产公司 科技研发型企业 软件公司 工程企业	20世纪50年代以后
网络化、无边界、虚拟、柔性化组织结构	1.突破职能、层级、文化界限 2.信息流动自由 3.分权特征明显 4.不重视正规化，结构弹性化 5.人力资源共享	1.领导能力受到考验 2.契约精神、合作执行、人际沟通、高度信任问题是所有人都面临的 3.组织中的人力资源素质要求比较高	品牌提供商、OEM发包商	21世纪，伴随着互联网技术的广泛应用，各类型企业纷纷探索创新

（来源：根据相关资料整理）

第三节　企业组织结构设计的影响因素与步骤

每个企业面临的内外部各种变化因素都会对企业组织结构设计产生重要的影响。企业组织结构的设计及其运行必须考虑现存的环境、组织的发展战略，同时受制于一定的技术条件和人力资源水平。在组织设计过程中要周密考虑宏观因素与内部因素。

一、影响企业组织结构设计的宏观因素

企业组织结构设计在宏观方面需要考虑企业所处的组织环境、企业的组织

战略、企业的技术、企业规模与所处的发展阶段，以及企业的人力资源状况。

1.组织环境

组织之外所有可能影响企业实现其目标的因素都可以看作组织的（外部）环境因素。当代，企业面临着全球化及其逆反、去中心主义的多元化、进化中的企业伦理、雇佣关系的巨变等环境因素的影响。汤姆·伯恩斯和斯托克在1961年出版的《管理之革新》一书中提出，所谓相对稳定的环境，即在一个相对长的时期内处于相对不变化状态的环境；而不稳定的环境是处于经常性快速变动状态的环境。在环境相对稳定的企业环境中，组织通常会建立起层级清晰、规则明确的机械式结构以提高运营效率。反之，如果企业处于易发生较大变化的环境中，组织需要加快决策速度和沟通以便能够抓住机会，因此，管理者倾向于采用灵活的组织结构。在这样的组织结构下，下层会拥有较大的决策权力，企业在价值观和行为规范上会鼓励变革和创新。例如，房地产公司随着项目开发地区的不同需要设计矩阵制组织结构和项目团队工作的方式，由总部采取灵活的人力资源调配。总之，面对复杂多变的环境，企业需要适当调整或再造组织结构，以促进企业经营业务的创新和长远目标的实现。

2.组织战略

战略是实现企业目标的各种行动方案、经营方针和发展方向的总称。战略管理大师迈克尔·波特认为，战略的本质是抉择、权衡。亨利·明茨伯格在1979年的《组织的结构》一书中明确提出，一个组织的战略决定着其任务、技术和环境，而这些方面的因素又决定着其本身的组织结构设计。美国企业管理史教授艾尔弗雷德·钱德勒通过对美国100家大公司进行长达50年的跟踪考察，得出结论：公司战略的变化先于组织结构并导致组织结构的变化。一旦战略形成，组织结构就应该做出相应的调整，服从组织战略发展要求。因为不同的组织战略要求组织有相应的任务和职能，这必然会影响组织的职能、职权、职位等的设计。并且组织战略的变化与调整，会影响组织的工作重点、职能部门及职位在组织中地位和重要性的变化，由此导致组织结构的变化①。企业竞争在实际中经常可见：低成本的竞争战略需要更加强调标准化和流程运营的控制，组

① 艾尔弗雷德·D.钱德勒.战略与结构——美国工商企业成长的若干篇章[M].北京天则经济研究所，北京江南天慧经济研究公司，译.昆明：云南人民出版社，2002.

织结构显得似乎比较僵硬。差异化战略则要求组织结构灵活，往往通过打破部门界限加强合作、实现创新。国际化战略同样要求企业采取更灵活的结构，更好地满足市场的要求并捕捉盈利机会。一个典型的例子是当银行业从依赖贷款业务的利差利润转向争取中间业务的服务利润的时候，许多银行开始从总行—分行结构向事业部结构转变（参见表3-2）。

表3-2 组织战略对组织结构的影响①

战略	目标	环境	组织结构特征
防守型	追求稳定和效益	相对稳定的	严格控制，专业化分工程度高，规范化程度高，规章制度多，集权程度高
进攻型	追求快速、灵活反应	动荡而复杂的	松散型结构，劳动分工程度低，规范化程度低，规章制度少，分权化
分析型	追求稳定效益和灵活相结合	变化的	高度集权控制，对现有的活动实行严格控制，但对一部分部门采用让其分权或相对自主独立的方式，组织结构采用一部分有机式，一部分机械式

3.技术

技术是指组织将资源转化为产品或服务的方法。技术和组织结构设计之间的关系是由琼·伍德沃德首先发现的②。比如，18世纪中叶工业革命就是引入电力，使用机械纺织技术替代手工纺织；银行自动取款机技术应用取代了成千上万个银行出纳员的工作；利用车内安装的电脑诊断技术可以帮助修理工高效地查出故障、解决问题。新的信息技术的应用肯定会重新定义工作的性质和员工间的报告关系。因此，组织所运用的技术影响着组织结构的设计与选择。技术应用程度及技术设备的水平不仅影响组织活动的效果和效率，而且会作用于组织活动的内容划分和职务设置，会对工作人员的素质提出要求。如果组织中的决策主要是程序型的，例如快餐店的店面操作，则组织倾向于正式的结构；相反，对于开发设计团队来说，会经常遭遇预期之外的问题，大多数决策属于

① 雷蒙德·E.迈尔斯，查尔斯·C.斯诺.组织的战略、结构和程序[M].北京：东方出版社，2006.

② 她发现的三种基本的技术类型是：单元或小批量的技术，如裁缝店、照相馆、复印连锁店；大批量或大规模生产技术，如汽车制造商、家电制造商；连续过程技术如石油公司、化工企业。Joan Woodward.Industrial Organization：Theory and Practice[M].London：Oxford University Press，1965.

非程序型，其选择的组织结构必然是灵活的，需要将更多的权力授予基层人员以便于做出快速反应和专业判断。

4.企业规模与所处的发展阶段

企业的规模对组织结构设计具有明显的影响作用。一般情况下，企业规模越大，分权的程度越高，工作的专业化越强，标准化操作程序和制度也越健全。而企业的规模往往又与企业的发展阶段相互关联。美国著名管理学家伊查克·爱迪思在《企业生命周期》一书中，将企业生命周期划分为成长、成年和老化三个阶段。相对于成长阶段和老化阶段而言，成年阶段企业活动的内容复杂，员工人数最多，企业规章制度健全，经营规模庞大，这就需要建立与该阶段相适应的组织结构形态。通常情况下，组织往往会变得逐渐庞大、机械和分权，更加专业化、更注重规划。组织协调的需要增加了，规范化程度提高了，组织单位在地理上的分布更加分散，控制系统也会更加严密。总之，组织设计同企业规模密切相关，并且这种联系是动态的，体现在生命周期中。

5.人力资源

作为第一战略资源的人力资源因素，其作用于组织结构设计中的重要性程度不亚于其对于企业战略抉择的影响程度。如果企业对于员工的工作能力要求比较简单，比如不需要太多的经验、较多的技术技能，那么这样的企业组织结构往往倾向于正式的结构和严格的监管。富士康公司在承担苹果公司手机组装的时期，其组织结构就具有这种特点。然而，科技型公司，如中国的华为公司，美国的微软公司、苹果公司等的员工多数是专业能力突出的技术、技能型人才，他们对自主决策权的要求就比较强烈，比较反感被监督，这种企业更强调建立基于自治和自我控制的组织结构形态。

二、影响企业组织结构设计的内部因素

企业组织结构的初始设计或者再造设计，必须考虑以下六种组织内部因素：工作专业化、部门化、命令链、管理跨度、集权与分权、正规化。

1.工作专业化

工作专业化是将组织任务分解成小的构成成分，也叫专门化。工作专业化的概念来自18世纪英国经济学家亚当·斯密在《国富论》中提出的“劳动分

工”。专门从事某一生产的劳动者，可以在生产过程中不断创造并积累自己的生产知识。从事同一种劳动的时间越长，劳动者的劳动技能和劳动效率就会有不同程度的提高，随之而来的是企业的效益和整个社会的经济效率也得到提高——这是劳动分工的基本原理和分工带来的劳动效益。工作专业化往往与大规模生产方式联系在一起，让人想起作业流水线。20世纪初，亨利·福特就是通过建立汽车生产线而富甲天下、享誉全球的。他的做法是，给每一位员工分配特定的、重复性的工作，例如，有的员工只负责装配汽车的右前轮，有的则只负责安装右前门。通过把工作分化成较小的、标准化的任务，使工人能够反复地进行同一种操作，提高工作效率。福特的经验表明，让员工从事专业化的工作，他们的生产效率会提高。20世纪40年代后期，工业化国家大多数生产领域的工作都是通过工作专业化来完成的。

由于工作专业化是将一项工作的全部活动分解成若干步骤，每一步骤由掌握相应技能的人去做，也就是说，任何人都只需要完成全部活动的某一部分而非全部。因此，管理人员认为，这是一种最有效地利用员工技能的方式，因为在大多数企业中，有些工作需要高技能的员工来完成，有些工作则不需要专业的员工就可以完成。如果所有的员工都参与组织制造过程的所有步骤，那么就可能存在高技能人员的技能浪费在低技能要求的工作上，或低技能人员在完成高技能工作的过程中出现难以胜任、需要增加培训或造成低品质产品的现象。企业实行工作专业化，通过重复性的工作，员工会逐渐成长为熟练工，甚至开展相应领域的创新和创造，即使开展培训也有利于提高组织的培训效率。因此，工作专业化有助于提高工作效率和劳动生产率。

总之，无论企业规模大小，工作专业化的设计都是必需的。同时，管理者也需要注意，虽然工作专业化有提高劳动效率的优点，但仍然存在弊端。20世纪60年代以来，越来越多的证据表明，在某些工作领域，达到了这样一个顶点：由于工作专业化，人的非经济性因素的影响（表现为厌烦情绪、疲劳感、压力感、低生产率、低质量、缺勤率上升、流动率上升等）超过了经济性因素的影响。高度专业化会令员工对工作产生厌倦，缺乏激励和挑战，降低工作质量等问题。现在，大多数企业已经全面认识到工作专业化的利弊，开始尝试通过工作转换、工作扩大化、工作丰富化和组建工作团队来弥补工作专业化的缺陷，并取得了一定成效。

2.部门化

一旦通过工作专门化完成任务细分之后，就需要按照类别对它们进行分组以便共同的工作可以进行组合。工作分类的基础是部门化（Departmentalization）。现代企业常用的部门划分方法主要有职能部门化、产品部门化、顾客部门化、地区部门化，以及过程部门化等。

（1）职能部门化（参见图3-9）。职能部门化是一种最常见的划分部门的方法，是按履行的职能对企业内部活动进行分类，将相同或相似的工作归并在一起成为一个职能部门。比如，加工制造行业通常会设置工程部、会计部、生产部、人事部、采购部、物流部等部门，一个医院的主要职能部门往往设立有护理部、财会部、医疗诊治部、教育教学部等，一个证券公司通常设立有投资银行部、研究所、经济业务部、证券投资部、客户服务部等部门。

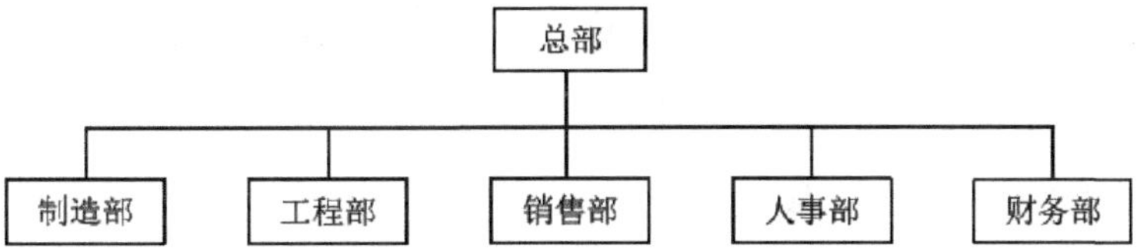

图3-9 现代企业职能部门化示意

（2）产品部门化（参见图3-10）。在生产经营多品种产品的大型企业中，按照产品类别划分部门也是一种重要的搭建组织部门的设计方法。产品部门化是以产品为基础，将生产产品所有必需的活动，如设计、制造、品管、销售、客服等工作组织归并在同一个产品部门内开展工作。

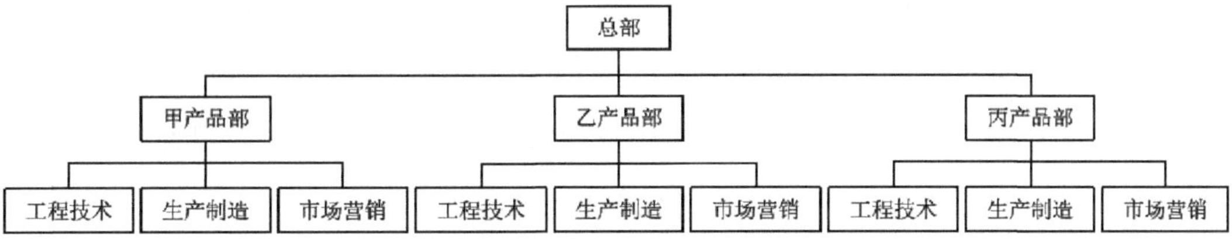

图3-10 现代企业产品部门化示意

（3）顾客部门化。顾客部门化是按照企业服务的顾客的不同来划分部门的一种方法。例如，银行或法律事务所可以根据服务对象是公司客户还是私人客户来进行部门划分；一家销售办公设备的公司可下设三个部门：零售服务部、批发服务部、政府部门服务部。

（4）地区部门化。地区部门化企业根据地理位置因素设立部门来组织开展经营活动。现代大型跨国公司往往采取按地区划分部门的组织结构设计，能够有效地处理特定区域产生的问题。诺基亚公司就曾经设立有北美、欧洲、亚太等地区管理部门。

（5）过程部门化。过程部门化是强调以工作流程、程序为基础，按照生产活动的不同工艺过程或设备来划分部门的方法。位于纽约州北部的雷诺兹金属公司（Reynolds Metals）铝试管厂，生产过程由五个部门组成：铸造部、锻压部、制管部、成品部、检验包装运输部。这是一个根据生产过程进行部门化的例子。在铝试管生产过程中，每个部门负责一个特定生产环节的工作。金属首先被铸造成巨大的胚料；然后送到锻压部，被挤压成铝管；铝管再被转送到制管部，由制管部负责把它们做成体积各异、形状不同的试管；这些试管被送往成品部，由成品部负责切割、清洗工作；最后，产品进入负责检验、包装、运输的部门。由于不同的环节需要不同的技术，因此这种部门化的方法给生产过程中同类活动的归并提供了基础。

大型组织进行部门化时，可能综合利用上述各种部门划分的方法，以取得较好的效果。2007年，海尔将旗下业务组成六大集团：白电集团、数码及个人产品集团、客户解决方案集团、装备部品制造集团、金融集团和商业流通集团。海尔认为，这样的部门设计有助于提高其在国际市场上的竞争力。进入21世纪后有两个倾向较为普遍：一是以顾客为基础进行部门化越来越受到青睐。这是为了更好地掌握顾客的需要，并有效地对顾客需要的变化做出反应。二是原先结构形态上更为稳定的金字塔型的职能部门设计被跨越部门界限的工作团队所替代。这是公司适应外部环境不确定性必然要进化出来的一种新型结构，倾向于分权、柔性适应工作任务以及扁平化结构形态。

3.命令链

命令链（Chain of Command）也称为统一指挥。命令链强调一种不间断的权力路线，从组织最高层延伸到最基层，说明谁向谁报告工作。它能够回答员工提出的“我有问题时去找谁”“我对谁负责”等问题。命令统一性有助于保持权力链条的连续性。它意味着，一个人应该对一个主管，且只对一个主管直接负责。同时，指示应从上到下逐级下达，不允许发生越级指挥的现象，以减少混乱和推诿，避免影响组织权力、纪律、秩序和稳定。

在组织设计的过程中需要贯彻命令链的统一指挥原则，在指令下达的界限内尽量减少重复和冲突，防止职责的扩散，避免多头指挥和多头领导。这有利于使组织最高管理部门的决策得到贯彻执行，提高管理工作的有效性，也有助于改善上级与下属之间的沟通，增进彼此的了解。华为公司在《华为基本法》中明确提出：高层重大“决策的原则是，从贤不从众，真理往往掌握在少数人手里”，这也正是表达了尊重命令和指挥的重要性。

时代在变化，组织设计的基本原则也在变化。随着互联网技术的发展和充分发挥人力资源价值、授权给下属的时代潮流观念的冲击，现在，命令链、权威、命令统一性等概念的重要性大大降低了。《商业周刊》曾经发表的一篇文章中的两段话，为这种变化提供了很好的例证：

3月中旬一个星期三的上午，查尔斯·凯瑟困惑地扫视了一眼从公司配送中心送来的存货报告。根据电脑打印出来的报告，玫瑰牌上光油只能保证3天的供货了，远远低于公司要求的3周半的库存要求。但凯瑟知道，公司设在密苏里州杰弗逊城的工厂两天前刚运来346箱（每箱12瓶）上光油，玫瑰牌上光油一定是被抢购一空了。他便打开自己与生产线相连的计算机，把批示输进去：在周四上午再生产400箱上光油。

这是一位计划经理工作日程中的一段小插曲。但事实上凯瑟不是管理人员，他只是生产线上的一名工人，官方的头衔是“生产线协调员”，是公司上百名工作于电脑网络上的工人中的一员。他们有权检查核对货物运送情况，安排自己的工作负荷，并经常从事以前属于管理人员领域的工作。

现在一个基层雇员能在几秒钟内得到二十年前只有高层管理人员才能得到的信息。随着计算机网络通信技术的发展，组织中任何位置的员工都能同其他人进行交流，不需通过正式渠道。而且，权威的概念和命令链的维持越来越无关紧要，因为过去只能由管理层做出的决策现在已授权给操作员工自己做决策。除此之外，随着自我管理团队、多功能团队和包含多个上司的新型组织设计思想的盛行，命令统一性的概念也越来越无关紧要了。当然，许多组织仍然认为通过强化命令链可以使组织的生产率最高，但今天这种组织越来越少了。

4. 管理跨度[①]

管理跨度的大小是直接影响组织效率的重要因素之一，也是管理层次设计的关键制约因素之一。管理跨度，也称管理幅度，是指一个领导者可以直接有效地管理下级人员的数量。超过了一定的管理跨度，领导者要继续有效地领导下属，就有必要增加一个管理层次。在很大程度上，它决定着组织要设置多少层次，配备多少管理人员。管理层次是组织内部管理指挥系统等级的数量。管理跨度和管理层次与组织结构密切相关，跨度一般决定了组织的管理宽度，层次一般决定了组织的管理深度。当一个组织的人数固定不变，管理层次与管理跨度呈反比关系，较小的管理跨度意味着较多的管理层次，较大的管理跨度则意味着管理层次较少。

随着管理跨度大小的变化，组织结构形态上表现为“扁平”或“高耸”两种形式，各有其优缺点。高耸结构的组织形态优点是分工细致明确，管理严密，沟通渠道多，上下级容易协调，便于严格监督和控制；缺点是管理层次多，上下级的沟通和交流易受阻，上级对下级的控制变得困难，消耗时间和精力，决策传达的时效性和准确性差，下级由于受到较多约束，容易产生不满。扁平结构的组织形态优点是管理层次少，信息流通快，管理费用低，利于密切上下级关系，缩短上下级距离，较大的管理跨度带给下级较大的自主性、积极性、创新性和满足感；缺点是上级难以严密监督下级的工作，上下级协调较差，管理跨度的加大也增加了同级间相互沟通的困难。

影响企业管理跨度设计的因素，主要有领导者及其下属的个人素质、组织管理信息沟通的通畅性、管理任务的复杂性、下属工作任务的相似性、组织文化的先进性、制度标准化与规范化和组织变革的速度等。每一个企业都应该根据自身的情况来确定适当的管理跨度，把握好管理跨度和管理层次之间的动态

①《圣经》中《出埃及记》记载了这样一个情节：摩西的岳父杰斯罗当时注意到，摩西花费过多的时间去监督太多的人，他建议摩西从全体以色列人中挑选出有能力的人，使他们成为千人之长、百人之长、十人之长，重大事情报请摩西决定。这大概是关于管理跨度最早的描述了。

合理配置，以保证企业的有效管理和高效运作，避免人员无谓膨胀[①]。

在其他条件相同时，管理跨度越宽，组织效率越高。假设两家公司的员工都是4096人，如果一个管理跨度为4人，另一个为8人，那么管理跨度宽的组织比跨度窄的组织在管理层次上少两层，可以少配备800名左右的管理人员。如果每名管理人员年均薪水为40000元，则管理跨度宽的组织每年在管理人员薪水上就可节省3200万元。显然，在成本方面，管理跨度宽的组织效率更高。

管理跨度窄也有其好处，管理者就可以对员工实行严密的控制。但管理跨度窄主要有3个缺点：第一，管理层次会因此而增多，管理成本会大大增加；第二，组织的垂直沟通更加复杂，管理层次增多也会减慢决策速度，并使高层管理人员趋于孤立；第三，管理跨度过窄易造成对下属监督过严，妨碍下属的自主性[②]。

近几年企业组织管理的实际趋势是加大管理跨度。加大管理跨度，与各个公司努力降低成本、削减企业一般管理费用、加速决策过程、增加灵活性、缩短与顾客的距离、授权给下属等市场竞争大趋势是一致的。但是为了避免因管理跨度加宽而使员工绩效降低，各公司都大大加强了员工培训的力度和投入。

5.集权与分权

集权化（Centralization）是指组织内系统化地将决策权集中于高层管理者的过程。分权化（Decentralization）是指组织内系统化地将权力授予基层管理者和员工的过程，也就是职权沿着指挥链尽量向下分配。集权还是分权是组织设计中的一项重要选择，不同的组织表现出很大的差异。有些组织强调分权，例如

① 英国历史学家、政治家诺斯古德·帕金森通过长期调查研究，于1958年出版的《帕金森定律》一书，阐述了机构人员膨胀的原因及其后果，指出组织人数的增加并不依据工作量的增加或工作内容的复杂化。按照帕金森定律，在管理体系中，行政机构会不断增多，行政人员会不断膨胀，管理跨度加大，组织层次增多，但组织效率却越来越低下。如何避免帕金森定律的副作用，是各级组织进行设计、变革时面临的重要问题。书中列举了一个非常典型的例子，即一个无法胜任工作的管理人员，有三条出路可选择：第一是申请退职，让出职位；第二是增加同级别的人员来协助自己的工作；第三是给自己配备若干个助手。显而易见，只有第三条出路比较现实。以此类推，一个机构臃肿、人浮于事、效率低下的管理体系逐渐生长出来。帕金森还用英国海军人员的统计数字来加以证明：1914年皇家海军官兵是14.6万人，基地的行政官员、办事员3249人；1928年，官兵数量下降到10万人，但基地的行政官员、办事员却增加到4558人，约增加了40%。

② 高文伟，陈焱．管理学原理[M].上海：上海交通大学出版社，2016：145.

Google公司的工程师可以将20%的时间用于自己选择的研发项目上。而富士康公司则强调集权，总裁郭台铭强调："走出实验室，没有高科技，只有执行的纪律。"

集权的优点包括协调效率高、目标保持一致、减少重复性活动等。例如，当不同部门间的协作出现问题时，集权的组织可以更快采取措施。高层集权更有可能指导组织采取目标一致的行动，避免基层偏离组织的主要目标。再如将生产和采购等环节进行全球化的集中可能为组织带来更高的效率。分权的优点则包括：减轻了高管处理日常事务的负担，从而能够将更多的精力用于决策；增加了员工对工作的自我管理控制，从而提高员工自我激励程度；将更多的权限授予最早接触信息的员工和基层管理者，提高了响应速度；员工掌握了更充分的信息，应对问题的决策质量也得到提高；消除了推诿的借口，使企业组织的整体绩效得到提升。

一家企业究竟应当采取集权还是分权？这个问题没有确定的答案。在组织内部，不同部门的集权和分权水平也可能完全不同。运营、制造、财务部门通常倾向于集权，营销、研发部门更倾向于分权。此外，许多组织根据环境和市场竞争的需要也会进行分权和集权的变革。华为公司曾经是一个高度集权的组织，现在则强调通过分权促进企业更有效地参与全球市场竞争。

6.正规化

正规化（Formalization）是指组织中的工作实行标准化的程度。一种工作的正规化程度较高，实际意味着做这项工作的人对工作内容、工作时间、工作手段没有多大自主权，因为组织对此都做了明确要求，组织期望员工以同样的方式投入工作，能够保证稳定一致的产出结果。在高度正规化的组织中，有明确的工作说明书，有繁杂的组织规章制度，对工作过程也有详尽的规定。而正规化程度较低的工作，相对来说，工作执行者的时间安排就不是那么固定，员工对自己工作的处理权限比较宽。由于个人权限与组织对员工行为的规定成反比，因此工作标准化程度越高，员工决定自己工作方式的权力就越小。

企业组织之间或组织内部不同工作之间正规化程度差别往往很大。众所周知，某些工作正规化程度很低，如销售人员的工作自由权限就比较大，他们的推销用语不要求标准划一。在行为约束上，不过就是每周交一次销售报告。另一种极端情况是那些处于同一公司的质量岗位、生产岗位职员与会计岗位的人。他们上午8点要准时上班，否则会被扣工资，而且他们必须遵守管理人员制定的一系列详尽的规章制度，工作中也无法自我随意安排时间。

三、企业组织结构设计的步骤

第一步，确定组织结构的基础模式。这一步工作要求企业根据发展战略、发展阶段、技术应用水平、员工素质高低等实际情况进行综合判断，确定一个相对典型的组织结构模式作为基础模式。在当代企业的实践中，选择直线职能制、事业部制和矩阵制结构的较普遍，并有越来越多的企业选择增加弹性模式的相应特征予以补充其基本模式的局限。

第二步，确定职能部门。这一步工作要求根据企业内部专业化分工的界限、工作流程来确定企业职能管理部门。将关联关系和独立关系，且工作量不大的分工部门合并起来，由一个职能管理部门作为主承担单位。将制衡关系的部门另外设计。

第三步，平衡工作量。这一步要求对所拟定的各个单位、部门的工作量进行大体的平衡。因为工作量过大的单位或部门往往会造成管理跨度过大，工作量过小的单位或部门往往会造成管理跨度过小，所以需要通过单位、部门之间的工作量平衡来使管理跨度实现合理化。

第四步，确定下级对口单位、部门或岗位的设置。如果企业下属的子公司、独立公司、分公司规模仍然比较大，上级职能管理部门无法完全承担其相应目标功能、作用，难以有效地进行工作协调，就有必要在这个层次上设置对口的职能部门或者专员岗位。

第五步，绘制组织结构图。这一步工作要求直观地画出整个企业的单位、部门和岗位之间的关系，以及各自所承担的目标功能和作用。

第六步，拟定企业系统分析文件。这一步工作也就是为企业组织结构确立规范。企业系统分析文件具体描绘企业内部各个子系统的目标功能和作用，单位、部门或者岗位具体承担的内容，并对职责、权力进行界定。

第七步，根据企业系统分析文件，撰写组织说明书。这一步工作就是在组织结构图的基础上，分析界定各个单位、部门和岗位的具体工作职责、所享有的权利、信息传递路线、资源流转路线等。

第八步，拟定单位、部门和岗位工作标准。即明确界定各个单位、部门和岗位的工作职责、工作目标、工作要求、考核标准等。

第九步，根据企业系统分析文件、组织说明书及单位、部门和岗位工作标准进行工作分析，并撰写工作说明书。除了界定前述内容外，还要明确界定任职的条件和资格。

第十步，就上述文件进行汇总讨论，通过后正式颁布，完成组织结构设计工作。

在规范设计步骤之外，有效的组织结构设计还需要考虑三个维度：垂直方向的差异、水平方向的差异以及整合机制。垂直方向的差异定义了组织中决策责任的分配（集权还是分权）以及层级的数量（高耸还是扁平），其中涉及职权的分配、管理幅度、业务职位和支持职位等。水平方向的差异则主要围绕组织目标建立相互协作的部门和运营单位（也就是部门化），水平方向的设计选择主要包括职能结构、事业部结构、地区结构、矩阵结构和混合结构。整合机制是指协调组织中各个单元的方法，包括正式的整合机制和非正式的整合机制，前者表现为管理层级、程序和规则、联络者、任务团队等，后者更多地表现为网络虚拟组织。

第四节　企业组织结构形态的演进和发展趋势

一、企业组织结构形态的演进

从企业组织发展的历史来看，企业组织结构的演变过程本身就是一个不断发展、不断创新的过程，先后出现了直线制、职能制、事业部制、模拟分权制、矩阵制、网络化组织结构形式。如今达成的共识认为，金字塔式、强调科层的层级结构已不能适应现代社会特别是网络信息经济时代的要求。目前企业之间已经是竞争全球化、顾客主导化和员工知识化等存在状态，因此，企业组织结构形态必须是富有弹性的和包含分权化的。现代企业十分推崇流程再造、组织重构，以客户的需求和满意度为目标，对企业现有的业务流程进行根本性的再思考和彻底重建，利用先进的智能制造技术、网络化信息技术以及现代化的管理手段，最大限度地实现技术上的功能集成和管理上的职能集成，不断突破传统的职能型组织结构形态，尝试建立全新的过程型组织结构，从而实现企业经营成本、质量、服务、效率和效益的巨大改善，以更好地适应以顾客、竞争、变化为特征的现代企业经营环境。

从发达国家中大型企业的实际情况来看，企业组织结构发展呈现出新的趋势，其特点是：外形扁平化、运作柔性化、结构混合化，团队组织、动态联盟、虚拟企业等新型的组织结构形式相继涌现。具有这些特点的新型组织结构形态有：

第一，扁平型组织。它是一种通过减少管理层次，压缩职能机构，裁减人员，使组织的决策层和操作层之间的中间管理层越少越好，以便使组织最大可能地将决策权延至最远的底层，从而提高企业效率的一种紧凑而富有弹性的倡导团队式工作的组织。扁平型的组织结构，弱化了纵向的层级，刻意打破部门边界，注重横向的合作与协调。其特点是：

（1）组织结构是按照顾客需求导向、市场需求导向原则，围绕工作流程而不是围绕部门职能设计搭建起来的，这与传统设计思想先构建部门再组成整体系统完全不同。

（2）加大管理跨度，减少了中间层，纵向的组织层级自然降低了，组织结构显得扁平化，指挥链缩短。

（3）上级更多的领导风格是授权给下级，重视运用自我管理的团队、小组完成工作任务。

（4）体现顾客和市场导向，围绕顾客和市场的需求，组织工作流程，建立相应的横向联系。

第二，无边界组织。传统的组织结构强调指挥与命令链条、上下的成员等级秩序，在分工产生效率基础上，扩大形成更加细分的部门，导致部门之间自然产生界线。无边界是指打破各种边界，包括企业内部或外部的边界。打破企业内部边界，主要是在企业内部形成多功能团队，代替传统上职责划分明晰但因此可能存在“空档”的职能部门；打破企业外部边界，则是与外部的供应商、客户包括竞争对手进行战略合作，建立上下游一体、品牌中心合作联盟。这种组织结构的产生背景一在于社会生产实践的发展，二基于分权思潮、新领导方式、协作工作方式的兴起。

第三，虚拟组织。它是指企业借助于网络技术，建立一个把分布于世界各地的属于或不属于本企业的研发人员、专家或其他协作人员联系在一起的跨越时空的合作联盟。如美国某公司与合作伙伴组成的虚拟企业，该公司负责研发和销售，而合作伙伴负责生产加工。

二、企业组织结构形态的扁平化发展趋势

为了适应经济环境和竞争环境的变化，企业组织结构形态虽呈现出多样性，但其发展方向和趋势是扁平化。扁平化的组织结构具有敏捷、灵活、快速、高效的优点。扁平化的真正意义在于：组织决策重心不断下移，让组织决策尽可能产生于发生信息的地方，减少决策在时间与空间上的滞后。组织结构扁平化，能够有效提高企业运行效率，这是因为从控制跨度的角度来看，在其他条件相同的情况下，控制跨度越宽，组织效率越高。

目前国际上有很多公司都大刀阔斧地压缩管理层次，扩大管理幅度，通过组织结构扁平化来提高企业竞争优势。例如，美国的通用电气公司通过无边界管理制度及“零管理层”制度，减少了管理层次，提高了企业对变化不定的市场需求的适应度[①]。这样不但节省了一大笔开支，还有效改善了企业的管理功能，企业效益也大大提高，利润也大幅度增长。

我国已经有一些企业进行了组织结构扁平化方面的尝试与创新，并且取得了很好的效果。例如，海尔集团根据国际化发展思路及时对组织机构进行了战略调整，对原有的职能结构和事业部进行了重新设计，把原来的职能结构转变成流程网络结构，把垂直业务结构转变成水平业务结构，形成首尾相接、连贯完善的新业务流程。海尔集团在扁平化的基础上，用市场链把各流程有效地结合起来。海尔集团的实践结果证明，实行扁平化后企业达到“三个零”，即顾客零距离、资金零占用和质量零缺陷，使海尔的经营管理水平上升到了更高的层次[②]。

---

① 李为民．无边界管理——通用电气公司总裁杰克·韦尔奇的经营之道[J].中国人力资源开发，2000(9)：41-42.

② 王玲．企业组织结构的探索与创新[J].决策，2009(1)：88-89.

三、企业组织结构形态扁平化管理的推行

构建新型企业组织结构，推行扁平化管理，可以从以下几个方面入手：

第一，构建学习型组织，倡导学习领先。百年未有之大变局同样发生在经济领域。目前的世界事实上充满着不确定和变动性。本·富兰克林说过："……在这个世界上，除了死亡和税收，没有什么可以说是确定的。"如今，医疗技术的进步和政策的变动甚至使这两件事也变得不确定了，唯有形成应付变化的技术和能力才是应对不确定性的关键因素。这就需要靠强调企业组织上下所有人都要通过学习来塑造公司未来，而不是靠强调已知的东西。从某种意义上说，构建学习型组织的目的之一就是通过学习形成适应外部环境的能力。

第二，破除"部门墙"，打造协作型团队组织。"部门墙"意指公司内部官僚习气严重。办点事情要跟多个部门沟通，往往资源调配不到位，研发周期缓慢，使得步调一致成为奢望，很多事情开展不顺，内耗增大。面对客户深层次的需求，公司开始慢慢变得被动、互相推诿和迟钝。1993年IBM公司就因为"部门墙"的问题，巨亏50亿美元。而实行扁平化管理，就是将管理重心下移，管理权力下放，强化基层的目标管理和自主决策。实行扁平化管理的企业内部加强整体意识、全局意识和协作意识，强化一盘棋思想和团队精神，这就要求企业要全力打造协作型团队组织。华为公司在1998年斥资千万美元请IBM公司进行流程再造，增强组织能力建设就是华为公司不断发展的关键之举。正如任正非指出的，"我们的一切是为了满足客户需要，我们的流程和组织就要围绕这个目的来建设。管理干部的配置是以能满足服务和监控所需的基本数量为基础，过大的配置造成资源浪费，而且由于责任不清，反而会降低效率。"

第三，树立全球经济新逻辑，想客户之所想，建立新型的管理文化和管理理念。扁平化管理是因企业经营环境变化而出现的一种管理创新，其核心是建立一种管理机制，倡导满足客户需求的管理文化。这种变化的实质就是要全面转向关注消费者。而传统生产商的逻辑起点在于强调企业立场，诸如部门功能之间的配合、分工、员工队伍的稳定、总体控制等目的都是使企业自身便于管理，是企业视角下的管理行为。企业需要树立完全的客户观念。对于用户来说，充满了特殊和个性化要求，这与便于管理的一致性和标准化要求是存在冲突的。

客户的需求往往在企业组织内部不同部门之间的彼此摩擦中渐渐消失。要想让部门间的合作真正使客户得益，就必须对整个企业的管理文化进行全面客户导向的再造[①]，进而统筹考虑、重组整个组织结构。

当然，企业组织结构由科层制向扁平化转变，是一个渐进的过程，不应该追求一蹴而就。而随着网络信息技术的日益普及，竞争全球化、员工知识化、管理民主化的深入发展，未来，扁平化结构的管理模式或者说分权制将有望成为企业组织结构形态的主流模式。

四、层级组织的历史局限与网络组织的兴盛

伴随着工业化大生产的发展而产生的层级组织在20世纪大量出现并成为组织架构的主流形式，层级组织强有力的控制能力为稳定、集中、严密、精确、可量化的管理需要作支撑。马克思·韦伯称其为理想行政组织结构，艾尔弗雷德·D.钱德勒、奥利弗·威廉姆森等人在现代企业组织结构的归纳和设计中对此都有强调。直至今日，层级组织似乎也成了工业社会官僚政治、等级制度的同义语，成了“理性的”“形式的”官僚制度的组织基石。20世纪70年代西方学者所关注的网络组织则预示着层级制的历史局限的到来。未来学家托夫勒[②]、奈斯比特[③]等在其20世纪八九十年代的著作中，纷纷预测网络组织将替代层级组织。层级组织结构的弊端包括：（1）组织规模越来越大，组织成本越来越高。这是由层级组织内在的扩张性所决定的。（2）组织效率日益下降，组织摩擦越来越大。高、低层级之间信息拥有呈现出不对称性，加剧了组织内部摩擦。（3）官僚化阻碍创新，程式化降低士气，组织成员的行为特征趋于同质化。总之，层级制的组织原则与目标，已经与全球市场一体化、知识经济、可持续发展等时代要求相冲突。

网络组织不同于集中化组织、刚性层级组织，也不同于非正式联合组织。

① 进行企业再造和流程再造就是以顾客为中心，以员工为中心，以效率和效益为中心，打破金字塔式的组织结构，建立横宽纵短的扁平化柔性管理体系，使企业能够适应现代社会的高效率和快节奏，使企业具有较强的应变性和灵活性。

② 托夫勒.第三次浪潮[M].黄明坚，译.北京：中信出版社，2006.

③ 约翰·奈斯比特.大趋势：改变我们生活的十个新方向[M].梅艳，译.北京：中国社会科学出版社，1984.

网络组织是以专业化联合的资产、共享的过程控制和共同的集体目的为基本特性的组织管理形式。网络组织的运行效能依赖于以信息资产为核心的信息资源管理。20世纪90年代以来信息和网络技术的飞速发展为网络组织的普及奠定了技术基础。网络技术的应用和普及使各类组织和社会公众以更平等的身份接近信息。基于信息垄断、强化信息不对称的旧式权力平衡被打破，这必将引发以层级制为主的管理组织形式的变化和转移。

信息社会更加注重的是参与、共享、合作、分散、柔性、信任和学习。例如，网络组织的优势之一是创造协同。本质上，创造协同就是合作的一种基本特性。合作就是为了创造并获得隐含的结合利润或剩余。合作增加的利益回报可以通过包括规模经济、范围经济、战略互补、网络外部性、网络兼容性和建立标准等几种形式获得。在层级制中，垂直一体化、功能运行团队、窄幅工作类型和关键决策的集中化等，都是为了适应工业社会经济活动中共同强化合作而采纳的、卓有成效的组织策略和行为。时代变了，信息社会的运行本质要求网络组织的策略和行为实践表现为分散决策、项目运行团队、宽幅工作类型和信任等。事实上，已经在全球蓬勃展开的电子政务、电子商务、电子金融、网络教育等网络经济形式和内容，就是实践中的管理组织形式变迁中的典型反映。这方面，发展中国家与发达国家基本上处于同一起跑线上。

五、企业组织结构设计中的权变思想

由上述可见，各种组织结构形式都是利弊共存的。每一个企业都必须从实际出发，在综合分析各种因素作用的基础上，选择一种形式或综合几种形式，满足组织目标的要求，实现组织目标。但是，企业不论选择何种组织结构形式，都会面临一系列客观存在的矛盾冲突，如集权与分权、战略的超前性与结构的滞后性、革新与稳定等。

1.集权与分权

集权是指将决策权限尽量集中于组织上层，而分权则将决策权限分散于组织下层。组织结构形态的选择换个角度看就是要在集权和分权之间做出选择，如事业部制趋向于更多的分权，而直线制则强调更多的集权。但是，集权和分权其各自利弊又是相对的。集权有助于统一指挥、统一行动。问题是，经理是不是精通一切的全才？他能不能对各项工作都做出正确的决策？分权有助于下级主动性和创造性的发挥，但背后的困难同样存在：各种决策权授予谁？分权、授权程度如何把握？如何监督用权者？

集权与分权相结合是正确处理决策权限关系的基本原则。集权和分权的关系不是二者必居其一的关系，因为集权和分权都不是绝对的，而是相辅相成的。任何组织都既需要集权，又需要分权。集权和分权都存在一个度的问题。这个度受制于许多具体因素，如技术特征、经营战略、规模大小、公司文化等。关键是要把握集权与分权的度，并在集权与分权之间保持变动中的平衡。目前企业组织中更多见的一种形式是班组层级的职员拥有着自我管理的自由。如，在宝洁公司最先进的工厂里，工作小组大半可以无须经理的管理而自行运作。施乐公司经过十年的努力，用行为准则授权取代无效率的官僚作风（昂贵的多层管理和划分狭窄的工作特许证），员工已经学会通过分析问题、显示资料和举行会议来找出解决问题的方法。

2.战略的超前性与结构的滞后性

钱德勒教授认为，组织结构设计必须追随经营战略。二者虽有一致的一面，却更多的是矛盾的那面。以适应外部变化的环境为宗旨的战略思考几乎都是处于动态之中，却难以同样要求组织结构也经常性改变，这会造成组织运行极不稳定。能否既满足战略的要求，同时也能让组织运作相对稳定，是组织结构设计面临的又一个难题。

战略是决定企业长期表现的一系列重大管理决策和行动。企业战略制定的目的就是要不断提高组织的绩效和确保竞争优势。战略的超前性是指企业战略的变化要快于组织结构的变化。这是因为，企业一旦意识到外部环境和内部环境的变化提供了新的机会与需求时，首先是在战略上做出反应，以此谋求经济效益的增长。企业组织的战略所追求的可能是成为受欢迎的供应商、主要顾客市场的本地供应商、低成本制造商、市场创新者、高端或定制化产品和服务的提供者。这些战略制定的变化反映出企业高层自我分析认为企业朝向这些方向的改变才有可能持续竞争下去，代表着一种理论判断。这就与更多事实表现出的组织架构产生区别。

组织结构的滞后性是指组织结构的变化常常要慢于战略的改变。造成这种状况的原因有两个：一是新旧结构的交替需要一定的时间过程。当新的环境出现后，企业首先考虑的是战略。新的战略制定出来后，企业才能根据新战略的要求来改组企业的组织结构。二是旧的组织结构已经熟悉、习惯，且运用自如，当新的战略制定出来后，一方面，管理人员常常仍沿用旧有的职权和沟通渠道去管理新的经营活动，总认为原来有效的组织结构不需要改变；另一方面，当管理人员感到组织结构的变化会威胁到他们个人的地位、权力和安全感时，往往会以各种方式抵制必要的改革。另外，组织结构自带的稳定性要求是其本质内涵之一，我们不可以想象组织结构周周变、月月变。

总体上，在宏观社会经济蓬勃向上时，企业不可错过时机，要制定出与发展相适应的经营战略与发展战略。一旦战略制定出来，要理性看待组织结构一定呈现出反应滞后性的特性。对于组织结构的调整不可操之过急。当然，结构反应滞后时间过长将会影响战略实施的效果，企业应努力缩短结构反应滞后的时间，使结构尽早配合战略的落实。目前看来，企业组织核心竞争力的来源基础可能就与这二者匹配时间的长短有关系。

3. 革新与稳定

此外，组织结构还会面临稳定和革新的矛盾。组织结构的稳定是相对的，变革是绝对的。因为即使当初选择的是合理的组织结构形式，也会随时间的流逝而发生某些变化。如果不及时革新，就会丧失竞争力。以往变革多由现实引发，是为了消除过度紧张与不稳定的状态，组织才进行革新。如今的价值观是鼓励创新、鼓励变革，甚至强调“超前变革”。

传统的补漏式管理模式意味着整个管理只能是问题管理，而不可能是成效管理。未来的组织结构要能够给予革新行为以组织上的支持，需要关注：多样的上下关系和交叉的部门责权；信息自由的、随意的流动将促成迥异、片段信息的联系；分散集权点，预算保留柔性，能够刺激经理人提出改革建议。企业在现有的稳定状态下，人为地制造预期的不稳定状态，以激发变革的驱动力，对不合适的人员结构、组织结构、工作标准、绩效评估、激励机制乃至财务运作方式等进行调整，才会找到更趋成熟和更为现代的组织方式。可以肯定的是，跨部门频繁而顺畅的联系，团队合作以及更大范围分担风险的传统，强调横向联系的优势，比起纵向联系来，是更重要的资源、信息和支持的源泉。

不论是组织结构的选择调整，还是组织结构的日常运转，都会碰到上述矛盾。此外，还曾经面临并将继续遭遇诸如集中化与分散化、稳定性与柔性、专业化与一般化、控制与协调、效率与公平之类的冲突。注意到这些矛盾的客观存在，有意识地努力协调好这些矛盾，有助于企业组织的健康发展。问题得到解决的根本原因一定是：弄清客户是谁，再靠近客户一些，思维再解放一些[①]。创新的见解本质就是追求突破框框条条。要达到这种效果，就需要组织机构内部许多部门间的合作和协调。

※ 小　结

世界500强榜单中中国企业近年来数量的提升反映出中国企业在组织建设能力方面的显著进步。本章内容从战略前导、流程再造到扁平化架构设计、网络组织模式探索，从管理角度上看就是岗位之间、部门之间、各子（分）公司之间都围绕公司发展目标形成一个统一且聚焦的力量。近年来企业中炙手可热的组织发展（OD）岗位，其核心工作就是整合不同局部的组织能力建设工作，这正是本章学习价值的市场反应。

※ 关键概念

组织　直线制组织结构　直线职能制组织结构　事业部制组织结构
模拟分权制组织结构　矩阵制组织结构　网络化组织结构
虚拟组织　组织形态调整与变革

※ 思考与练习

（1）企业发展不同历史阶段上组织结构呈现出哪些不一样的特点？

（2）迄今为止企业组织结构类型的演进或变化背后的历史逻辑是什么？

（3）企业组织能力建设的核心点是什么？

① 罗莎贝丝·莫斯·坎特．走在企业管理前沿[M]．黄宜思，欧小琪，译．海口：海南出版社，三环出版社，2004：143-148.

【案例分析】

苏宁集团的组织结构变化[①]

1990年，苏宁只是一家小型空调专营店。2021年，苏宁集团发展成为一家涉及商业、科技、物流、金融、体育等多个产业，拥有25万员工的多元化集团公司。

发展简史：

创立之初的苏宁主要从事空调批发业务。以总部南京为大本营，向苏浙沪皖以及广东地区延伸，上游连接空调厂商，下游连接众多空调经销商。1994年，苏宁已经成为全国空调最大的销售企业。1996年，由于海尔、美的、春兰等家电制造企业纷纷实行后向一体化战略，开始经营各自的专卖店，迫使苏宁放弃已经经营多年的遍及全国的多层级批销网络，将公司从空调批发转型到零售。2000年，苏宁开始了“二次创业”，进入综合电器零售行业，并定位于全国连锁。2004年，苏宁在深圳证券交易所上市。2011年，苏宁提出“科技转型，打造智慧苏宁”的战略思路，大力发展电子商务，开始“三次创业”。2013年将苏宁电器改为“苏宁云商”，着力打造“店商+电商+零售服务商”的云商模式。

苏宁的组织结构变革之路：

依照苏宁重要的发展阶段，结合它的组织改革与再造之路，简单梳理其组织结构变革情况如下。

一、从批发转零售（1996—1999年）

此阶段，苏宁总部设立相关零售管理部门，改变各地办事处的职能和工作重心，大幅压缩批发业务，将人、财、物等内部资源向零售业务倾斜。组织结构的特点是南京总部相当于“火车头”，全国分公司为一节节的“车厢”，这列火车只有一个动力源。

二、第二次组织再造（2000—2005年）

此时，苏宁内部积累了很多问题，与全国连锁战略要求不匹配。如采购与营销部门之间职责不清，管理低效，标准化程度低，管理观念和能力亟待提升等。苏宁根据连锁经营的要求以及自身发展的特点，创新推出“总部—大区—

① 改编自多份网络材料。

子公司”的三级管理体制，以“专业化分工，标准化作业”为原则建立规范化的管理平台：剥离采购和销售，清晰界定彼此的功能和职责；梳理和优化关键业务流程，以保证流程的规范性，满足连锁经营需要。三级管理体制中，包括14个管理中心，28个管理大区，数百个子公司。总部统一目标、计划，统一指挥、控制和协调。通过14个管理中心（2003年减少到9个）实现横向上的专业化分工；管理上通过大区到子公司，实行垂直化管理。

2004年苏宁以顾客为中心的直线职能制和矩阵式相结合的组织结构正式形成。苏宁的员工总共分为六个等级，即文员、主管、部长、经理、总监、总裁，每个等级之间有明确的分工和隶属关系。在区域层面，苏宁建立后台管理体系，形成店面、客户服务中心、配送中心和售后服务中心的“四大终端”组织结构，为区域的规模化拓展提供支撑（参见图3-11）。

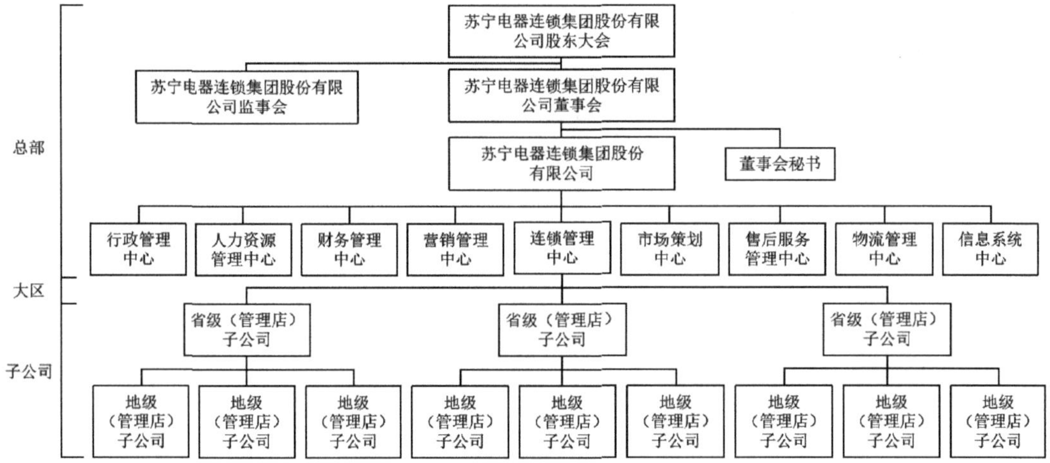

图3-11　2003年苏宁组织结构示意

三、第三次组织再造（2006—2009年）

2006年，苏宁再次对原来的组织进行大规模整合、重组和精简。

苏宁的组织架构体系是矩阵式的，即横向以职能划分6大管理总部，纵向划分4大层级。对总部工作职能关联度较大的各大中心进行了重新整合，在总裁办统一管理的基础上形成六大管理总部：运营总部、连锁发展总部、采购总部、服务总部、行政总部和财务总部，以加强苏宁总部的管理力量和能力。人力资源管理中心和法务中心直接向总裁办报告。3个总部直属地区为南京、香港、东京大区。组织结构中，出现了新的“地区管理总部”，这个层级位于原先的总部和大区之间，作为苏宁电器总部的派出机构，负责所辖区域内苏宁连锁体系的日常经营管理的指导工作，相当一部分是原先各中心所承担的职责（参见图3-12和图3-13）。

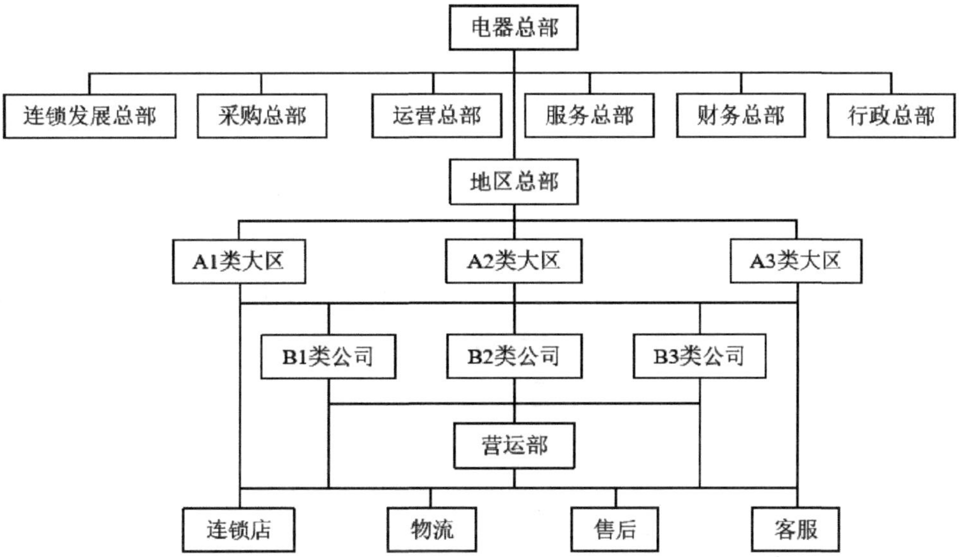

图3-12　2006年苏宁组织结构示意

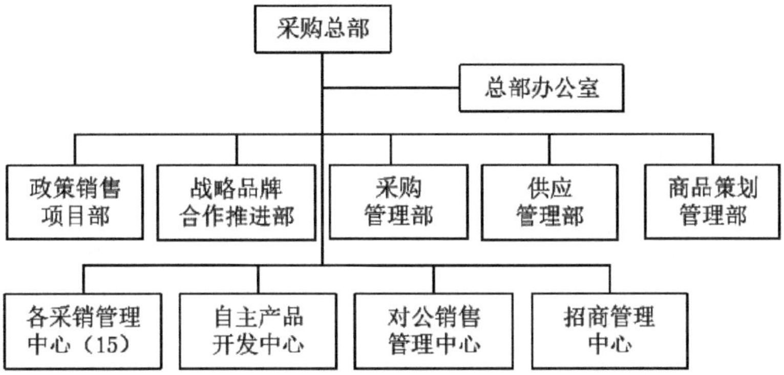

图3-13　2009年苏宁组织结构示意（以采购总部为例）

四、第四次组织结构变革（2013至今）

专业、垂直、开放、融合、扁平、自主是这次苏宁组织结构调整的关键词，最大的变化是从原有的矩阵式转变为事业群组织。

在大区运营层面，苏宁把“大区—子公司—运营部”三级压缩为“大区—城市终端”两级管理，实施扁平化管理。增加大区（重点城市市场）数量到60

个（2012年44个），城市终端由100多个增至200多个。变革后，大区运营层面实现扁平化的垂直化管理和本地化自主经营。在总部管理层面，苏宁明确了连锁开发、市场营销、服务物流、财务信息和行政人事五大管理总部，负责战略规划、标准制定、计划管控、资源协调。在业务经营层面，组建了连锁平台经营总部、电子商务经营总部、商品经营总部三大集群，并下设28个事业部。从中可以看出，总部意欲赋予各业务单元更多的经营自主权。运营层面变化最大的是，商品经营总部开始了全品类拓展。为此，它下设17个事业部，分别负责不同商品类目下的商品规划、采购、供应链管理，同时还包括品类销售和推广工作，以实现线上线下全面整合和统一管理（参见图3-14）。

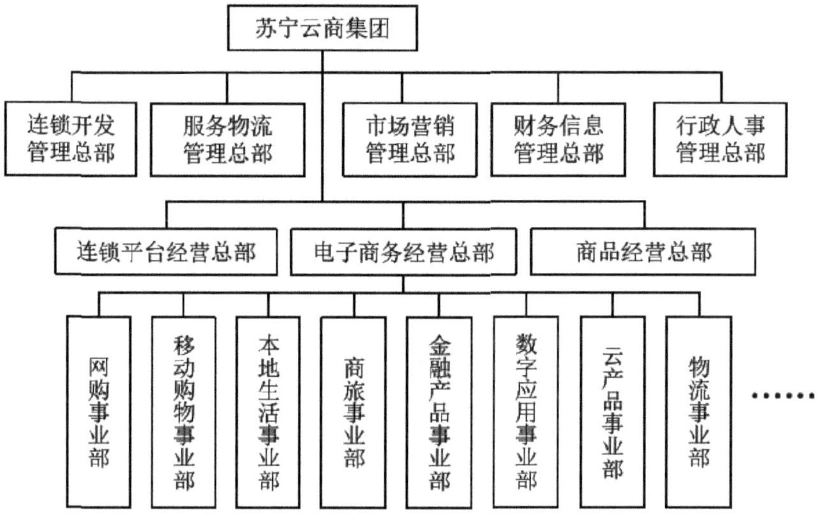

图3-14　2013年苏宁组织结构示意

新的苏宁组织结构是为了苏宁向云商模式全面转型，全新的云商模式就是“店商+电商+零售服务商”，具体措施就是整合开放前台后台、开放线上线下，服务全行业，服务全客群。

收集苏宁公司组织结构相关资料，并结合案例思考：

（1）以时间为线索，从中可以观察到苏宁组织结构调整变化的原因有哪些？

（2）具体分析苏宁战略因素对于组织结构变化的影响。

（3）预测一下，苏宁公司未来组织结构调整的大方向是什么？组织结构调整的可能形态是什么？

※ 推荐阅读

1. 小艾尔弗雷德·D. 钱德勒. 看得见的手：美国企业的管理革命[M]. 北京：商务印书馆，2004.

2. 彼得·德鲁克. 管理的实践[M]. 齐若兰，译. 北京：机械工业出版社，2006.

3. 格里芬. 管理学(第9版)[M]. 刘伟，译. 北京：中国市场出版社，2008.

4. 迈克尔·波特. 竞争战略[M]. 陈丽芳，译. 北京：中信出版社，2014.

5. 艾尔弗雷德·P. 斯隆. 我在通用汽车的岁月：斯隆自传[M]. 刘昕，译. 北京：华夏出版社，2017.

6. 杰克·韦尔奇，约翰·拜思. 杰克·韦尔奇自传(尊享版)[M]. 曾彦博，孙立明，丁浩，译. 北京：中信出版社，2017.

第四章　企业行政领导

内容结构：

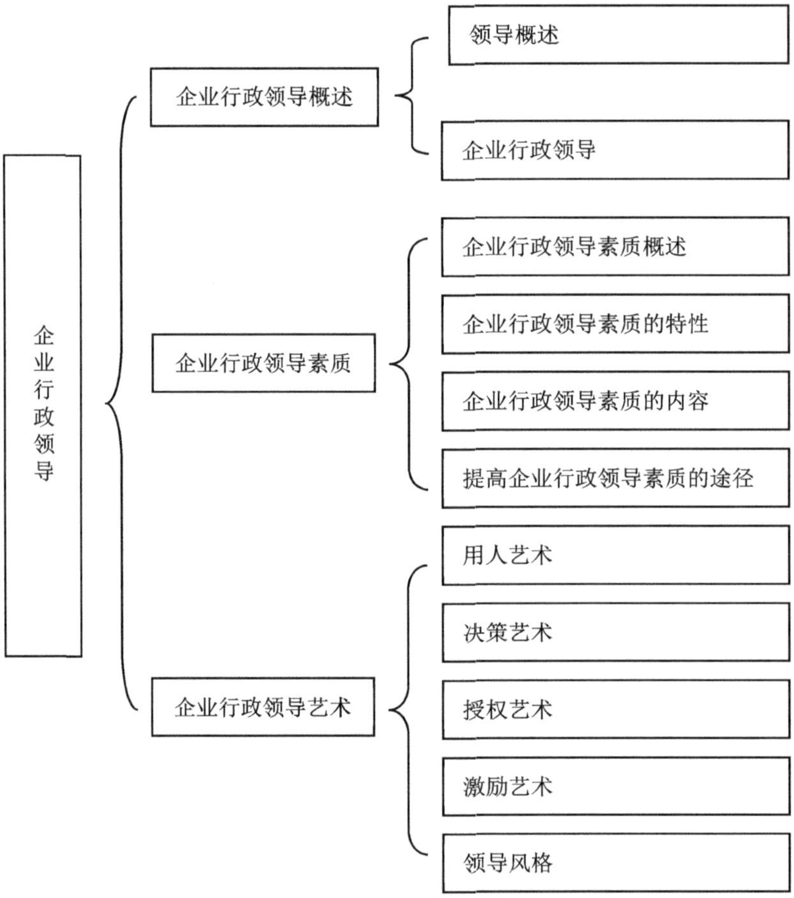

内容提要：本章主要介绍企业行政领导、企业行政领导素质、企业行政领导艺术三个方面内容。在基本情况方面，重点介绍领导的基本概念，领导与管理的差异，企业行政领导的概念、要素和功能。在企业行政领导素质方面，分析企业领导素质的特性、内容和提高途径。在企业行政领导艺术方面，讲述用人、决策、授权和激励艺术，并在此基础上分析企业行政领导风格类型。

【引导案例】

林肯与格兰特

美国南北战争期间，林肯总统为了保证战争的绝对胜利，力求选拔没有缺点的人任北军统帅。可事与愿违，他所选拔的这些几乎没有缺点的统帅在拥有众多人力物力、占据优势的情况下，一个个接连被南军将领打败，有一次差点丢了华盛顿。林肯很受震动，经过分析，他发现南军将领都是有明显缺点却又具有特长的人。于是林肯毅然任命嗜酒贪杯的格兰特将军为总司令。当时有人告诉他此人好酒，难当大任。林肯却不以为然，他何尝不知道酗酒可能误事，但他更清楚，在诸将领中唯格兰特将军是决胜千里的帅才。后来的事实也证明，格兰特将军的受命正是南北战争的转折点。

资料来源：章立早《领导艺术案例点评》,《秘书》2011年第5期。

第一节　企业行政领导概述

企业行政领导在企业行政管理活动和进程中占据着重要地位，起着重要作用。在实际工作中，行政管理过程与其他很多管理过程（如生产管理、业务管理、信息管理等）互相融合，同时企业管理者也承担着多重领导责任，扮演着复合型领导角色，其中也包括行政领导角色。这经常导致一些管理者无法准确定位行政领导的角色、作用，不知道如何更好地发挥职位的行政管理功能。因此在进一步探研企业行政领导相关内容前，我们必须厘清企业行政领导定义、职能范围、要素与功能等。

一、领导概述

“领导”一词有多重含义，有时指领导活动、领导过程和领导功能，有时指领导者，有时则兼而有之。在研究企业行政领导之前，我们需要对领导一词加以分析，并弄清楚领导与管理之间的差异和联系。

1.领导概念

关于领导概念，不同学者从不同角度提出了不同看法。如伯纳德认为领导是人的个人品质及其产生的效力，他提出每一个出类拔萃的人对他人来说都是一种心理上的鼓舞，因此，能够有效调节大众心理的人就是领导者。而沙特尔则认为领导是一种行为，他指出领导就是能够带来相应的举动和反应的行为。戴维斯把领导定义为一种推动和协调组织以达到目的的主要力量。谢里夫则认为领导是一种与众不同的角色，他提出组织中的不同角色都说明了组织成员对自己和其他成员的一种期望①。

基于上述对领导概念不同的阐释，我们认为领导就是领导者在一定的社会组织和群体内，在不同的历史时期，根据环境的特点，以决策行为来对被领导者施加影响，为了共同利益而把他们努力引向某个特定目标的行为艺术和互动过程。

领导概念包含的基本要素有领导者、被领导者（追随者）和组织环境。领导者是领导行为的主体，领导者与其下属可以相互影响，但影响力是不同的，领导者对其下属的影响力远远大于其下属对领导者的影响力。正因为如此，领导行为才得以实现。在组织的活动中，相对于领导者的主体地位，被领导者是领导行为的客体；而相对于组织活动的作用对象来说，被领导者又与领导者共同构成主体。组织的一切活动都是在一定的环境中进行的。当领导者和被领导者的特性一定时，环境因素的变化会对领导过程和领导效果的好坏产生很大的影响。

2.领导与管理的差异

管理、领导是管理科学、领导科学的核心范畴。然而，恰恰在这两个关系学科整体架构的概念表述上，存在种种矛盾的说法。最突出的表现是，有的人提出“领导是管理”；也有人反其道曰“管理是领导”；有的人肯定地论断“管理就是决策”；又有人明确强调“领导就是决策”②。实际上，领导与管理在组织的实际运作过程中，并不是泾渭分明的。许多管理学家在谈到管理时，把管

① 张素玲.女性领导[M].北京：研究出版社，2017：195-196.

② 王乐夫.管理、领导概念异同辨析：一对核心概念的基础研究[J].中山大学学报（社会科学版），1999（3）：119-122.

理与领导混用，例如彼得·德鲁克等管理学大师认为管理有时候就是领导。事实上，领导与管理却有着严格的区分。因此，有必要对其加以辨析。

领导与管理的最大区别体现为领导是一种变革的力量，而管理则是一种程序化的控制工作。哈佛商学院的亚伯拉罕·扎莱兹尼克指出，管理者和领导者是两类完全不同的人，他们在动机、个人历史及想问题、做事情的方式上存在着较大差异。领导的本质是通过下属的配合来完成组织内各层级的目标。在完成组织目标过程中，下属和领导者一样应该具有主动性和能动性[①]。而管理则更侧重具体的执行程序方面。即前者的关注点在于目标和方向，而后者的关注点在于如何更好地利用组织、制度和具体手段来确保方向和实现目标。

领导者最重要的概念就是愿景。领导者通过制定发展未来愿景的方向以及实现该愿景所需的变革策略来构建变革[②]。领导者通过影响被领导者的判断标准，进而统一被领导者的思想和行动。被誉为“领导力第一大师”的哈佛商学院教授约翰·科特说：“管理者试图控制事物，甚至控制人，但领导者却努力解放人与能量。”这句话实际上道出了领导与管理之间的辩证关系：领导与管理互不相同。管理的工作是计划与预算、组织及配置人员、控制并解决问题，其目的是建立秩序；领导的工作则是确定方向、整合相关者、激励和鼓舞员工，其目的是产生变革[③]。

如果说管理侧重技术、手段、过程和方法，那么领导则侧重人文、目的、结果和艺术。具体地说，领导通常关注人，关注人的尊严、人的价值、人的潜能、人的激励和发展，关注意义和价值，关注所要达到的目标是否正确、是否值得。二者间的区别总结起来有如下几点：

（1）管理侧重日常的、非决策性的工作。领导主要负责方向性的工作，起带领和引导作用。

（2）管理本质上是一种职能关系，领导本质上则是一种追随关系。

（3）管理的科学性大于艺术性，而领导的艺术性大于科学性。管理追求的

---

① 苗振青.当代西方领导理论的启示[J].河南工业大学学报(社会科学版),2013,9(1):64-66,74.

② 缪彬.领导学:在企业中的应用[J].领导艺术,2019(16):135-136.

③ 季辉.管理学[M].重庆:重庆大学出版社,2017:210.

是精确，领导追求的是生动。

（4）管理主要强调控制，侧重从人的行为上进行规范。而领导则更注重从人的内在心理方面，侧重感化人。

（5）管理的功能在于维持秩序，领导的作用在于规划愿景、创新求变。

（6）管理比较重视权力的作用，领导则重视个人魅力的作用、影响力等。

二、企业行政领导

企业行政领导是企业中各种类型领导的一种，但与一般类型领导（如生产领导、财务领导）不同。除了专职从事行政管理工作的部门领导（如行政经理、办公室主任）之外，行政领导角色存在于组织各种领域之中，如生产部门经理在日常工作中除了扮演专职的生产领导角色之外，同样也要进行行政管理工作。因此，企业行政领导的内容与功能总体比较复杂。

1.企业行政领导概念

企业行政领导有广义和狭义之分，广义上是指在企业承担计划、组织、指挥和协调等一系列行政管理职能的各级领导者，以及他们通过一系列相关活动来确保组织行政管理正常运行和行政目标顺利实现的具体过程。实际承担这一角色功能的是各个层级的管理者，尽管他们的日常工作并不限于行政管理一项功能，但在实施行政管理功能时，他们就是企业各个层级上的行政领导。

从狭义角度理解，企业行政领导主要是指针对企业行政管理功能的专职领导及其相关职能活动，他们是企业行政管理部门的直接领导者，如办公室主任、行政经理等。他们是行政领导活动中的关键要素，与一般各层级行政管理人员的主要区别在于行政领导者占据组织中正式的行政职位，并具有相应的职权和职责。在实际工作中，企业的行政管理功能是以企业行政管理部门领导为指导核心，并通过各层级领导者的实施、支持和配合得以正常运转。

2.企业行政领导的要素

行政领导是一个包括多重要素的系统活动，其基本要素主要包括：

（1）行政领导者。在行政管理过程中处于决策、指挥地位的个人或集体，是行政领导的主体和关键要素。

（2）被领导者。主要指领导者所辖的个人或组织。对领导者来说，他们是行政领导的客体；作为行政领导行为的作用对象，他们又与领导者结合，组成行政领导的主体。被领导者的素质和能力，以及他们对完成本职工作的热情、主动性和创造性，在很大程度上决定着行政领导的绩效。

（3）工作内容。行政领导者和被领导者在行政管理过程中的具体工作内容，主要是企业内外部各种不同的行政管理事务，根据不同的工作内容，可采用不同的行政领导方法。

（4）客观环境。包括行政管理过程中的内部条件以及外部的政治、经济、文化等方面的实际情况，它是制约行政领导绩效的主要要素。行政领导者应根据面临的特定环境及其变化，审时度势，因地制宜，确定适用于现时客观环境的领导方法和领导艺术，以达到最佳领导效果。

3.企业行政领导的功能

现代企业的行政管理工作具有庞大、复杂和综合性等特点，要求行政领导具有多方面功能。根据现代行政管理实践，一般认为行政领导的主要功能有：

（1）执行功能。执行企业各种行政任务。

（2）决策功能。对管辖内的行政事务做出决策，并拟定计划、组织实施。

（3）协调功能。协调各部门、各方面的关系和工作人员之间的关系，创造有效的沟通方式，使他们团结一致地完成任务。

（4）激励功能。采取物质和精神鼓励的形式激励下属，调动他们的工作积极性和创造性。

（5）指导功能。领导者培养团队成员用系统和个体的辩证统一关系来思考问题[①]。领导者在授权下级处理各项具体行政事务的同时，对他们实施指导，以确保各项行政工作顺利开展。

（6）监督功能。对所属行政人员及行政事务实行经常、有效的监督和检查。

① 韩伟.企业领导在建立学习型组织过程中的作用[J].工业技术与职业教育，2019，17（4）：82-84.

第二节　企业行政领导素质

行政领导素质是企业行政领导内容研究中一个非常重要的部分。行政领导职能存在于组织各个层级和各个部分中，行政领导素质的高低与整个企业行政管理水平紧密相关，甚至会影响企业的运营绩效。在了解企业行政领导素质的基本概念、特性、具体内容等基础上，我们还要思考如何有效提升企业行政领导素质。

一、企业行政领导素质概述

1.素质概念

“素质”一词本是生理学概念，指人的先天生理解剖特点，主要指神经系统、大脑的特性、感觉器官和运动器官的特点。后来素质概念有所扩展，素质这个名词出现在多个领域，但有一点是共同的，即素质是以人的生理和心理为基础，以其自然属性为基本前提。也就是说，个体生理、心理的成熟水平决定着个体素质的高低。因此，对人的素质的理解要以人的身心组织结构及其质量水平为前提。从一般意义上看，素质是指形成全面发展的人的基本因素及其质量和结构水平[①]。在不同领域我们对素质这个名词有不同的理解，如在社会领域我们认为素质就是一个人在社会生活中思想与行为的具体体现，如个体文化水平的高低、身体的健康程度，以及惯性思维能力、对事物的洞察能力和管理能力等的综合体现。在教育领域，素质则是指人的体质、品质和素养，如素质教育是一种旨在促进人的整体素质发展，提高人的素质发展质量和水平的教育活动。在管理领域，我们所讲的“素质”又称“能力”“资质”“才干”等，它是促使员工产生优秀工作绩效的各种个性特征的集合，它反映的是可以通过不同方式表现出来的员工的知识、技能、个性与驱动力等。素质是判断一个人能否胜任某项工作的起点，是决定并区别绩效差异的个人特征。在组织领导方面，素质是指促进领导做好对员工和组织的计划、指导、激励、监督等一系列职能

① 欧德武.关于人的“素质”概念定义的探讨[J].黔东南民族师范高等专科学校学报，2003(5)：124-125.

的各种能力的综合表现。

2. 企业行政领导素质

企业行政领导素质是企业行政领导在先天禀赋的生理和心理基础上，经过后天的学习和实践锻炼而形成的，在行政管理工作中经常起作用的基础条件和内在要素的总和，具体包括政治素质、思想素质、道德素质、文化素质、业务素质、身体素质、心理素质，以及在具体工作中体现出的领导和管理能力等。

二、企业行政领导素质的特性

企业行政领导素质的特性是由领导者所担负的领导工作的性质、职能、所处的时代、环境条件、个人的先天因素等决定的，概括起来有以下几点：

1. 时代性

总体上看，领导素质是在一定的环境下培养出来的，而不断发展变化的环境对领导素质又提出了更新更高的要求。客观环境决定了领导者的素质，而领导素质又必须适应客观环境。不同社会、不同历史时期的领导者，在其成长发展的过程中，必然要受到其所处时代的政治、经济、文化和科学技术发展状况的影响。特别是行政管理工作，其工作的主要对象是作为个体的员工或作为群体的企业内各种组织，是他们在日常工作中所体现的思想状态、工作风气、个体或群体需求，而这显然与时代的发展有着密不可分的联系。为了做好领导工作，企业行政领导需要在素质方面与时俱进。如在企业中存在着大量不同年龄段群体，不同年龄段群体有不同的特点，为了做好对他们的行政管理工作，行政领导者需要增强对他们的了解，这对领导者的整体素质就有了更高的要求。

2. 层次性

企业行政领导层次有高层、中层和基层之分。由于管理对象范围不同，不同层次领导者的素质自然也有不同的要求，因而领导素质有十分鲜明的层次性。在企业中，高层行政领导的素质要求往往侧重于宏观的制度、文化、内外环境的变化等要素，而基层行政领导的素质要求则侧重于具体的人与事的管理。当然，这种层次性只是在一定程度上有所体现，无论哪个层次的行政领导都应具备各种领导素质，只是侧重点有所不同。同时，领导素质应随着领导层次的改变而不断提高、不断充实、不断完善，使之适合不同层次领导工作性质的要求。

3.综合性

自古以来，对领导素质的要求就不是单一的，而是综合的。比如，《孙子兵法》中提到“将者，智、信、仁、勇、严也”，这表明作为领导者的将才，须具备五方面的素质，也体现了领导者应具备综合素质。现代领导干部的素质，不是由单一要素构成，而是由多种要素组合而成的素质系统，具有很强的综合性。企业行政领导的综合素质主要体现为在企业行政管理工作中应具有的各项能力，包括一般的人事管理、企业宏观行政、文化制度的建立和实施等。无论处于哪一个层次，企业行政领导者都应具备这种综合素质。一方面为企业的行政领导队伍发展培养一定的梯队人才，让各级行政领导提拔到更高层次时能够更快、更好地适应新的环境；另一方面让各级行政领导通过综合素质的培养增加对企业宏观政策和制度的了解，这有助于企业各项政策和制度的有效实施，特别是在企业处于变革或动荡时更具有重要意义。

三、企业行政领导素质的内容

企业行政领导素质包含多项内容，其中四项核心素质分别为道德素质、知识素质、能力素质、心理素质。

1.道德素质

道德素质是考查企业行政领导素质的首要标准，也是企业行政领导者做好指挥工作的基本要求。企业行政领导者的道德素质主要包括：

（1）道德品质。

对一个领导者的素质要求是多方面的，但道德素质始终是首位的。前法国总统戴高乐曾经指出：“那些具有高尚品格的人会放射出磁石般的力量，对于追随他们的人来说，他们是最终目标的象征，是希望的象征。”[①]行政管理工作直接面对的是人，企业行政领导者必须具有良好的道德品质，才能对下级形成示范性的影响力。作为一个领导者，要诚实正直，胸怀坦荡。同时，企业行政领导者要有高度的事业心和责任感，对本职工作的意义有充分的认识。

（2）进取精神。

行政管理工作的一大特点是变动性比较强，其工作对象主要是作为个体的

① 崔苏卫.论领导素质与人性化管理[J].现代管理科学，2004(7)：94-95.

人，而在其现实性上，人是一切社会关系的总和。外部社会环境的各种变化都会反映在企业行政管理工作中。面对不断变动的行政工作，企业行政领导者要有高度的事业心和责任感，保持高度的工作热情，锐意进取并勇于创新。

（3）政治素养。

企业行政领导者应具备一定的马克思列宁主义的理论修养，应学会用辩证唯物主义和历史唯物主义的立场、观点、方法来看待问题、处理问题，把握企业发展的大方向，配合企业的经营活动，做好行政管理工作。

2.知识素质

领导者的知识素质，指领导者所拥有和掌握的科学文化知识状况，它包括领导者的知识水平、知识结构，以及运用知识分析问题、解决问题的能力。21世纪领导者具备的知识素质应适应并反映新世纪的时代特点①。个体知识素质是企业行政领导做好工作的重要基础。掌握知识的程度与受教育程度有关。一般来说，受教育程度越高，眼界就越开阔，思想比较敏锐，容易接受新事物，知识积累也比较丰富。掌握知识的程度也与工作实践经历有关，业务知识来自实践。通过工作实践可以积累丰富的经验，进而转化为知识。企业行政领导者的个体知识素质应包括以下内容：

（1）基础知识。

基础知识包括社会科学、自然科学和现代科技的知识。社会科学知识是现代企业行政领导者开展日常工作必须掌握的基础知识。同时，现代企业的日常经营活动常常涉及一些自然科学和现代科技知识，行政领导者为了更好地协调并开展相关工作，也必须要有所了解。这些知识内容非常丰富，行政领导者应该选择与自己工作相关的知识加以学习。

（2）管理方面知识。

企业行政领导者应掌握一定的政治学、经济学、管理学等与管理相关的知识。行政管理工作面对的对象是人，要做好行政工作就应该懂得政治、经济、管理等各种社会学科知识及其实际应用方法。掌握相关方面知识是提升行政领导者素质的必然要求。

---

① 戴维新.论21世纪领导者的知识素质[J].南京社会科学,2002(5):42-47.

（3）行业与企业知识。

行业知识主要包括市场情况、竞争情况、产品情况和技术状况。企业知识主要包括公司的历史和文化、公司的制度。这些是行政领导者在制定和执行具体制度时必须考虑的重要知识。缺乏这方面知识会导致行政领导者做出的决策缺乏针对性。

（4）专业知识。

为了有效地做好指挥工作，企业行政领导者必须具有与企业经营项目相关的专业知识，在一定程度上要懂得企业产品的性能、结构、用途、加工过程和主要工艺等。在此基础上还要熟悉本行业的业务状况和特点，了解和把握本行业的发展现状和趋势。这样行政领导者在与专业人员进行交流沟通时才能找到更多的共同语言，并推动相关工作迅速开展。

3.能力素质

能力素质主要是指领导者在实际工作中所拥有的计划、组织、指挥、协调和监督的才能。能力素质是领导素质中所有能动成分的精华聚合。能力素质关乎领导者行为的质量和效果，关乎领导者的作用、成就、贡献和价值的大小，关乎领导活动的成败[①]。行政管理是组织管理的一种重要职能，一名合格的行政领导者至少应具有以下几种能力：

（1）计划能力。

做好计划是行政领导工作中一个重要组成部分。企业行政领导者要能够把复杂的行政管理工作中的各个环节以及各种不同的人际关系等行政要素之间的关系理顺，并找出主要矛盾，在此基础上进行合理的规划。这需要行政领导者具有深厚的知识储备和较强的分析与整合能力。

（2）判断能力。

行政管理过程涉及各类行政要素，其中蕴含的信息量非常惊人，有些难以直接和迅速获得，如员工的工作满意度、针对企业改革的真实心理等。及时获取信息，并在此基础上果断地抉择是行政领导者的一项重要能力。行政领导者做出的不合时机的一些重大决策，可能会给组织带来损失。所以领导者需要行动果断，能够客观而科学地权衡利弊与得失并迅速做出决定，决策时还要兼顾

① 张慧.浅议行政领导者应具备的基本素质[J].世纪桥，2011(1)：143-144.

全局和长远发展。当然，领导者的决策必须建立在一定的信息和先进方法的基础上，但有些时候，特别是在信息量不足而事情又比较紧急的情况下，领导者要能够大胆地根据自己的经验和敏锐的直觉做出决策。这是优秀领导有别于常人的一项重要能力。

（3）组织能力。

行政领导者的工作是带领一定数量的下属去完成既定的任务，并保证这个过程和谐有序。因此行政领导者要善于运用组织的力量，综合协调人力、物力、财力来充分调动下属的积极性，既要保证重要任务优先完成，同时又要保证成员利益相对平衡，能够把企业、社会和个人目标统一起来，将三者之间的利益联系起来。在这个过程中，行政领导者要善于用自己的言行带动他人，团结所有的单位和成员共同克服困难、解决冲突并顺利实现目标。

（4）交往和公关能力。

行政领导者必须善于交往，善于和各种类型的员工打交道，通过广泛的社交活动，有效地收集各种信息，并和员工进行交流和沟通。在社交活动中，行政领导者要热情大方，能够迅速发现问题和获取信息，还要注意自己的言行在群众中的影响。行政领导者要在企业乃至行业中拥有广泛和稳定的人际关系，这样在做决策时候才能通过交流和沟通获取足够的信息。

4.心理素质

心理素质主要是指一个人的自我意识、动机和心理特质。心理素质与能力素质的形成有着直接或间接的关联。在企业中，员工长期从事某个岗位造就了某种核心的心理素质，而这种心理素质养成的能力素质又特别有利于该员工胜任该岗位[①]。企业行政领导者应该具备的心理素质包括：

（1）成熟稳健的心理态度。

领导者既要清醒地认识自己的内在需要，又要正确地评估外部条件，能够在动态中保持心理平衡，自觉地把自己的行为调整和控制在适当的限度内，不因外部环境变化而烦躁不安，甚至产生过激的反应。

（2）准确的自我意识。

领导者要对自己有一个正确的自我评价，既不能高傲自大，也不能妄自菲

① 张寒，刘春苓，周权. 中层领导心理素质养成一般规律［J］. 企业管理，2019（3）：114-116.

薄，清楚地知道自己的长处和短处，扬长避短，发挥自己的优势，特别是要注重发挥下属人才的优势，以弥补自己的不足。

（3）坚忍不拔的意志力。

领导者要树立正确的世界观、人生观、价值观，树立坚强的意志力。越是艰巨的任务和艰难的环境，越能体现意志品质。领导者要在艰苦的环境中锻炼自己的意志力，不受惰性的干扰，勇往直前。

四、提高企业行政领导素质的途径

现代企业处于不断发展的内外部环境中，对行政领导素质的要求也在不断地发展变化。一个原先素质较好的行政领导者，如果忽视、放松自身的学习，会逐渐跟不上时代的发展。而原先各项素质有所欠缺的行政领导者，在经过不懈的学习后也一样可以变得能力出众。行政领导者只有通过各种途径提高素质，才能使自己逐步进入更高的领导境界，使自己的思想、作风、品德、能力有较大的提高，成为一名德才兼备的行政领导者。行政领导者提高自己素质的途径主要有以下几种。

1. 勤于学习

行政领导者要不断加强理论知识的学习，从政治理论、专业知识到管理知识，只要是有利于企业发展和完善自身素质的各种知识都要不断学习、思考和借鉴。学习要有计划、有步骤、有选择，长年积累，同时还要讲究方法，要结合自己的行政管理工作实践，力求事半功倍。既要虚心向有成功经验的高层行政领导学习，也要以“三人行，必有我师”的心态学习普通员工的长处，还要耐心地接受他们的批评和建议。

2. 实践锻炼

对素质修养而言，学习重要，实践更重要。素质在实践中体现，是理论与实践的统一。行政领导者要将学习的理论知识不断应用于实践，并在实践中加以修正和升华，在实践中锻炼和培养自己的素质，与不同类型的员工展开交流和沟通，努力将理论知识和实践经验内化为自己的综合素质。

3. 反省和总结

行政工作面临复杂的工作环境，行政领导者要能够对自己的所作所为进行

反省和检查，勇于承认自己的缺点和不足；要以“每日三省吾身”的精神不断反省和总结在日常行政工作中存在的问题和不足，如人际关系沟通、行政环境塑造、行政制度执行等方面；要能够从以往的成功和失败的工作经历中汲取经验和教训，寻找提升自身素质的途径。

第三节　企业行政领导艺术

企业行政管理是管理与艺术的结合，优秀的企业行政领导者并不仅仅依凭规章制度等规范的力量来开展工作，事实上，它同样依赖于领导者的素质以及由领导者素质所带来的影响力等非规范力量。领导者在指挥工作的时候，如何在规范的基础上超越并创造性地利用这些规范，充分发挥自身的智慧、学识、才能和能力，实现指挥效能的最大化，让行政领导从技术上升到艺术的高度，成为一个至关重要的问题。

领导行为是一个很多因素的函数，它是诸多因素起作用、相互影响的过程。在这个过程中，如果善于运用领导科学与领导艺术，就能够较好地把握诸多因素的变化规律，提高领导者的判断能力，引领企业健康发展①。在实际领导过程和领导活动中，领导艺术常常表现出多样性和灵活性。一切领导艺术都不是永恒的，会因人、因事、因时、因地而异。领导者只有从实际出发，根据具体情况随机应变，灵活运用，才能适应不断变化的情况，最大化发挥领导效能。企业行政领导艺术主要表现在用人、决策、激励等方面，并综合体现为某种领导风格。

一、用人艺术

在企业中，对人的领导艺术，就是企业的行政领导与被领导者（直接部属）的关系问题。即领导者时时处处充分重视人的因素，积极协调人际关系，形成合力，更好地完成行政管理工作。

1.善于识人

要充分施展对人的领导艺术，首先对人必须具有明确的认识。识人是企业

① 李希军.领导科学与领导艺术的重要性[J].企业改革与管理,2019(4):88-89.

行政领导的一种基本功。能否灵活掌握好用人艺术，关键在于其识别人才的能力。了解员工的个性特征、优点和缺点并根据其具体情况来予以合理安排，是用好下属的基本前提。在实际工作中，同一个人由不同的观察者或同一个观察者用不同的方法和角度观察往往会得到不同的评价。因此，准确与客观地识人是一项有难度的工作。企业行政领导必须客观、全面、历史地考察人，准确掌握每一位下属的优缺点，知晓他们智慧和能力状况，了解他们对工作的态度，但不要过于求全责备。

2. 合理利用员工特长

一个工程师在开发新产品时也许会卓有成效，但他并不一定适合当一名推销员；反之，一个成功的推销员在产品促销上很有一套，但他对于如何开发新产品可能会一筹莫展，聘请这样的人进行产品开发对公司无疑是一种损害。每个人都有其长处和短处，不可能十全十美。企业行政领导不仅要了解下属不能干什么，更要知道他们会干什么[①]。企业行政领导在用人时不可苛求，要从实际出发，充分看到下属的长处，创造条件并充分发挥他们的长处，也要注意避开他们的短处，尽量抑制其短处对工作所造成的影响，做到用人之长，避人之短。

在合理利用员工特长方面，优秀的行政领导会在工作中为下属创造一定的环境和条件，使下属的聪明才智有展现的机会；能够根据工作需要选用人才，因事择人，使下属职才相称，而不是人浮于事，大材小用，或优才劣用。在委派工作时，还应稍超出个体的能力，这既有利于增强工作的挑战性，又有利于调动员工的积极性，培养人的能力。让下属感到优点得到认可，特长得到发挥，其工作效率必会大大提高。

3. 勇于承担责任

无论多么优秀的行政领导，在选人用人时都无法保证下属在工作岗位上不会出现失误，甚至某些时候可能会出现重大失误。有的领导者在出现这种情况时，常常会责怪下属。但作为选拔者和领导者，尽管不用直接承担失误责任，至少也有用人失察之责。下属在工作出现失误时本就会自责，在这种情况下如果领导者再一味批评，就会对下属工作的积极性造成重大打击，同时也会严重影响行政领导者在员工心目中的形象和威信。所以领导者对于在工作中有所失

---

① 孙关宏. 企业行政管理[M]. 太原：山西人民出版社，1992：63.

误的下属要有宽容的态度，不要一味批评指责，而要勇于和主动承担责任，特别要鼓励下属不要因工作上的差错而背上思想包袱，要总结经验，变挫折为动力，力争下次取得成功。这样才能在上下级之间建立更深一层的理解和信任，激发下属的积极性。

4.用人唯贤

企业行政领导用人的时候，往往会由于主观因素的作用或外界因素的压力和阻力而影响合理使用人才。优秀的行政领导应在工作中坚持“用人唯贤”的原则，以能力和特长作为选择下属和安排工作的核心标准，把每个下属所擅长的方面有机地组织起来，在每一个职位和每一项任务上都安排最适合的人选，这样才能给企业的发展带来足够的活力。

二、决策艺术

毛泽东同志曾经指出：领导者的责任，归结起来，主要的是出主意、用干部两件事。这里的“出主意”，就是指领导决策。领导决策是衡量领导者水平的主要标志。领导决策正确与否，关系到领导活动乃至整个事业的兴衰成败[①]。领导决策是指领导者为了实现组织目标，制定和选择行动方案的过程。领导决策艺术是领导者在自身的素质、才能、经验的基础上形成的非规范化的、创造性的领导技能。行政管理工作中同样有着很多需要进行决策的地方，行政领导也要掌握决策艺术。

1.原则性与灵活性并重

行政性事务往往具有较严肃、注重原则的行为特征，行政领导在做决策时不能轻易做出决定和承诺，要遵循决策技术的相关原则，如实际调查、逻辑分析、程序化决策等。行政事务最终的管理对象是以个体或群体形式出现的人，而人的行为具有多变的特征，因此有的时候需要行政领导做出相应的权变，即具有一定的灵活性。这种灵活性有时看起来是突破了原则性的限制，即所谓“不拘一格”。决策中的原则性是规范的，而灵活性则是多变的，如果说原则性的方面具有相对稳定性，那么灵活性则是它的反面。体现原则性不能否认决策中非理性因素的作用，即利益决策者的经验、直觉等因素加以灵活运用。但灵

① 毛元生.领导决策艺术[J].当代贵州，2004(7)：46-47.

活性的应用又应建立在原则性基础上。某些想法的产生过程可能具有非理性的特点，但决策的行为更多的是理性行为，因而决策中的灵活性则更多的是理性思维的结果。即使由非理性产生的想法，也往往要伴以理性的逻辑推理才能给予肯定。

2.具备整体和宏观意识

日常行政工作中有很多琐碎和细小的事务，有些事务可能看起来比较重要或比较紧急，但并不是决定全局的重点。行政领导在决断时应主要抓根本性、全局性的事情，通过“抓大放小”达到发现问题、处理问题的目的。“抓大放小”有三项原则：一是抓大事。行政领导的工作内容很多，但领导者的精力是有限的，对于下属的请示，领导者要分清孰轻孰重，把主要精力放在决断那些影响全局的大事上，把一些重要性相对较弱、不影响大局的事情交给普通办事人员去跟进。二是抓根本。要学会运用矛盾分析的方法，弄清楚哪些是事情的主要矛盾，哪些是主要矛盾的主要方面，抓住了这些就能够抓住事物的本质。三是抓大权。行政领导者主要掌握决策、宏观调控之权，做好宏观分析、制定政策等属于领导职权内的工作，而具体执行之权和事务之权要懂得放手给下属。

3.善于采集信息

决策是一项极其复杂的高级的思维活动。在复杂的事件面前，领导者由于受个人知识、经验、阅历的限制，其决策往往可能会出现失误。行政管理工作中有很多复杂的事项因素，很多看起来非常简单的事情可能背后反映了企业的整体制度、文化等一系列问题。再优秀的领导者也会有自己的思维“短板”。如果在信息量不足的前提下进行任意和盲目决策，往往会以失败告终，并给企业造成一定的损失。行政领导在决策时，除了运用自己的经验外，还应多渠道采集相关信息，更多地听取其他人的意见，包括组织成员的意见、群众的意见和相关专家的意见。在决策中博采众议是一个非常好的方法，它可以弥补领导者知识、经验、阅历的不足，还可以团结群众，形成合力，它也体现了一个领导者的民主作风。

4.立足实际，留有余地

有的领导为了追求所谓的政绩，经常搞一些“形象工程”，忽视了企业的实际情况，项目开展看似轰轰烈烈，但却没有什么实质性的效果。领导做决策时一定要根据企业的实际情况，如现实需求、现有资源、员工能力等。相对其他管理工作，行政事务涉及要素众多，包括了以员工为中心的各种财力、物力、制度和文化资源，且可拓展空间非常大，这也导致了部分行政领导在做决策时容易“好大喜功”，给行政管理工作带来一些不必要的资源浪费。行政领导在做决策之前要仔细调查，分析目标和现实情况间的矛盾并加以协调，决策时一定要将企业当前情况和实际掌控的资源结合起来。

行政领导做决断时应掌控全局，抓好关键，但在具体行政事务方面不要规定得过细，要给下属留一定的回旋余地。这是为了防止具体事务在执行过程中可能出现意外情况（包括突发事件影响进度、原有预计所需资源不足、对事态发展出现误判等），这些意外情况会导致事件的性质发生改变，需要进行一定程度的修正或更改。若留有余地，修正或更改起来就比较容易，比较顺利；否则一旦情况有变化，修正或更改就比较困难。同时行政事务本身具有较强的变动性，决策不留余地也不利于下属在完成某项任务过程中发挥主观能动性，而只能消极等待、被动应付。

三、授权艺术

在用人上，识人善任是领导艺术的具体体现。识人表现为对人的知识能力和道德素养的洞察力，善任则主要表现为乐于授权。每个人的时间和精力都是有限的，不可能做到事无巨细、亲力亲为[①]。授权是当代领导者普遍采用的一种领导艺术。所谓授权，就是领导者将其所属部分权力授予下级，从而给下级提供完成任务所必需的客观条件。因此，授权是领导者智慧与能力的扩展和延伸，它既是领导方法，又是领导艺术，是由领导活动的客观规律决定的，是完成现代领导活动，实现现代化领导目标的必要环节[②]。授权艺术使授权方法完善化，以达到授权行为的最佳效果。由于现代行政管理事务日趋繁杂以及个体能力的限制，企业行政领导不可能每件事都亲自动手，直接指挥。在行政事务中企业行政领导正确运用授权艺术，不仅可以减轻自身的负担，使自己从繁琐的事务中解脱出来，集中精力抓企业里重大问题的决策和进行全局性的指挥，还可以

① 刘彦芬，苏献启．治理理念中的领导艺术解析[J]．邢台学院学报，2016，31(2)：44-46.

② 刘志国．领导者授权的意义、原则和艺术[J]．山东社会科学，2002(5)：47-50.

充分激发下属的使命感和责任心，使其发挥积极主动性，各负其责地做好工作。同时，授权能使上下级关系密切，加强协作，团结共事。

行政领导者在进行授权时，必须注意以下几方面。

1.慎重授权

领导者授权一定要经过深思熟虑，因为行政领导者的很多授权都与员工直接相关，一旦授权不当就会影响员工的工作进展。因此领导者的授权行为适当与否，直接影响到本部门行政工作的绩效。领导者授权必须基于合理的目的，处于合理的范围，遵循合理的程序。这就要求领导者给下属授权要适当，不能把不该授的权授出去。授权是将复杂的整体目标加以分解，实行“分而治之”。然而授权不是分权，不能各自为政。领导者应当时刻注意观察全局发展的进程，及时调节可能出现的离心现象，对被授权者实行有效的监督[①]。授权时要事先考虑好各种因素并做好准备工作，如被授权者是否具备完成任务的主观条件、是否具备完成任务的资金、物力、人力等客观条件。授权之前领导者要与被授权者进行必要的交流和沟通，使他们了解既定的目标和注意事项，一旦授权完成则不要随意干涉被授权者在规定的范围内行使权力。这样才能充分调动被授权者在执行任务时的积极性、主动性。

2.授权不授责

领导授权并不是放弃或者推却自己的责任。领导者仍应承担相应的责任，包括对下属的检查、督促，以及出现问题时应负的领导责任。领导者授权时，把职责分派给下属，但不能把责任转嫁给别人，也就是说，责任既不能指派，也不能委任。授权者对下级行使职权是否得当负有指导和监督的责任。当然被授权者对上级负有执行任务和汇报工作的全面责任[②]。如果被授权者由于主观的原因，没有按规定要求履行自己的责与权，则领导者有权进行批评或纠正；被授权者在执行任务过程中如遇到意外的困难，领导者也有帮助其解决的责任；对被授权者造成的行动后果，领导者也应当承担相应的责任。因为领导者是统筹全局的，不能借授权而推卸自己的责任。这样下属才乐于被授权，心甘情愿地接受领导者授予的权与责。

① 张向前.浅析领导者的授权艺术[J].人才资源开发,2009(1):46.

② 王竹青.论领导的授权[J].重庆工学院学报,2001(6):82-84.

3.核心权力不授予下属

领导者进行授权是为了调动下属的积极性，使其更好地完成组织任务，而不是放弃自己的全面领导责任，更不意味着分散自己所有权力。领导者是统筹全局的，不可能把所有的权力都授予下属。授权一般侧重于具体事务的执行方面，而具有战略意义的行动或决策权应掌握在领导者自己手中。授权程度是授权的一个重要因素。授权过少，会造成管理者工作太多，下属积极性受挫；过度授权，会造成工作杂乱无章，领导者放弃职守，使管理失去控制。授权要做到下放的权力刚好够下属完成任务，不可无原则地放权；必须分清哪些权力可以放，哪些权力应该保留。一般来说，有关企业全局的重大责权不该下放，尤其是战略层面的决策权[①]。

4.防止逆向授权

在授权中应防止下属把在工作中碰到的困难、问题推回到领导者身上，让领导者去解决。这种“矛盾上交”的做法会使领导者穷于应付，处于非常被动的局面之中。为了防止这种不正常局面的出现，领导者必须健全组织结构，改变领导方法，以正确的授权代替逆向授权。在行政管理工作中，要明确哪些事项和问题必须由被授权者自己解决，或什么情况下才允许被授权者向领导者求助。这种做法并非意味着领导者不给下属在工作中遇到困难时以必要的指导和帮助，主要是为了摆正领导与被领导的关系，使领导者处于主动地位。

5.授权内容明确

授权必须明确授予权力的核心要素和基本内容，虽然不可能把所有授权内容都予以罗列，但必须要有基本标准。有的企业行政领导没有这方面意识，没有制定一个明确的授权标准，而只是简单口头授权。这常常导致责任、权力不清，影响授权效果。因此，企业行政领导在授权时应根据具体情况制定一个书面准则，明确授权双方的责、权、利并率先遵守，这种形式有利于授权任务的圆满完成。

---

① 张家恩，徐颖真.浅议企业管理中的授权艺术[J].企业活力，2005(3)：64-65.

四、激励艺术

激励是通过激发或鼓励的办法，充分发挥人的积极性和创造性。企业行政管理最直接面对的就是作为个体或群体的员工，因此，从某种意义上说，企业行政管理的过程就是激励的过程。只有掌握了激励艺术，才能使行政领导工作做到最好。激励艺术主要包括以下几个方面。

1. 正面激励

通过正面激励如表扬或奖励来激励员工，激发他们的工作干劲和热情。具体包括物质激励和精神激励两个方面，两者应有机结合。在进行激励时要具有针对性，根据个体不同的需求给以激励，如物质激励可采取直接发奖金、发实物奖品、组织旅游等不同形式，精神激励则可以有更多形式，如情感交流、大会表扬、节日慰问、生日祝福等。当然也可以采用两者相结合的形式，这样效果会更好。具体采取什么激励形式一定要因人而异。正面激励一定要及时，当员工取得优异业绩或有着优秀表现时应该尽快跟进激励，这会让员工感受到来自领导的关注，体会到付出即有回报，能够形成组织巨大的向心力，有利于领导工作的进一步开展。

2. 负面激励

负面激励是通过批评或处罚控制下属行为的一种反向激励形式，其作用主要体现在使下属从惩罚中吸取教训，进而调动其工作积极性。但负面激励应尽量少用、慎用，只有在万不得已的情况下经过调查研究，掌握充足和确凿的证据后才可采用。在进行负面激励时还要注意和员工的交流与沟通，使被罚者能够认识到自己在工作中所犯的错误并坦然接受惩罚。另外，惩罚的轻重要适当，一般根据错误性质、后果而定。

3. 目标激励

根据企业的经营方针与发展需求，制定企业及其部门乃至每一位职工的任务目标，激励职工为实现既定目标努力工作。目标激励能让每一个被激励者产生极大的受尊重感和被信任感，促进他们自我调节、自我完善。一般来说，目标的价值越高，激励作用越大，但是目标价值必须与职工的自身利益相结合，使职工付出的努力与其事业上的成就、实际利益的增长成正比。实施目标激励，必须强调目标的针对性和可行性，所定目标要因人而异，从每个人的实际情况出发。如果目标过高，超出了员工的能力范围，不仅无法起到应有的激励作用，而且会使人产生挫折感，适得其反。

五、领导风格

领导风格是企业行政领导者用人、决策、授权、激励艺术的综合体现。优秀的行政领导者一定拥有令人印象深刻的领导风格，这也是其影响力和综合素质的重要体现。

1.有关领导风格研究

企业领导风格一般指经由习惯化的领导方式和领导艺术所表现出的种种综合特征。习惯化的领导方式和领导艺术是在长期的个人经历、领导实践中逐步形成的，并在领导实践中稳定发挥作用，具有较强的个性化色彩，是领导艺术的重要体现。每一位领导者都有其与工作环境、经历和个性相联系并区别于其他领导者的风格。领导风格研究的理论价值和实践意义在于它能反映现实的领导活动，解释领导有效性的差异。

最早开始研究领导风格及其效果的是美国社会心理学家库尔特·勒温。勒温根据领导过程中权力定位的不同，把领导者的领导风格分为三种类型：民主型、专制型、放任型，并先后多次进行了有关不同领导风格实施效果的实验。实验结果表明，三种类型的领导风格中，以民主型领导风格的效果为最佳，其次是专制型领导风格，效果最差的是放任型领导风格。但勒温又进一步指出，在现实的工作情境中，上述三种典型的领导风格并不常见，大量的领导者所表现出的领导风格，往往是介于不同典型领导风格之间的中间类型。

在勒温等人的研究之后，又有不少心理学家先后对领导风格做进一步的研究。鉴于放任型领导并不是一种现实的领导风格，后来的研究者们就专注于对民主型和专制型两种领导风格及介于二者之间的领导风格的研究。1948年，L.科奇和J.弗伦奇进行了关于领导风格的现场实验，实验结果证明民主型和民主—专制型的领导风格均能导致优于专制型领导风格的效果，而且民主程度越高的领导风格就越能有较好的效果。1958年R.坦南鲍姆和W.H.施米特进一步把专制型和民主型领导风格的划分精细化，提出了专制—民主连续带模型。这一模型把专制型领导风格和民主型领导风格确定为一个连续变化带的两个端点，在这两个端点之间还存在着专制程度和民主程度不同的领导风格。这就把勒温开创的领导风格研究向实际应用方面推进了一步[①]。

在专制—民主连续带模型的基础上，R.利克特和他在密歇根大学社会研究中心的同事经过大量研究，取得了对领导风格研究的新进展。利克特在《管理的新模式》一书中，把现有的领导风格分为四类：剥削式专制、仁慈式专制、协商式民主、参与式民主。在利克特的管理系统中，参与式民主的领导风格被认为是效果最好的。利克特认为，只有民主型的领导才能充分发挥人的潜在能力，充分调动人的积极性；剥削式专制领导则永远不可能达到民主型领导所能达到的工作效率和心理满足。

国内外的管理实践都表明，领导者的领导风格确实影响着管理的效果，但这种影响的作用是复杂的。一些学者的研究表明，尽管一般情况下民主型领导风格既能调动人的积极性，又能提高工作效率，但当团队承担的任务难度或危险程度很高时，专制型领导风格却能带来比民主型领导风格更高的工作效率。另外一些研究也表明，在分析不同领导风格的领导效果时，团队成员的文化背景和个性特征也是必须考虑的重要因素。

2.企业行政领导风格类型

在上述研究的基础上结合行政管理工作的特点，可以把企业行政领导风格划分为指导型、关系型、民主型、示范型和指挥型。现代风格理论认为，领导风格不是一个独立起作用的因素，领导风格的有效性还取决于领导过程中的另外两个因素，即被领导者和任务性质[②]。最具成效的行政领导应该学会这些风格类型，因时、因人采用最符合情势需要的风格。

（1）指导型。

这种一对一的领导风格重点在于单独培养人才，教他们如何改进自身表现，并帮助他们将个人的目标与团队的目标联系起来。指导型风格对于表现主动积极、想实现更多职业发展的员工最为有效。但这种风格适用范围不广，如果被认为对员工管得太多，会损害员工的自信，适得其反。

① 刘英骥，邹昭晞．世界经济管理学百家评解（下册）［M］．北京：企业管理出版社，2003：100.

② 杨志新．领导者的风格、行为和技能［J］．管理观察，2008（25）：45-46.

（2）关系型。

关系型领导风格以人为中心，领导者努力在员工之间营造一种和谐的氛围。这种风格强调团队合作的重要性，并通过让员工彼此联系来营造团队中的和谐气氛。在组织中增强团队和谐氛围、提振士气、加强沟通或修复受损的信任时，这种风格尤其具有价值。这种领导风格要和其他领导风格结合使用，因为它注重对群体的褒扬，可能会使表现不好的个体情况得不到纠正。

（3）民主型。

这种领导风格会吸收员工的知识和技能，并就最终目标达成集体承诺。在团队的发展方向未明、领导者需要大家群策群力的情况下，民主型领导风格最为有效。即使已经有了很好的愿景，运用民主型领导风格，也可以从员工中得到一些新的启发来帮助实施这个愿景。但在出现危机的情况下，紧急的事态要求迅速做出决策时，这种建立一致性的方法效果会很差。这种领导风格最让人头疼的问题就是它会导致大量的会议和各种争论，很难让大家达成一致意见，所以在危急时刻不宜使用。

（4）示范型。

示范型领导者会树立极高的绩效标准，并且自己会带头做榜样。这种领导者做事情时总是强迫自己又快又好，而且他们还要求周围的每一个人也能够像他们一样。当一个组织所有员工都能够进行自我激励并且具有很强的能力，几乎不需要任何指导或者协调时，这种领导方式往往能够发挥极大的功效。示范型领导者对完美的过度要求可能会打击士气，使员工有被压垮的感觉，像其他领导风格一样，不应单独使用。

（5）指挥型。

这是“军事化”领导风格的典型模式，可能是最常用的，但也是最不容易收到成效的。这种风格很少有表扬，但是经常有批评，故而会打击员工士气、降低对工作的满意度。这种风格只在出现危机、需要紧急扭转事态时有效。在采用指挥型领导风格时必须谨慎，只有在某些需要下属绝对服从的情况下才可以使用。如果一个领导者在危机已经过去之后，还依赖于指挥型领导风格或者继续使用这种风格，就会导致其对员工士气以及员工感受的漠视，而这带来的长期影响将是毁灭性的。

※ 小 结

有力的企业行政领导是企业行政管理工作顺利进行的重要保证，优秀的企业行政领导者并非天生的，需要经过认真的学习和工作的磨炼。在这个过程中，行政领导者需要对自身工作性质、工作内容具有清晰的认识，还应不断提升自身领导素质和掌握领导艺术。

※ 关键概念

领导　企业行政领导　领导素质　领导艺术　领导风格

※ 思考与练习

（1）什么是领导，它与管理有什么差异？

（2）企业行政领导的要素和功能是什么？

（3）企业行政领导素质的主要内容有哪些？如何提高行政领导素质？

（4）企业行政领导艺术主要体现在哪些方面？

【案例分析】

谁的方式更有效

高明是一位空调销售公司的总经理。他刚接到有关公司销售状况的最新报告：销售额比去年同期下降了25%、利润下降了10%，而且顾客的投诉增多。更为糟糕的是，公司内部员工纷纷跳槽，甚至还有几名销售分店的经理提交辞呈。他立即召集各主管部门的负责人开会讨论解决该问题。会上，高明说："我认为，公司的销售额之所以下滑都是因为你们领导不得力。公司现在简直成了俱乐部，每次我从卖场走过时，都能看到员工们在各处站着，聊天的、煲电话粥的，无处不有，却对顾客视而不见。他们的目的是多拿钱少干活。要知道，我们经营公司的目的是赚钱，赚不到钱，想多拿钱，门儿都没有。你们必须记住，现在我们迫切需要对员工的严密监督和控制。我认为现在有必要安装监听装置，监听他们在电话里谈些什么，并将对话记录下来，交给我处理。当员工没有履行职责时，你们要警告他们一次，如果再不听，马上请他们走人……”

部门主管们对高明的指示都表示赞同。唯有销售部经理李燕提出反对意见。她认为问题的关键不在于控制不够，而在于公司没有提供良好的机会让员工真正发挥潜力。她认为每个人都有展示自己的才干，为公司努力工作并做出贡献的愿望。所以解决问题的方式应该从和员工沟通入手，真正了解他们的需求，使工作安排富有挑战性，促使员工以从事这一工作而自豪。同时要在业务上给予指导，花大力气对员工进行专门培训。然而，高明并没有采纳李燕的意见，而是责令所有部门主管在下星期的例会上汇报要采取的具体措施。

资料来源：领导案例：谁的方式更有效，(2016-02-09)[2022-03-13]，http://www.docin.com/p_145245961.html，有改动。

请结合案例思考：

（1）高明在案例中体现的是什么领导风格？李燕体现的又是什么领导风格？

（2）你认为谁的领导风格和方式更适合解决案例中出现的问题？

※ 推荐阅读

1. 理查德·哈格斯，罗伯特·吉纳特. 领导学：在经验积累中提升领导力（第五版）[M]. 朱舟，译. 北京：清华大学出版社，2007.

2. 彼得·G. 诺斯豪斯. 领导学：理论与实践（第五版）[M]. 吴爱明，陈爱明，陈晓明，译. 北京：中国人民大学出版社，2012.

3. 华阅. 领导学[M]. 北京：中国商业出版社，2010.

4. 吴维库. 领导学[M]. 北京：高等教育出版社，2011.

5. 刘松博. 领导学[M]. 北京：中国人民大学出版社，2013.

6. 王乐夫. 领导学：理论、实践与方法[M]. 3 版. 广州：中山大学出版社，2006.

7. 凯勒曼. 领导学：多学科的视角[M]. 林颖，译. 上海：格致出版社，2008.

8. 罗建华，游金梅. 企业行政管理[M]. 北京：机械工业出版社，2007.

9. 马蔚然. 企业行政管理[M]. 大连：大连理工出版社，2012.

10. 王自亮. 领导学[M]. 北京：中国人民大学出版社，2015.

11.哈格斯,吉姆特,柯菲.领导学:在实践中提升领导力(原书第8版)[M].朱舟,译.北京:机械工业出版社,2016.

12.陈树文.领导学[M].2版.北京:清华大学出版社,2017.

第五章　企业行政决策与计划

内容结构：

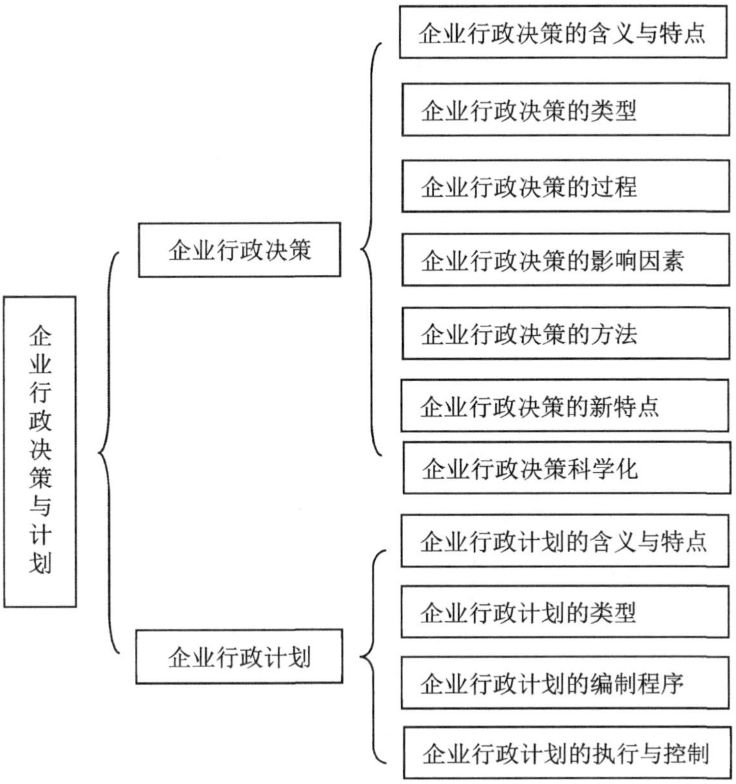

内容提要：本章主要介绍企业行政决策与企业行政计划。企业行政决策是决策的一种，是企业行政机构为履行行政职能所做的行为设计和抉择过程。现代企业行政决策表现出了十分鲜明的时代特点。为了增强企业活力，促进企业发展，必须研究行政决策，采取切实有效的措施，提高企业决策水平。企业行政计划是企业行政机构为达成企业行政决策目标而进行的筹划活动及所制定的实施步骤与方法。完善企业行政计划的编制程序，有助于实现企业行政计划制定的准确性和可控性。

【引导案例】

李厂长的决策会议

李厂长是某食品厂的厂长，回顾多年的创业历程真可谓是艰苦创业、勇于探索。全厂上下齐心合力，同心同德，共献计策，为食品厂的发展立下了不可磨灭的功劳。但最令全厂上下佩服的还是5年前李厂长决定购买国外二手设备的举措。食品厂也因此挤入国内同行业前列，令同类企业刮目相看。今天李厂长又通知各部门主管及负责人晚上7点在厂部会议室开会。部门领导们都清楚地记得，5年前在同一时间、同一地点召开会议，李厂长做出了购买先进设备这一关键性的决定。在他们看来，又有一项新举措即将出台。

晚上7点，会议准时召开。李厂长郑重地讲道："我有一个新的想法，我将大家召集到这里是想听听大家的意见或看法。我们厂比起5年前已经发展了很多，可是，与国外同类企业的生产技术、生产设备相比，还差得很远。我想，我们不能满足于现状，我们应该力争世界一流水平。当然，我们的技术、我们的人员等诸多条件还差得很远，但是为了达到这一目标，我们必须从硬件条件入手，即引进世界一流的先进设备，这样一来，就会带动我们的人员、带动我们的技术一起前进。我想这并非不可能，5年前我们不就是这样做的吗？现在我们厂的规模扩大了，厂内外事务也相应地增多了，大家都是各部门的领导及主要负责人，我想听听大家的意见，然后再做决定。"

会场一片肃静，大家都清楚记得，5年前李厂长宣布他引进二手设备的决定时，有近70%的成员反对，即使后来李厂长谈了他近一年来对国内外市场、最新政策、技术人员、资金等厂内外环境的一系列调查研究结果后，仍有半数以上人持反对意见，10%的人持保留态度。因为5年前很多同类厂家引进设备后，由于配套问题和技术难以达到等因素，均使高价引进的设备成了一堆闲置的废铁。但是李厂长在这种情况下仍采取了引进二手设备的做法。事实表明这一举措使食品厂摆脱了当时企业由于设备落后、资金短缺所陷入的困境。二手设备那时价格已经很低，但在我国尚未被淘汰。因此，该厂也由此走上了发展的道路。李厂长见大家忧心忡忡的样子，便说道："大家不必顾虑，今天这一项选择完全由大家决定，我想这也是民主决策的体现，如果大部分人同意的话，我们就宣布实施；如果大部分人反对的话，我们就取消这一决定。现在大家举手表决吧！"

最后，会场上有近70%的人投了赞成票。

资料来源：高建军，董婧，张曈光《管理学原理》，中国轻工业出版社2017年版，有改动。

第一节　企业行政决策

美国的赫伯特·西蒙教授认为管理即决策①，可见决策在管理中的重要性。企业行政决策是企业全部工作的头等大事，决策正确与否，直接关系到企业的发展和生死存亡。决策正确，会给企业带来巨大的利润；而决策失误，就有可能给企业造成无法挽回的损失。有研究表明，世界每1000家倒闭的大企业中，就有85%是因为经营者决策不慎造成的②。企业行政决策频频出现问题严重阻碍了我国企业的发展和竞争力的提高。为了增强企业活力，促进企业发展，必须分析决策出现问题的原因，采取切实有效的措施，提高企业行政决策水平。

一、企业行政决策的含义与特点

决策是人们就需要解决的问题所做的行为设计和抉择过程。企业行政决策是决策的一种，它是企业行政机构为履行行政职能所做的行为设计和抉择过程。企业行政决策具有不同于其他决策的特定性、广泛性、权威性特征。

1.企业行政决策主体的特定性

只有具有行政权力的企业组织和个人才能成为企业行政决策的主体。我国公司法和相关法律均做出了明确的规定，行政权由企业行政机构行使。企业行

① 赫伯特·A.西蒙.管理决策新科学[M].李柱流，汤俊澄，等，译.北京：中国社会科学出版社，1982：39.

② 世界经理人.85%公司死于决策失败，他们靠什么活下来？[EB/OL].（2018-07-27）[2020-9-15].http://www.ceconline.com/strategy/ma/8800094313/01/?_ga=2.6013498.880162216.1644993946-526946150.1642125430.

政机构之外的某些部门或机构通过委托、授权等形式获得一定的行政权后，也可成为行政决策的主体。

2.企业行政决策客体的广泛性

由于企业行政管理的范围和内容极其广泛，企业行政决策的内容也非常广泛，包括企业的规章制度、规则、文化等，都需要通过企业行政决策加以解决。而其他决策主要限于企业各自的内部事务。

3.既定企业行政决策的权威性

企业行政决策体现的是企业的经营理念和企业的整体利益。因此，既定的企业行政决策对企业行政组织的内部成员以及企业各级行政组织管辖范围内的部门和个人都具有约束力，表现出企业行政决策的权威性。企业行政决策贯穿于企业行政管理的全过程，直接关系着企业行政管理的成败。具体体现在以下两个方面：

（1）企业行政决策是企业行政管理过程的首要环节和执行各项管理职能的基础。决策是先导，企业行政管理实践中遇到的各种需要采取行动的问题，都首先依赖于企业的行政决策。同时，企业行政管理的各项职能都是为实现决策目标服务的。所以说，决策是执行各项管理职能的基础。

（2）企业行政决策正确与否是企业行政管理成败的关键，这已被众多企业行政管理的实践所证明。可以说，企业行政决策直接关系着企业行政管理的成败和企业的长远发展。

二、企业行政决策的类型

根据不同的标准，可以对企业行政决策进行不同的分类。常见的分类有以下几种：

依据企业行政决策涉及问题的规模和影响程度不同，可分为战略决策、战役决策和战术决策。战略决策是指对带有全局性、方向性的重大问题的决策，它影响深远，涉及范围广泛。战役决策是指为战略决策所制约并为之服务的局部性或阶段性决策。战术决策是指对技术性问题的决策。

依据企业行政决策目标性质的不同，可分为程序化决策和非程序化决策。程序化决策是对重复出现的、有一定规范和原则可遵循的问题的决策。非程序化决策是对偶然发生或首次出现的、没有规范和原则可遵循的问题的决策。

依据企业行政决策条件和结果的不同，可分为确定型决策和非确定型决策。确定型决策是指面临确定的环境和条件，各不同的方案和结果也是确定的，因而可按要求从中选出最佳方案的决策。非确定型决策是指面临多种不确定的环境和条件，每种方案在不同环境和条件下的结果又是不确定的，因而从中选择方案没有把握，要冒风险的决策。

依据企业行政决策目标要求不同，可分为最优决策和满意决策。最优决策是指追求理想条件下的最优目标的决策。满意决策则是指在现实条件下求得满意目标的决策。由于企业行政管理内容的广泛性和决策目标在诸多方面的复杂性，绝对的“最优决策”和“最优目标”是无法实现的。因此，企业行政决策通常都是满意决策，即相对的“最优决策”①。

三、企业行政决策的过程

决策程序化是现代企业行政决策的必然要求。决策者为了有效地解决发现的问题或者为了达到既定的目标，在决策时，就必须要遵循以下企业行政决策的程序，做到决策程序化。

1.鉴别问题，识别机会

决策者通常密切关注其责任范围内的相关数据和信息，实际状况与预期状况的差异提醒决策者潜在的机会或问题的存在。社会与经济的复杂性导致识别问题或机会并不是那么容易，所以决策者要特别注意尽可能精确地鉴别问题和机会，其精确度依赖于信息的精确程度和决策者提取信息的能力。低质量或不精确的信息不仅浪费大量的时间、耗费大量资金，也使决策者无法发现导致这种情况出现的潜在原因，从而有可能错失良机。不能正确地提取信息使信息的扭曲程度加重，导致问题一直无法被发现。但是，只要坚持获取高质量的信息并仔细提取它，纵使处在控制之外的因素可能对机会和问题的识别产生负面影响，决策者也能提高做出正确决策的可能性。

2.分析问题，明确目标

在问题明晰之后，决策者就可以开始对问题进行系统的分析。分析问题的

① 黄安心.企业行政管理概论[M].2版.武汉：华中科技大学出版社，2017：135.

前提条件是收集有价值的信息。良好的决策需要有价值的信息来支持。所需收集信息的范围主要取决于问题的性质和复杂程度。一旦收集到所需的信息，下一步工作就是理解和解释这些信息。我们必须采取有序的方法来组织整理这些信息，将信息按项目成本、程序时间、领导能力、质量产出等进行归类，这些方法是很有用的，会使我们清楚哪些数据资料更重要。此外，也可以依据可靠性、重要性、时间范围、原因和结果、人为因素，以及技术因素等标准对信息进行划分和归类。整理数据之后，决策者就可以明白问题所在。分析问题有助于决策者把握机会继而明确要达到的目标，决策的目的就在于解决问题或者达到既定的目标。

3.制定多种可能的备选方案

一旦明确了问题所在，接下来的步骤是制定解决问题的备选方案。在提出备选方案时，决策者必须把目标铭记于心，并且尽可能多地考查可供选择的方案，可供选择的方案越多，解决办法越完善。借鉴过去的经验、管理方面的实践，征询他人的意见，从多个角度审视问题都有助于制定备选方案。制定解决问题的备选方案是一个具有创造性的过程。在这一过程中，决策者必须开拓思维，充分发挥想象力。使用头脑风暴法、德尔菲法和专家会议法可以提出富有创造性的方案。

4.评价方案，确定满意方案

在制定备选方案之后，就需要确定最满意的方案了。决策者应仔细考虑每一个方案的可用性和有效性，要用既定的决策目标衡量每种方案的预期成本、收益、不确定性、时间和风险等，最后对所有方案进行排序。为评价备选方案而设立的标准一般都是运用定量分析方法制定的，运用定量分析方法可以清楚地表明其中哪一个备选方案更优越。然而社会经济现象的复杂性会导致定量分析的方法很难完全适用于企业行政决策，仍有大量决策工作需要人们的主观判断。决策者进行主观判断时可以考虑以下因素：经验，在选择最佳方案时，将过去的经验作为一个指南；直觉，直觉与经验有关，它能唤起决策者过去的记忆，并将其应用于对未来的预测；他人的建议，决策者可以从同事那里寻求帮助和指导；实验，如果可能的话，可采用实验的方法来检验备选方案，这类实验不会过多地消耗成本和时间，却能提高决策的效果。

5.付诸实施既定方案

选出最佳方案后，决策过程并没有结束，决策者还要设计所选方案的实施方法，使方案付诸实施。一些决策者善于分析、确定最佳方案和选择备选方案，却不善于将他们的想法付诸实施。一个优秀的决策者必须既能做出决策又能化决策为有效的行动。决策者在执行决策阶段，可能会因不可避免的原因对一部分人的既得利益造成损害，从而会遇到不同程度的抵触。为了得到广大员工的支持，决策者需要做好员工的思想工作，动之以情，晓之以理，制定相应的补偿方案来消除决策方案在执行过程中遇到的阻力。决策者还需要调动广大员工的积极性，实行目标责任制，并善于授权，做到权责相对，设计合理的薪酬制度，这样才能实现权、责、利三者的有效结合，确保方案朝着决策者期望的方向前进。

6.评估效果，进行反馈追踪

决策者最后的职责是定期检查方案的执行情况，并将实际效果与既定的目标进行对比，根据目标来衡量效益，通过定期检查评价方案的效果。评价方案的效果也有助于提高决策者的决策技能与水平。决策是一种技术，人们可以通过决策实践来提高决策水平。为了提高决策质量，一些信息的反馈追踪是必要的，主要是为了检验方案效果是否与目标存在偏差，如果存在偏差，那么决策者就应该对方案进行适当调整，以使其更加符合企业的实际和适应变化的环境，进而达到预期的效果。这也是前文所说的，决策绝对不是一次性的静态过程，而是一个动态往复的过程。

四、企业行政决策的影响因素

企业领导在企业行政决策的过程中，会受到很多因素的影响，这些因素影响着企业行政决策的效果。总的来说，组织的决策会受到以下因素的影响。

1.环境

环境对组织决策的影响是不言而喻的，这种影响是双重的。

（1）环境的特点影响着组织的活动选择。企业需经常对经营方向和内容进行调整。处于垄断市场上的企业，通常将经营重点放在内部生产条件的改善、生产规模的扩大，以及生产成本的降低上；而处于竞争市场上的企业，则需密切注视竞争对手的动向，不断推出新产品，努力改善营销宣传策略，建立健全销售网络。

（2）对环境的习惯反应模式影响着组织的决策活动。即使在相同的环境背景下，不同的组织可能做出不同的反应。而这种调整组织与环境之间关系的模式一旦形成，就会趋向固定，限制着人们对行动方案的选择。

2.初始决策

今天是昨天的继续，明天是今天的延伸。历史总是要以这种或那种方式影响着未来。在大多数情况下，目前决策不是在一张白纸上进行初始决策，而是对初始决策的完善、调整或改革。初始决策是目前决策的起点，过去选择的方案的实施，不仅伴随着人力、物力、财力等资源的消耗，而且伴随着内部状况的改变，带来了对外部环境的影响。“非零起点”的目前决策不能不受到过去决策的影响。初始决策对目前决策的制约程度要受到它们与现任决策者的关系的影响。如果过去的决策是由现在的决策者制定的，而决策者通常要对自己的选择及其后果负管理上的责任。因此，决策者通常不愿对组织活动进行重大调整，而倾向于把大部分资源投入对过去方案的执行中，以证明自己的决策是一贯正确的。相反，如果现在的决策者与组织过去的重要决策没有很深的渊源，则通常易于接受重大改变。

3.决策者对风险的态度与认知

风险是指失败的可能性。由于决策是人们确定未来活动的方向、内容和目标的行动，而人们对未来的认识能力有限，目前预测的未来状况与未来的实际状况不可能完全相符，因此在决策指导下进行的活动，既有成功的可能，也有失败的危险。任何决策都必须冒一定程度的风险。组织及其决策者对待风险的不同态度会影响决策方案的选择。愿意承担风险的组织，通常会在被迫对环境做出反应以前就采取进攻性的行动；而不愿承担风险的组织，通常只能被动地做出反应。愿意承担风险的组织经常进行新的探索，而不愿承担风险的组织，其活动则会受到过去决策的严重限制。

4.组织文化

组织文化制约着组织及其成员的行为和行为方式。在决策层次上，组织文化通过影响人们对“改变”的态度而发生作用。任何决策的制定，在某种程度上都是对过去的否定；任何决策的实施，都会给组织带来某种程度的变化。组织成员对这种可能产生的变化会怀有抵触或欢迎两种截然不同的态度。在偏向保守、僵化的组织中，人们总是根据过去的标准来判断现在的决策，总是担心在变化中会失去什么，从而对将要发生的变化产生怀疑、害怕和抗拒的心理与行为；相反，在具有开拓、创新气氛的组织中，人们总是以发展的眼光来分析决策的合理性，总是希望在可能产生的变化中得到什么，因此渴望变化、欢迎变化、支持变化。显然，欢迎变化的组织文化有利于新决策的实施，而抵触变化的组织文化则可能给新决策的实施带来灾难性的影响。在后一种情况下，为了有效地实施新决策，必须先通过大量工作改变组织成员的态度，建立一种有利于变化的组织文化。因此，决策方案的选择不能不考虑到改变现有组织文化而必须付出的时间和费用。

5.时间

美国学者威廉·金和大卫·克里兰把企业行政决策类型划分为时间敏感决策和知识敏感决策。时间敏感决策是指那些必须迅速而尽量准确的决策。战争中军事指挥官的决策多属于此类，这种决策对速度的要求远胜于质量。例如，当一个人站在马路当中，一辆疾驶的汽车向他冲来时，他的关键选择是要迅速跑开，至于跑向马路的左边近些还是右边近些，相对于及时行动来说则显得次要。相反，知识敏感决策对时间的要求不是非常严格。这类决策的执行效果主要取决于其质量，而非速度。制定这类决策时，要求人们充分利用知识，做出尽可能正确的选择。组织关于方向与内容的决策，即前面提到的战略决策，属于知识敏感决策。这类决策着重于运用机会，而不是避开威胁，着重于未来，而不是现在。

五、企业行政决策的方法

“工欲善其事，必先利其器。”要做好企业行政决策，工具是非常重要的。在信息时代，信息技术就是做好管理决策的重要工具。然而，只有工具还不行，我们还要学会使用工具的方法。在这里简单介绍一下定性、定量的决策方法。

1.定性决策方法

在计算机广泛应用之前，人们习惯于用定性方法来解决决策问题，也常用定性与定量相结合并以定性分析为主的决策方法。在计算机已经普及的今天，社会经济现象是十分复杂的，数学方法很难完全渗透于企业行政决策之中，仍有大量的决策工作需要人们进行主观判断。为此仍然必须重视人们的传统经验与社会学、心理学等现代科学结合起来的定性方法，这样才能使企业行政决策更科学、更符合实际。本节主要介绍德尔菲法、头脑风暴法和专家会议法。

德尔菲法。德尔菲法是由美国兰德公司于20世纪50年代初提出的，是一种反馈匿名函询法。它是以匿名方式通过几轮函询征求专家的意见，再由组织决策小组对每一轮的意见进行汇总并整理，作为参照资料再发给每一个专家，供他们分析判断，提出新的意见。如此反复，专家的意见渐趋一致，最后做出最终结论。德尔菲法也可理解为组织集体思想交流的过程。这个方法有如下几个特点：匿名性，征询和回答是用书信的形式“背靠背”进行的，应答者彼此不知道对方的身份，这就可以消除权威的影响；反馈性，征得的意见经过统计整理，重新反馈给应答者，每个人可以知道全体的意见倾向以及持与众不同意见者的理由，每一个应答者都有机会修改自己的意见，而且无损自己的威信；收敛性，征询意见过程经过几轮重复，应答者就能够达到大致的共识，甚至比较协调一致，也就是说，统计归纳的结果是收敛的。

头脑风暴法。头脑风暴法是由心理学家奥斯本提出的一种激发创造性思维的方法。此法经各国创造学研究者的实践和发展，至今已经形成了一个发明技法群，如奥斯本智力激励法、默写式智力激励法、卡片式智力激励法等。在群体决策中，成员受群体心理相互作用影响，易屈于权威或大多数人意见，形成所谓的“群体思维”。群体思维削弱了群体的批判精神和创造力，损害了决策的质量。为了保证群体决策的创造性，提高决策质量，一些改善群体决策的方法便应运而生，头脑风暴法是较为典型的一个。采用头脑风暴法组织群体决策时，要集中有关专家召开专题会议，主持者以明确的方式向所有参与者阐明问题，说明会议的规则，尽力创造融洽轻松的会议气氛。主持者一般不发表意见，以免影响会议的自由气氛，由专家们自由提出尽可能多的方案。

专家会议法。专家会议法是指根据规定和原则选定一定数量的专家，按照一定的方式组织专家会议，发挥专家集体的智能结构效应，对预测对象未来的发展趋势及状况做出判断的方法。头脑风暴法就是专家会议法的具体运用。专家会议法有助于专家们交换意见，通过互相启发，弥补个人意见的不足；通过内外信息的交流与反馈，产生“思维共振”，进而将产生的创造性思维活动集中于预测对象，在较短时间内得到富有成效的创造性成果，为决策提供预测依据。但是，专家会议法也有一些弊端：由于参加会议的人数有限，因此代表性有限；受权威的影响较大，容易压制不同意见的发表；易受表达能力的影响，使一些有价值的意见得不到重视；易受自尊心等心理因素的影响，使会议出现僵局；易受潮流思想的影响；等。

2.定量决策方法

半个世纪以来，随着信息技术的应用和计算机的普及，特别是多种定量分析软件的推广，定量分析方法从专家们的咨询机构走到企业、政府和各种实际应用部门。下面介绍的定量决策方法主要选自运筹学，根据决策问题的概率性质将决策分为确定型、不确定型和风险型三种。

确定型决策的特点是只有一种选择，决策没有风险，只要满足数学模型的前提条件，数学模型就会给出特定的结果。属于确定型决策的模型主要有盈亏平衡分析模型和经济批量模型。确定型决策方法的应用应具备四个条件：存在决策者期望达到的一个明确目标；只存在一个确定的自然状态；存在可供决策者选择的两个或两个以上行动方案；不同行动方案在确定状态下的损失或收益值可以计算出来。确定型决策的方法主要有本量利分析方法、投资报酬率法、线性规划法等。

不确定型决策是指在无法估计系统行动方案所处状态概率的情况下进行的决策。不确定型决策的基本方法是先用效用值表示各种可能的后果，构造一张支付表，再用一定的评价准则来评定各个方案的优劣，从而选出最优方案。不确定型决策所处的条件和状态都与风险型决策相似，不同的是各种方案在未来将出现哪一种结果的概率不能预测，因而结果不确定。常用的准则有拉普拉斯准则、瓦尔德准则、赫维兹准则、混合准则和萨沃格准则。

风险型决策，亦称“统计型决策”或“随机型决策”。风险型决策是面临至少两个发生概率为已知的随机自然状态，至少有两个可供选择的行动方案，且已知损益矩阵的决策。它是一种比较常见的决策类型，应用广泛。常用的决策方有以最大可能性为标准的准则、以期望值为标准的准则、决策树等。

六、企业行政决策的新特点

随着企业的发展，现代企业行政决策工程也在快速发展。在市场竞争愈加激烈，科学技术不断发展，企业规模不断扩大，以及企业目标多元化的背景下，过去那种与小作坊的生产方式相适应的，只凭借管理者个人学识、智慧和阅历进行决策的经验决策时代已经过去了。在当今的历史条件下，现代企业行政决策表现出了十分鲜明的时代特点。

1.企业行政决策的主体已由个人转向群体

在前工业时代，由于企业行政决策的客体变化慢、关联少、规模小，所以决策主要是由企业的个别主要领导者进行决策，决策也多以领导者的个人经验和主观判断为主要依据。而进入后工业时代，决策在质和量上都发生了根本的变化。企业行政决策客体的关联性使决策变得异常复杂，企业行政决策已不再像过去那样仅凭个别领导者的经验和主观判断就能完成，而是逐步向群体决策转变；同时，由于企业行政决策的科学技术不断发展，不少专家等企业外部的专业人士也加入决策群中。为了防止决策失误，决策技术被更广泛地应用到决策之中，主观判断的成分越来越少，企业行政决策已经成了一种主要依靠决策技术的群体决策。

2.企业行政决策的客体日趋复杂

科学技术的不断发展和应用使得大工业生产的时代早已到来。伴随着企业生产规模的不断扩大，企业出现了新的特点。从性质上看，具有广博性、多结构性、多分文性和综合性，其活动规律之复杂，变化之多，都是过去的小生产和自然经济时代无法比拟的。从动力学的角度来看，庞大系统必然造成组织层次多、反应链长、相互影响大，从而难以控制后果。系统的复杂化导致了企业行政决策的客体日趋复杂化。

3.企业行政决策的环境变化日益加快

与传统的社会环境相比，今天的社会环境变化的速度日益加快，发现、发明转化为社会生产力的周期愈来愈短。随着新技术不断被应用，旧技术不断被新技术所替代，导致社会环境加速变化，从而使企业行政决策的环境也在加速变化，给决策带来了更大的困难。

4.企业行政决策的时间要求越来越短

企业行政决策环境的快速变化导致今天的决策已经不可能像过去那样，通过长时间的收集资料、调查研究、分析认证，按照“一看、二慢、三通过”的程序来进行了，这样必定要坐失良机。市场激烈的竞争要求企业能先他人而动，尽快地抢占市场“制高点”。也就是说，企业管理中要求决策者能迅速进行判断，将整个企业行政决策的时间变得越来越短。

5.企业行政决策所需的信息量逐渐加大

随着产品、市场关联性的不断加强，企业规模和市场规模的不断扩大，企业行政决策的复杂程度越来越深。现代企业行政决策要求在充分、及时和准确的信息基础之上进行，所有相关的市场、产品、企业内部和外部的信息就成为决策的重要依据。信息量的不断加大，不仅使处理杂乱无章的信息的工作量加大，还使判断该信息的价值困难程度加大，从而使最后的企业行政决策复杂程度加大。

6.企业行政决策的影响面日益扩大

由于企业规模和市场规模不断扩大，当今决策客体已变得越来越复杂。决策与整个企业各方面有着千丝万缕的联系，牵一发而动全身。决策成败的意义已不仅是在决策本身，还必须更多地考虑决策可能引起的企业相关联的环节，甚至社会相关联环节的连锁反应。

现代企业行政决策的这些特点随着社会的进一步发展不但不会改变或削弱，而且还有愈演愈烈的趋势。企业行政决策不仅保持着群体决策的特点，同时，企业行政决策对决策技术的依赖程度还会加大；企业行政决策客体的复杂程度还在加深；企业行政决策环境的变化速度还会加快；企业行政决策时间的要求还会更短；企业行政决策所包含的信息量将会有增无减；企业行政决策的影响面还会逐渐扩大。

七、企业行政决策科学化

1.完善企业经营决策体制

按照决策、执行、监督三权分立原则，在企业内部设立股东会、董事会、监事会、经理层。他们各司其职，各负其责，又相互制衡。董事会作为核心领导层和最高决策者，对股东会负责，受监事会监督，把决策管理功能和控制功能授予公司经理层。董事会中还必须有一定比例的独立董事以保证决策的公正性和专业性。这样就能够实现权、责、利三者的有效结合，避免决策者做出违背市场规律的决策。

通过厘清产权问题，重塑银行、企业、政府之间的关系，建立健全竞争性市场，完善相关的法律法规，培育流动性大、监管严格的证券市场以及促使相关利益者与机构投资者有效介入，减少“内部人控制”，实现股东利益最大化，从而使企业真正依赖于市场，使企业决策更反映市场经济规律①。

2.建立科学规范的决策机制

针对企业行政决策机制不科学、不规范带来的种种问题，企业必须进行决策机制创新，即建立科学规范的决策程序、决策制度，使用信息技术支持的辅助决策方法和明晰的战略决断责任制。

建立民主的决策制度，打破独断专行的局面。首先，必须进行决策分权。企业聘请职业经理人管理企业，请专家进董事会担任独立董事，直接参与决策；经营者向下级部门授权，使员工也可以参与决策，比如让职工代表进入企业董事会和监事会，或企业职工委员会有权过问企业生产与经营情况，参加公司决策等②。其次，企业“内外脑”相结合。组织内部智囊团具有熟悉企业内部实际情况的优势，而外部咨询机构拥有独立、客观、专业性强、敏感度高的优点，二者相互补充，相得益彰。可见，合理分权、集思广益都有助于打破企业中家长制独裁决策的局面。

决策方法科学合理化，避免盲目的经验决策。定量分析法使错综复杂的信息变得直观明了，方案设计变得精细完善，但面对抽象且不确定性强的战略问题就显得僵化呆板。而定性分析法适用于处理难以量化的高层问题，但过分依赖于个人知识经验、技术水平、价值体系，所以稳定性差，监督、评估难。最好的办法是把定量分析与定性分析有机结合起来，低层决策较多地使用定量分析，高层决策就使用定性分析，这样可以避免经验决策带来的盲目性。

决策责任明晰化。首先，明确激励约束机制。决策要以权、责、利统一为

① 陈工孟，支晓强，周清杰．公司治理概论[M]．北京：清华大学出版社，2003：123-136.

② 张锐．欧美与东亚公司制企业经营决策管理的对比及启示[J]．管理现代化，1996(4)：56-58.

原则。有权无责、权大责小会导致滥用职权，以权谋私；有责无利、责大利小则会导致议而不决，决而不行。所以只有权力、没有责任，或只有约束、没有激励都是行不通的。企业内要建立决策者责任制，做到谁决策，谁负责。如果决策失误，有关人员要依照规章制度受到相应的惩罚，譬如降级、解聘等。同样，决策成功也应该得到奖励。其次，谋断分离。领导者应该摆正自己与专家的位置，出谋划策是专家的职责，选择最满意的方案则是领导者的职责。领导者可以依据专家提供的背景材料、方案设计，但不能让专家取代自己做最终的决定，这有利于集体决策与个人负责的统一。由此可见，唯有明确决策责任，才能切实解决“议而不决，决而不行”的高层战略决策问题。

3.提倡可持续发展的绿色决策

在绿色战略的指导思想下，企业的决策也应该是绿色的、可持续发展的，即决策要有长远性、前瞻性。20世纪40年代以后，通用汽车公司之所以能取代福特汽车公司“汽车大王”的位置，是因为通用汽车公司注重决策的超前性，花大量的人、财、物研究未来汽车的流行款式、颜色、受欢迎性能等。而我国有些民营企业难以“长寿”的一个很大原因就是股东们只注重眼前利益，缺乏可持续发展的战略决策能力。企业的绿色决策应该要更多地考虑企业的良好形象、公司的品牌、信誉等无形资产，而不是单纯以企业盈利为唯一依据进行决策。

我国已经建立起门类齐全的工业发展体系，但同时也面临着严峻的资源环境挑战。党的十九大报告指出，我国经济已由“高速增长阶段转向高质量发展阶段”，未来我们要“转变发展方式、优化经济结构、转换增长动力，建设现代化经济体系”，更要“坚持质量第一，效益优先，推动经济发展质量变革、效率变革、动力变革，提高全要素生产率”。创新驱动和绿色低碳发展是我国经济转型升级、产业迈向中高端，最终促进我国经济社会可持续发展的根本出路。因此，我们要积极提倡可持续发展的绿色决策。

4.提高决策者的素质

在企业中营造学习型组织的氛围，使决策者不断提高自身素质和自身修养，从主观上消除投机决策的思想根源，并使决策者能将理论与实际联系起来，杜绝因盲目照搬的“拿来主义”给企业带来损失。

一个优秀的决策者应该拥有丰富的知识和经验，善于理论联系实际，不断提高知识水平，积累实践经验；有敏感的政治眼光，熟悉国家各项方针、政策；有战略眼光和系统思维，把部分与整体、当前与未来结合起来，协调发展；有民主的作风和决断的魄力，集思广益，博采众长，抓住时机，当机立断；有冒险的精神和创新的观念，敢于突破传统思想的束缚，迎接新的挑战；有求真务实、无私奉献的精神，尊重科学，尊重事实，永远把人民的利益和集体的利益放在第一位。

5.建立灵活的决策组织，及时调整“过时”决策

扁平化、网络化的组织结构有利于信息反馈，决策调整，如学习型组织、网络制组织。在知识经济的背景下，网络制组织依赖于现代网络通信技术平台，变集中控制为主的金字塔型结构为横向协调为主、核心单位为中心的放射状网络结构[①]。它打破了企业水平界限，将各部门、各职能、各产品线联系在一起；打破了垂直界限，实现由上而下、由下而上的开放式交流；打破了内外部界限，使企业与顾客、供应商、零售商、合作伙伴结成紧密联系[②]。同时，网络制组织还改变了传统组织结构中资源固化的状况，使知识、技能、信息在各单位、各成员之间充分交流和共享，不仅丰富了资讯内容，降低了信息成本，还提高了整个团队的工作效率和学习能力。组织的各个构成单位拥有高度的独立性和灵活性，既可以直接面对市场、单独经营、分散决策，又可以因为某一特定项目而组成一个团队，共同开发经营，形成多级多个决策点。每个决策点都具有市场反应快、创新能力强、行动迅速的特点，可以根据实际情况及时检查、调整决策。

第二节　企业行政计划

一、企业行政计划的含义与特点

企业行政计划是企业行政机构为达成企业行政决策目标而进行的筹划活动及所制订的实施步骤与方法。现代企业行政管理必须具有计划性，做好预测工

① 宋伟.新技术革命与企业组织结构创新[M].成都：四川大学出版社，2002：174-183.

② 夏敬华，金昕.知识管理[M].北京：机械工业出版社，2003：301-303.

作，对企业行政工作进行指导，这是企业实现行政管理科学化和行政管理成功的必要条件。

计划是把组织在一定时期内的目标和任务进行分解，落实到组织的具体工作部门和个人，保证组织工作有序进行和组织目标得以实现的过程。企业行政计划的特点如下。

1.预见性

这是企业行政计划最明显的特点之一。企业行政计划不是对已经形成的事实和状况的描述，而是在行动之前对行动的任务、目标、方法、措施所做出的预见性确认。

2.针对性

企业行政计划一方面是根据企业的方针、政策及上级部门的工作安排和指示精神而制订的，另一方面是针对本单位的工作任务、主客观条件和相应能力而制订的。

3.可行性

可行性是和预见性、针对性紧密联系在一起的，预见准确、针对性强的计划，在现实中才真正可行。如果目标定得过高，企业根本无力实施，这个计划就是空中楼阁；但是如果目标定得过低，措施、方法没有一点难度和创见性，该计划虽然很容易实现，但对企业来说，并不能因而取得有价值的成就，那也算不上有可行性。

4.约束性

企业行政计划一经通过、批准或认定，在其所指向的范围内具有约束作用，在这一范围内无论是集体还是个人都必须按计划的内容开展工作和活动，不得违背和拖延。

二、企业行政计划的类型

1.按计划的时间划分

长期计划（Long-term Plan），又称为规划，时间一般在5年以上，由高层管理者制订。

中期计划（Middle-term Plan），介于长期和短期计划之间，时间一般为1～5

年，由中层管理者制订。

短期计划（Short-term Plan），针对未来较短时间内所做的工作安排，时间一般不超过1年，多由基层管理者制订。

2.按计划的规模划分

战略性计划（Strategic Plan），指着眼于组织整体目标和方向的计划。它是组织较长时期内的宏伟蓝图。

战术性计划（Tactical Plan），指针对组织内部具体工作问题，在较小范围内和较短时间内实施的计划。

3.按计划的内容划分

综合计划又称为生产大纲，它是对企业未来较长一段时间内资源和需求之间的平衡所做的概括性设想，是根据企业所拥有的生产能力和需求预测对企业未来较长一段时间内的产出内容、产出量、劳动力水平、库存投资等问题所做的大致性描述。例如，公司上市计划就是一个综合计划，包括公司改制与重组、引入及选择战略投资者、募股计划及资金投向、编撰上市材料并申报、发行股票等。

专项计划和综合计划有所不同，具有较强的目的性、专业性和针对性，通常由专业人士完成，通常由业务主管，行政工作人员或科研学者主持制订。例如，新产品开发进度计划就是一个专项计划，围绕新产品的立项、资料设计、模具开立、验收、试产及批准量产等内容进行规划。

三、企业行政计划的编制程序

1.确定目标

确定目标为组织整体、各部门和各成员指明了方向，描绘了组织未来的状况，并且可作为衡量实际绩效的标准。制定目标的SMART原则：（1）明确性（Specific），目标必须是具体的；（2）衡量性（Measurable），目标必须是可以衡量的；（3）可行性（Attainable），目标必须是可以达到的；（4）相关性（Relevant），目标必须和其他目标具有相关性；（5）时限性（Time Bound），目标必须具有明确的截止期限。目标管理是美国当代管理大师彼得·德鲁克于1954年在《管理实践》中首先提出来的。目标管理是一种将组织目标转换成各个部门乃至个人岗位目标，并以此为行动指南和考核标准的管理方法。

目标管理是使经理的工作变被动为主动的一个很好的手段，实施目标管理不仅有利于员工更加明确高效地工作，也为未来的绩效考核制定了标准，使考核更加科学化、规范化，更能保证考核的公平与公正。

2.检视资源

企业确立目标之后，如何实行、如何把目标实现，需要一套详细的计划。但是，企业行动计划一定要有足够的资源作支持。因此，应先检视企业有多少资源可用，包括财力、人力、原料、设施等，以及其他可以换取到的资源。

3.制订行动计划

有了目标就要有行动，因此，企业要设计若干套行动方案，以便进行比较和选择。每套行动方案都会受到资源的限制，管理人员要发挥创造力，制定出有新意的方案，尽量避免因循守旧。

4.评选方案

有了一系列方案后，高层管理人员就要逐一仔细阅读与评价，判别哪一套方案可行。可先把每一套方案的优缺点都列出来，最后选出优点最多、可行性最强的方案作为蓝本，然后继续斟酌研究，进一步思考方案还可以怎样改善，最后选定方案，并作为行动纲领。

四、企业行政计划的执行与控制

计划不仅是组织、指挥、协调的前提和准则，而且与管理控制活动紧密相连。计划为各种复杂的管理活动确定了数据、尺度和标准，它不仅为控制指明了方向，而且还为控制活动提供了依据。经验告诉我们，未经计划的活动是无法控制的，也无所谓控制。因为控制本身是通过纠正偏离计划的偏差，使管理活动保持与目标的要求一致。

企业行政计划的编制为管理者未来的活动提供了蓝图和路线。它的价值只有在实际的贯彻和执行中才能体现出来。企业行政计划的执行就是把计划蓝图变为现实。在这一阶段，企业的主要任务是确保企业行政计划按照预定的路线和时间进行下去。计划的效果很大程度上取决于计划的执行效果。在实践中，计划的失败主要是在计划的执行过程中出现的，这主要与大多数管理者对计划的执行未给予足够的重视有关。企业行政计划的执行具体要抓好以下几点。

第一，核实计划。在企业行政计划执行之前，必须对已批准和公布的计划进行最后的核实，以确保所有的任务安排都是合理合情的。通常，许多任务在编制计划的时候就开始了，这就要求管理者对任务的最新情况有所了解，并把它们考虑到下一步的任务分配中。

第二，落实任务。落实任务就是让每一个与任务有关的人员了解自己在计划实施过程中扮演的角色、具体的任务和要求，以及相关的权益，使他们能够主动接受分配的任务并设法完成任务。向相关人员阐释计划与其自身的利害关系并使其在有关文件上签字是落实任务的关键。

第三，激发紧迫感。把任务落实到每位员工之后，还要激发每个人的紧迫感，增强责任感与使命感，使执行者明确任务的内容、性质和具体要求。此外，还要根据反馈信息，及时调整计划或预算并改进措施，控制计划执行的进程。

※ 小　结

本章主要介绍企业行政决策与企业行政计划的相关知识。决策是对组织活动方向、内容和方式的选择。企业行政决策是决策的一种，它是企业行政机构为履行行政职能所做的行为设计和抉择过程。计划则是对组织内部不同部门和不同成员在一定时期内的行动任务的具体安排。企业行政计划是企业行政机构为达成企业行政决策目标而进行的筹划活动及所制定的实施步骤与方法。决策是计划的前提，计划是决策的逻辑延续。在实际工作中，决策与计划是相互渗透的，有时甚至是不可分割的。

※ 关键概念

决策　决策主体　决策客体　决策过程　决策方法　决策科学化

计划　计划类型　计划编制程序

※ 思考与练习

（1）简述企业行政决策的含义与特点。

（2）简述企业行政计划的含义与特点。

（3）简述企业行政决策的方法。

（4）简述企业行政决策的类型。

（5）简述企业行政计划的编制程序。

【案例分析】

企业决策与幕僚角色

“幕”是指“以幕而围”的幕府（组织），“僚”则是与幕主（主子）对应的佐治者。作为一项职能，幕僚的产生源于大型组织领导者提高决策效力的需要。从有记载的文献来看，幕僚最早产生于中国春秋战国及欧洲古希腊罗马时期的军政领域。古代将帅行军之时，居无定所，以幕为府，这也正是“幕府”及“幕僚”的由来。幕僚可以理解为那些在幕府中辅助幕主决策或处理公务的人，他们由主雇佣、对主负责、随主进退、参与决策、掌握机要。

随着近代商业的快速发展，幕僚开始从军政领域分流，进入商业领域，协助商人从事商业活动，幕僚由此进入“职业化”发展阶段。一些较大的商业组织，如清代山西票号、中世纪的意大利银行、近代英国殖民公司中，都活跃着他们的身影。19世纪后期，在第二次产业革命推动下，西方企业组织开始出现纵向一体化和横向多元化的发展趋势。大企业集团在美、英、法、德、日等国逐渐兴起，企业的计划、组织、协调、控制功能越来越复杂，由企业创始人统筹一切的决策模式难以为继。在这种背景下，传统的以军政领域为主要志业的幕僚开始成规模地进入现代工商组织之中。

麦克鲁姆难题

19世纪50年代，随着美国大规模铁路建设的基本完成，“管理”开始成为大型铁路企业的重要工作。美国伊利市铁路总管丹尼尔·麦克鲁姆曾在1855年指出，一条50英里（1英里=1.609344千米）长的铁路和500英里长的铁路，管理难度迥然不同。因此，必须有一个强有力的幕僚体系。麦克鲁姆之所以注意到幕僚群体及其工作的重要性，是因为他看到随着企业规模日益扩大，企业领导者陷入一个可怕的“管理困境”，我们称之为“麦克鲁姆难题”。

事实上，在19世纪后期，甚至到了20世纪初，很多人对大型企业组织是否能得到有效管理仍然持怀疑态度，人们质疑大企业领导者是否有足够的智力和体力持续及时地做出决策。如产业分析专家亚瑟·杜威于1914年在一项研究中明确指出：“某种程度上说，每一家企业对大型制造厂的整合管理都缺乏能力。”著名社会学家哈斯金斯也曾指出，当组织内的人口规模大到一定程度时，面对面接触的关系就不可能保持了，“但管理者宁愿面对面地交往……高级管理者尤其如此，他们用这种方法收集制定决策所需要的大部分（75%以上）信息，只有一个具有无限精力和高超智力的人才能与大量新设企业的所有活动保持联系。”著名管理学家钱德勒曾把这一困境形象地概括为“决策超载”。他认为，企业集团只有大量使用专业精干的参谋人员，才能有效解决“麦克鲁姆难题”，将领导者们从管理困境中解放出来。

作为世界上第一家发明和采用“直线参谋制”的现代企业，美国宾夕法尼亚铁路公司早在19世纪60年代就率先尝试界定了权力和信息沟通路线，并创建了由部门主管人员组成的“中央办事处”。这些部门主管协助总裁从公司的整体利益出发，对所有部门的活动进行协调、评估和计划。他们都是全职雇员，对铁路业务比董事会成员有更为丰富的知识、信息和理解能力。这群部门主管在某种意义上是现代企业中最早的一批职业幕僚。除了中央办事处经理，宾夕法尼亚铁路公司的参谋人员还包括在分部或基层提供财务、维护、保养等支持服务的经理人员。

根据公司规定，参谋人员必须恪守参谋本分，只是在处理标准化、程序化事务时才直接与直线员工打交道。早期的幕僚组织并不具有独立性。那些直接负责铁路运输职能的直线主管，也参与管理由参谋经理负责的各种事务和人员。幕僚的身份呈现多重性和复杂性的特征。他们被赋予新的责任：一些人脱离纯粹的幕僚岗位，由决策支持性角色转向真正的决策者。如随着企业持续扩张，包括交通、财务等在内的一些主要幕僚部门领导者被提升为副总裁，协助总裁管理整个企业。

安德鲁·卡内基，这位在美国家喻户晓的“钢铁大王”，曾在宾夕法尼亚铁路公司给西部管区主任斯科特当过私人秘书兼电报员（一个不折不扣的幕僚职位）。卡内基在该公司的得意之作是将卧铺车厢的发明人伍德拉夫引荐给公司，并推动建立了最早的卧铺车厢制造公司。这是一个有关幕僚凭借“奉献个人智慧”奋斗成功的经典故事。之后，美国多家企业领导者从中受到启发，启用了一大批幕僚，并将他们置于关键岗位上。

在19世纪的最后20年，宾夕法尼亚铁路公司“在每一个方面都已成为美国的标准”。受它的影响，美国大多数大型企业都建立了执行参谋职能的中央办事处等机构，专业的参谋人员逐渐增多，权力和信息沟通路线被清晰界定，企业的报告系统摆脱了混乱状态。更为重要的是，企业领导者也从混乱和困境当中解脱出来，能够在幕僚的支持之下清醒地把握企业发展的方向，并针对品牌、产量、成本和技术等一系列指标做出决策。幕僚的决策支持功能越发显得不可或缺。

“规模不是障碍，杜兰特才是！”

如果要问谁对现代企业幕僚的发展贡献最大，答案毫无争议——通用汽车公司（GM）第八任总裁艾尔弗雷德·斯隆。他不仅出色地担任过政策幕僚，而且在成为公司总裁之后创建了“具有政策导向的幕僚结构”，在更深、更高层次上发挥幕僚的决策支持功能。随着责任加强和职务提升，幕僚的身份及其重要性越来越“显赫”，但这个过程却十足艰难。

1895年，斯隆从麻省理工学院毕业后进入一家名为“哈特”的生产汽车零配件的小企业工作，并担任了一段时间的总经理助理，后来辞职。几年后，他重新回到濒临破产的哈特公司并接手管理事务，公司在半年内迅速扭亏为盈，他因此晋升为总经理。通过创造性地给客户提供工程技术咨询，斯隆赢得了包括福特公司在内的大量客户，哈特的业务成倍增长，由此产生了实施分部门管理的要求。此时，斯隆就在哈特公司内部开始尝试在直线部门之上建立专业参谋机构。

1916年，斯隆将哈特公司以1350万美元的价格卖给了通用汽车公司，并作为高级管理人员进入通用汽车公司工作。当时，美国汽车产业蓬勃发展，大型汽车企业沿着一体化和集团化的方向迅速扩张。1919年，通用汽车公司成长为全美制造类企业前五强，拥有遍布全美的各类业务分支机构。此时，通用汽车公司亟须建立一个由总执行官和参谋人员组成的中央管理部门，目的就是清晰界定一条有助于决策的权力和信息沟通路线。

斯隆有一句名言："我并不认为规模是一个障碍，对于我来说，它只是一个管理问题。"但是，时任通用汽车公司总裁威廉·杜兰特却不关心如何建立一个组织结构来管理这个不断扩张的工业帝国。他认为并不需要参谋专家来协助他决策。即便公司后来安排了一位经理人担任他的助理，也只是起到了"处理麻烦"的作用。

作为杜兰特的下属，斯隆一方面敬佩他极强的个人能力，另一方面对他随意而冲动的决策方式不敢苟同。他评价杜兰特的决策简直"就像订购一盒纸夹一样随便"。1920年秋，杜兰特领导下的通用汽车公司终于遇上了大麻烦：产品质量、销量和股票价格不断下滑，各事业部的欠款和库存一路飙升。在此之前数个月的时间内，斯隆向杜兰特提出了一项以建立中央总部为核心的组织改造计划。杜兰特虽接受了这一计划，却迟迟没有任何行动。斯隆被迫在1920年前往欧洲"放空自己"。

伟大的"斯隆计划"

1920年11月，杜兰特辞职，皮埃尔·杜邦上台执掌通用。杜邦对汽车产业所知不多，对斯隆委以重任。新官上任后的"第一把火"，就是推动董事会批准那个不受待见的"斯隆计划"。这一计划的主旨，是将通用从一个由多个分部构成的松散联盟转变为一个实施统一协调管理的企业。斯隆之所以能做到这一点，正是因为他建议并成功创建了一个可以对多个运营分部进行协调、评估并为之确立广泛目标和政策的"总办事处"——中央参谋机构。

斯隆的基本目标是建立一个总部"中央组织"，设有行政首长和参谋人员，再进一步界定这一总办事处与分部之间的权力和信息沟通路线，目的在于建立一个综合性参谋组织，并任命一批"总字号"经理来监督各分部的活动。参谋人员只是"建议性"的，并非取代直线生产部门。在"斯隆计划"里，一种新的公司官员角色——"集团经理"第一次被正式介绍和界定。这批人不负责日常经营事务，只是以顾问身份评估、监督和协调多个分部的工作。但从整体上看，他们协助斯隆制定了公司的总体商业政策。

随后，斯隆按照计划开始在新的总部中组建专家顾问机构——"总顾问处"。

管理学家钱德勒曾这样评价："在这一点上，他对公司未来发展做出了重要贡献，其意义不亚于他关于集团经理的设想。"设立"总顾问处"的目的是为总部首长以及分部经理们就有关技术和商业问题提供咨询。在当时，这些问题如此宽泛，以至于必须由"参谋经理"对其进行大规模、专业性和跨部门研究之后才能交付讨论。如今，这一做法已经演变成为现代工业的"一大必然特点"。

除中央参谋机构和专家顾问机构这两个公认的通用汽车公司幕僚制度以外，斯隆还试图"在每一个分部内建立一种机制，使所有其他分部在各自分部的管理问题上以顾问的形式获得发言权"。钱德勒将这一"总部政策控制下的事业部分权化经营"架构称为"斯隆结构"。它不是一般意义上的"幕僚结构"，而且是一种"政策导向的幕僚结构"，后者可以有效评估和协调总部与分部之间的关系，在总部的集中政策制定中起到关键支持作用，成功地将总部领导从海量信息和决策问题中解脱出来。在20世纪上半叶的西方大型企业集团里，这是一种最有代表性的幕僚结构。

资料来源：黄德海，杜长征《企业决策与幕僚角色》，《中欧商业评论》2011年第1期，有改动。

请结合案例思考：

（1）结合本案例，思考"麦克鲁姆难题"的内涵。

（2）结合本章知识，谈谈你对"我并不认为规模是一个障碍，对于我来说，它只是一个管理问题"这句话的理解。

※ 推荐阅读

1. 黄安心. 企业行政管理概论[M]. 2版. 武汉：华中科技大学出版社，2017.

2. 许文惠，张成福，孙柏瑛. 行政决策学[M]. 北京：中国人民大学出版社，1997.

3. 苏伟伦. 企业行政管理要素[M]. 北京：中国纺织出版社，2005.

4. 程萍，张弘. 企业行政管理实训[M]. 2版. 北京：中国人民大学出版社，2020.

5. 赵连成. 决策闪电 计划颠覆[M]. 北京：民主与建设出版，2000.

第六章　企业行政管理监督与沟通

内容结构：

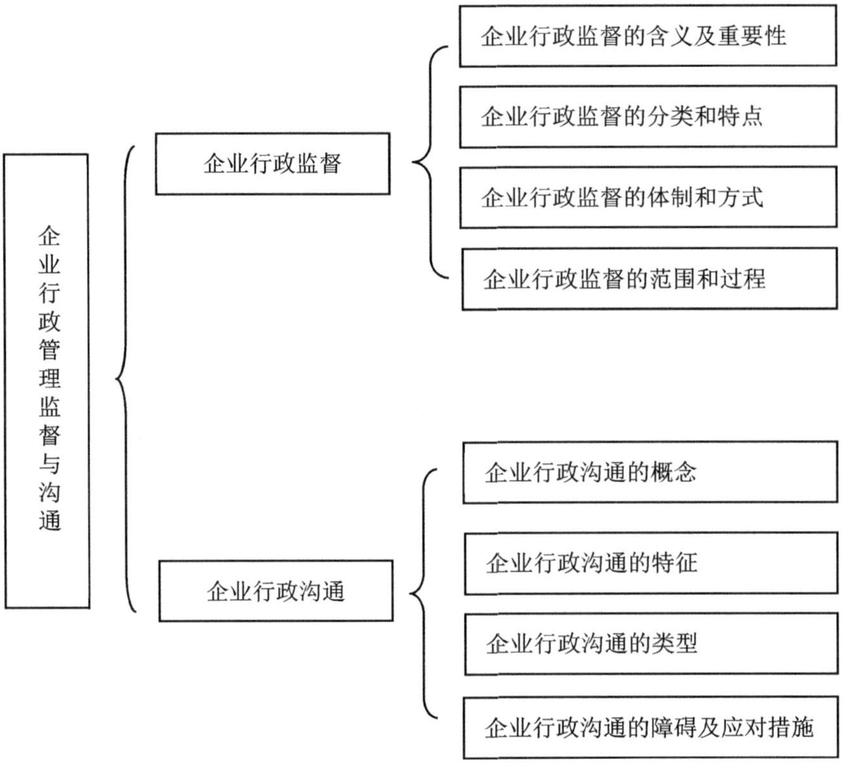

内容提要：本章主要介绍企业行政管理监督和沟通。监督和沟通是企业行政管理过程中的重要组成部分，本章介绍企业行政监督的含义、重要性、分类、特点、体制、方式、范围和过程，以及企业行政沟通的概念、特征、类型、障碍及应对措施。

【引导案例】

纪检监察机关加强对国有企业监督

2019年7月11日，中央纪委国家监委发布消息，中国中信集团有限公司原党委委员、执行董事赵某某严重违纪违法被开除党籍，按规定取消其享受的待遇，涉嫌犯罪问题移送检察机关依法审查起诉。经查，赵某某损公肥私，贪占国有财产，擅权妄为，利用国有企业的信誉和地位大搞权钱交易。2019年以来，各级纪检监察机关查处了中国中化集团有限公司原党组成员、副总经理杜某某，中国建设银行渠道与运营管理部原副总经理陈某，中国恒天集团有限公司原党委书记、董事长张某等人严重违纪违法问题，国企领域反腐持续强力推进。

国有企业是我们党执政兴国的重要支柱和依靠力量，目前部分国有企业在改制重组、投资决策、工程建设、市场营销、财务管理等领域存在较大风险。针对这些问题，纪检监察机关一方面紧盯关键领域、关键环节，着力加强对权力运行的监督制约；另一方面持续加大惩治力度，严肃查处部分国企领导干部和管理人员“靠企吃企”问题，并以案为鉴推动整改。

监督是纪检监察机关的第一职责。中央纪委国家监委驻国资委纪检监察组制定《关于加强驻在部门日常监督的实施意见》，建立与国资委党委定期沟通机制，每季度与国资委党委书记交换意见、每半年与国资委党委及班子成员沟通情况，针对发现的问题，提出监督建议，督促党委有效履行主体责任。各地方政府也在加强监督国有企业运行。

湖南省结合“不忘初心、牢记使命”主题教育，印发《关于坚决抵制和严肃查处利用领导干部名义“打牌子”办事的规定》，明确要求严禁任何单位特别是国有企业、金融机构违规任用领导干部亲属担任特定职位，利用其身份跑关系、做业务。

针对国企全面从严治党力度层层递减、国有企业二三级单位腐败多发问题，浙江省运用巡视巡察上下联动机制，将监督触角延伸至基层一线。在十四届省委第四轮对省交投集团开展巡视的同时，省交投集团同步开展内部巡察。在巡视组的指导下，省交投集团已完成对26家下属单位的巡察。

贵州省纪检监察机关深入开展利用茅台酒牟取私利问题专项整治，严肃查处了贵州茅台酒厂（集团）有限责任公司原党委副书记、董事长，贵州茅台酒股份有限公司原董事长袁某某将茅台酒经营权作为拉拢关系、利益交换的工具，大搞权权、权钱交易，大肆为不法经销商违规从事茅台酒经营提供便利。

上海市纪委监委查处了上海仪电控股集团公司原副董事长佘某某。经查，佘某某把国企改革视为个人发财的机会，明修栈道搞改制，暗度陈仓行贪腐。从一开始就有预谋地通过隐匿资产、侵吞款项等手段，贪污巨额国有和集体资产，挪用巨额公款，并违规投资入股多家关联企业，冒集体企业之名，顶国有企业光环，行个人低价获得优质资源之实。

辽宁省纪委监委梳理该省国企领域近年来发生的10起典型腐败案件，撰写案例剖析报告，分析发案原因，提出对策建议，省纪委驻省国资委纪检组制定《省属企业党员领导干部“十不准”》等制度。

广西壮族自治区纪委监委选取广西柳钢集团原董事长梁某某案、广西有色金属集团原董事长李某某案等近年来查处的典型案例，制作警示教育片，从案件特点、产生原因和警示意义三个方面进行剖析，总结国有企业领导人员严重违纪违法的教训，警示广大党员干部特别是国有企业党员领导干部以案为鉴、警钟长鸣。

资料来源：纪检监察机关加强对国有企业监督，(2019-07-28)[2022-03-13]，https://www.ccdi.gov.cn/yaowen/201907/t20190728_197882.html，有改动。

第一节　企业行政监督

企业行政监督的依据是法律，包括法律的有关规定以及依法制定的章程，是法制行政的一个基本观念，有别于其他监督形式。企业行政监督是国家调控经济的手段之一，对企业行政系统进行有效的监督，维护着企业所有者的利益，是实现管理目标的需要，对办好企业有维护和建设的双重作用。

一、企业行政监督的含义及重要性

1.企业行政监督的含义

企业行政监督的含义，可以从狭义和广义两个层面理解。

狭义的企业行政监督，是指企业内部的监督系统对企业行政系统，特别是行政领导行使管理职权过程中遵纪守法情况的督察和督导活动。广义的企业行政监督，包括两个层次的内容。第一个层次是外部监督，它是指国家政府作为行政管理者，通过工商、审计、财政、税务、环保等职能部门，对各类企业的成立、经营和终止所进行的监督；亦包括作为资产所有者的政府通过企业主管部门，对国有企业占有、使用和依法处分这些资产的监督；此外，还有消费大众及新闻媒介对企业的产品（劳务）及其经营活动的监督。第二个层次是内部监督，它是指企业内部的监督系统对企业行政系统，特别是行政领导行使管理职权所进行的监督，还包括企业行政系统的自我监督。这两大层次监督主体不全是行政机构，却都表现出具有行政性质的监督行为，且从监督的对象看，除了对企业依法成立的监督是对企业的所有者或发起者的监督外，其他主要是对企业行政系统行使管理职权的监督。因此，二者可以统称为企业行政监督。

由上述定义可以看出，企业行政监督的内涵是很丰富的，可以概括为：(1) 制度监督，即通过有效运用企业内外的监督权，来保证法律和行政决策的贯彻执行；(2) 管理职能，即通过对人、财、物、时间、信息等进行科学计划、组织、指挥、协调、控制，改进工作方法，提高工作效率；(3) 工作方式，即通过有效辅助、督导和激励，来调动企业工作人员的工作热情；(4) 管制手段，即通过对不当行为的惩戒、处置，来约束和促使企业工作人员恪尽职守，勤勉谨慎。

根据企业行政监督的含义，可以归纳出企业行政监督以下几个基本特征：

(1) 合法性。

依法展开企业行政监督包括三个方面：其一，主体依法产生，拥有法定权力，无法定资格的机构和个人不得行使监督权，所以任何机构和个人都不得在企业内外部随意设置监督机构；其二，监督按法定程序进行，无论是政府有关部门代表国家对企业行政管理人员实施监督，还是企业内部对行政管理人员的监督，都应当依据相关的法律程序进行，避免主观性和随意性；其三，监督行政管理人员管理行为的合法性。

(2) 合理性。

企业行政监督的目的不仅是规范行政管理人员的管理权，防止权力滥用，它同时还要确保行政管理人员高效地完成管理工作。

（3）独立性。

监督对于权力的制衡是必不可少的，若要确保监督的有效性，监督必须独立进行。企业行政监督的独立性就是要求监督主体依法界定，监督依法独立进行，不受任何机构和个人干预。

2.企业行政监督的重要性

企业行政监督的重要性主要体现在六个方面：

其一，国家监督企业是保障市场监管的重要手段。现代市场经济，包含了国家对它的必要监管，社会主义市场经济也不例外。国家对市场监管的主要对象是企业。因为企业是市场竞争的主体，而企业作为营利性的经济组织，其行为并非天然是合理的和合法的，往往会与国家的利益和市场的规则发生冲突，如各种法律、法规尚不完备，一些制度尚未健全，致使少数或个别企业行政人员利用职权和工作之便，实施各种走私贩私、行贿受贿等渎职失职行为，使企业形象受到损害，严重干扰破坏了市场的正常秩序①。国家作为行政管理者，必须通过相关职能部门，对企业的成立、经营、变更和终止，进行必要的监督，以维护公众合法权益和维持市场秩序。

其二，有效的企业行政监督，可以更好地维护企业所有者的利益。现代企业资本所有权与管理权的分离，固然因为管理效能的提高而带来了更高的经济效益，但是在两权分离的企业中，由于管理者掌握着很大的决策权，加之经济人属性和信息不对称，就存在着管理者背离投资者利益优先考虑自己利益，乃至营私的危险，更存在管理者在任期内行为短期化的可能。对于现代企业管理者可能发生的机会主义行为，必须构造约束机制。在现代企业，特别是现代股份制企业中，管理者的管理活动往往要接受三个层次的监督：企业外部特别是银行（作为最大的债权者）的监督；企业内部独立的监督系统的监督；企业行政系统自身的监督。这些监督，特别是企业内部独立的监督系统的监督，从根本上讲，都是按照资本所有者的意愿对资本经营者进行的监督，对于维护资本所有者的利益，有不可替代的重要作用。因此，对现代企业行政系统进行有效的监督，是在现代企业两权分离的条件下，维护所有者利益的客观要求。

① 邹伟.企业行政管理面临的问题及措施研究[J].现代国企研究，2016(10)：30-31.

其三，强化企业行政系统的内部监督，有助于实现企业管理目标。企业行政系统行使管理职能，也包括行使监督的职能。监督的目的在于控制，在于实现管理目标。现代企业的大型化及管理的专业化，引起所有权与经营权的分离，要求企业行政系统服从投资者的意志，接受所有者的监督。而所有权与经营权的分离，又会促进企业规模的扩大，使企业行政系统管理跨度和管理距离加大，从而要求强化企业行政系统内部的监督，以实现管理目标。为了强化行政系统的管理，现代企业往往在采用现代化的交通工具与通信手段的同时（这在一定程度上能缩小管理跨度与管理距离），特别注意行政系统内部的自我监督。一方面，强化由上而下的指挥监督，另一方面，强化行政系统内部的横向的审计监督。其目的都是确保有效控制，以实现管理目标。因此，强化企业行政系统内部的监督，是实现管理目标的客观要求。

其四，有效的企业行政监督，对办好企业具有维护和建设的双重作用。现代企业两权分离的缺陷及管理跨度和管理距离的加大，共同决定了必须进行有效的企业行政监督。所谓维护，就是从维护企业行政行为的合法性出发，通过行政监督，防范、制止和纠正经营管理中的违法乱纪和失职行为；维护国家、企业和职工的合法权益。所谓建设，就是从提高企业行政行为的合理性和高效性出发，通过行政监督，提高信息的可靠性、决策的科学性和决策实施的效率；协调企业内部各方面的关系，激发行政人员和职工工作的积极性、主动性和创造性，造就德才兼备的行政管理人员；挖掘企业的人力、物力和财力，提高企业的经济效益，发展企业。

其五，企业行政监督对实现企业行政管理法治化起着促进作用。企业行政管理法治化是指企业及其行政人员在实施企业行政管理的各个职能时，都切实做到有法可依、有法必依、执法必严、违法必究。企业行政监督本身就需要建立起一套制度和规范，要确定监督机关的法律地位、法定的监督权限、法定的监督方式和程序等等。这一系列法治化的手段可以发现并制止企业行政决策中的失误，补救行政领导决策中的某些偏差，追究直接责任者的法律责任，完善某些不适应形势要求的组织机构及有关的法律制度等等。其中企业国有资产行政监督法治化尤为重要，是完善我国企业国有资产监督体制的必然要求①。

其六，加强企业行政监督是加强企业民主政治建设的需要。企业的民主政治建设任务尚十分艰巨。企业有较大的行政权力，如果没有监督和制约，权力可能会被滥用。绝对的权力容易导致腐败，这是企业行政管理领域可能会发生的现象。因此，有必要对企业权力加以监督，实行企业管理民主化，使职工群众广泛参与企业管理②。

二、企业行政监督的分类和特点

1.企业行政管理监督的分类

其一，按照实施监督的时间，可分为事前监督、事中监督和事后监督。事前监督可以减小做出不科学决策的概率。事中监督可以保证决策被准确无误地贯彻执行，及时查明妨碍决策执行的障碍，可以随时检查、考核决策执行的情况。事后监督主要是检查决策是否达到了所预期的目标，行政决策是否得到了正确有效执行。

其二，按监督的组织系统关系，可分为内部监督与外部监督。内部监督是企业行政组织系统内部的监督，包括上级行政机关对下级行政机关的检查与监督，企业行政机关内部行政领导人员对其下级企业行政工作人员的行政管理活动所进行的监督。外部监督指专门的国家监督机关对社会、企业及其他团体进行监督的过程。

其三，按监督的专业性质，可分为一般监督和特种监督。一般监督是对某一企业行政机关的整个工作实施的监督，它涉及监督对象活动的所有方面。特种监督涉及被监督对象的某一方面，是对企业某一部门的某种业务工作实施的监督，如企业的审计监督、经济监督等等。

其四，按照企业行政监督的内容，可分为财务行政监督、人事行政监督和

---

① 钱弘道，张洁.企业国有资产监管中行政监督法治化指标研究[J].浙江大学学报（人文社会科学版），2019，49(5)：38-52.

② 吴建平.企业民主管理：议题与进展——对国内研究文献的简要评述[J].中国劳动关系学院学报，2019，33(05)：19-34.

机关行政监督[①]。财务行政监督是指监督主体对企业财务行政管理人员及其管理行为进行检查与督促。企业财务行政管理是企业行政管理的重要内容，而财务行政部门是最易产生专横与腐败的管理部门。因此，企业内外部的监督主体要通过审查会计报表、往来账目、税收利润等，防止财务行政部门越权行事或滥用职权，损害企业和社会利益。人事行政监督是指监督主体对企业人事行政管理人员及其管理行为进行检查与督促。人是管理之本，人事行政监督的目的在于促进人力资源的合理开发与利用。机关行政监督是指监督主体对企业机关行政管理人员及其管理行为进行检查与督促。

2.企业行政监督的特点

其一，广泛性。企业行政管理的范围是比较广泛的，包括行政事务管理、办公事务管理、人力资源管理、财产会计管理四个方面。因此，有必要对企业行政管理活动实行广泛的监督。

其二，经常性。企业行政管理活动每时每刻都在进行，每时每刻都在发生变化。因此，为了使一切企业行政管理活动都能依法办事，按客观规律办事，有必要对企业行政管理活动进行经常而又及时的企业行政监督。只有保持经常性的监督才有可能是有效的监督。

其三，民主性。完善企业行政管理过程中的民主决策和监督机制，增强对企业管理者监督的透明度，充分行使企业员工对企业管理者各项工作的知情权、参与权、选择权和监督权，使企业各项管理工作透明化，从透明公开结果向透明公开过程转变，使企业管理过程都在广大员工的监督之下。

三、企业行政监督的体制和方式

不同企业的具体行政监督方式或有差别，但任何所有权和经营权分离的企业，都必然面临来自内、外部体制的监督。

1.企业行政外部监督体制

政府和非政府组织是对企业实行外部监督的主体。这种不依据行政隶属关系的监督，主要分为两个层次：一是政府以社会管理者的身份制定政策法规，

① 郭永昊.加强国有企业财会监督　提高国有企业治理能力[J].财务与会计，2020(17)：10-11.

规范企业在市场中的行为，非政府组织则依据法律授权和政府委托对企业实行监督。二是政府以国有资产所有者的身份通过特定方式对企业实行监督，即主要针对国有企业的行政监督。各国政府对国有企业的行政监督主要通过以下三种方式进行。

（1）政府主管部门的监督。主要表现为：一是政府保留重要企业董事长、董事及总经理的任免权，以保证国有资产的安全和保值。二是对国有企业的相当一部分活动进行经常性的监督。三是派驻代表进行监督。

（2）审计部门的监督。政府制定了专门的经济审计制度，经济审计人员的职责包括对企业银行存款、其他财产价值、债权债务、董事会和监事会成员的薪金进行稽核。

（3）议会的监督。议会监督是西方国家对企业监督的最高形式。

此外，除了国家以外，股东也是很重要的企业的外部监督主体。股东监督体制主要通过资本市场实现。股东通过“用脚投票”实现对企业的间接制约与监督。当股东认为公司经营形势不好时，就将手中的股票抛出。因此，公司股票情况在一定程度上是公司经营情况的“晴雨表”，对经营者来说，是一张无情的“网”。不过，要使这种监督体制起作用，要求股票市场是有效率的，企业必须保有正的净资产。

企业的外部监督主体还包括来自社会中介机构的专业监督及公众舆论监督。

2.企业行政内部监督体制

企业行政内部监督只有在所有权与经营权相分离的现代公司制企业中才是必要的。为了保证资本增值，提高企业效益，企业大都在内部建立起有效的监督体制。

我国现行的企业内部行政监督体制表现为以下三种方式。

（1）党委会的监督。按《企业法》的要求，党组织是执政党在企业中的基层组织，处于政治核心地位，具有强大的政治影响力和凝聚力，在企业中主要发挥监督保证作用。企业党组织通过参与重大问题决策，掌握党政工作全局，提供客观、及时的监督。同时，党组织还可以通过党内生活对党员经营者的行为实行有效监督。中共中央在近年来提出“有群众的地方就有党的工作，有党员的地方就有党的组织，有组织的地方就要开展党的活动”的要求。各地方党组织随之对照要求出台关于加强非公有制企业党建工作方面的政策，非公企业党组织随之大面积建立。

（2）职工代表大会的监督。《企业法》规定，职工代表大会是企业实行民主管理的基本形式，是职工进行民主管理和民主监督的权力机构。职工代表大会的监督职权体现在以下方面：

①听取和审议企业厂长（经理）关于企业的经营方针、长远规划、年度计划、基本建设方案、重大技术改造方案、职工培训计划、留用资金分配和使用方案、承包和租赁经营责任制方案的报告，提出意见和建议。

②审查同意或否决企业的工资调整方案、奖金分配方案、劳动保护措施、奖惩办法，以及其他的重要规章制度。

③审查决定有关职工生活福利的重大事项。

④评议、监督各级领导干部，提出奖惩和任免的建议。

⑤根据政府主管部门的决定选举厂长，报政府部门批准。

（3）企业内设的监察机构的监督。根据有关法律条例规定，企业监察工作是企业管理的重要组成部分，是其自我约束机制的必要环节。企业内设的监察机构的主要职责如下[①]：

①监督检查监察对象贯彻执行国家法律、法规、政策、计划、决定、命令和本单位规章制度的情况。

②受理对监察对象违法违纪行为的检举、控告。

③调查处理监察对象的违法违纪行为。

④参与对监察对象的考核评议工作。

⑤协助本单位主要负责人和有关职能部门制定内部监督管理的规章制度，对监察对象进行遵纪守法、廉洁自律教育。

⑥对所属单位的监察业务进行领导。监察机构经单位主要负责人的授权，可以行使检查权、调查权、建议权和一定的行政处分权。

① 杨文礼.新时代国有企业反腐败体制机制建设研究[J].中共四川省委党校学报，2019(4)：70–77.

四、企业行政监督的范围和过程

1.企业行政监督的范围

通过前面的学习，我们已经对企业行政监督的类型有了一定的了解，但分类工作并没有从总体上明确企业行政监督应当监督什么。因此，此处转换一个角度，从企业行政监督的对象出发，对各种监督主体进行监督的内容和范围进行界定。监督的内容，是指监督的内涵；而监督的范围，则是监督相应的外延。

企业行政监督的内容很多，范围颇广，但归纳起来，主要是对企业行政行为的监督和对企业行政人员的监督。

（1）对企业行政行为的监督。

企业行政行为，按行为的主体划分，可分为主要由企业所有者（发起人）行使权力的行为和由企业经营者行使权力的行为。前者指企业的设立行为，后者指企业的经营行为。因此，对企业行政行为的监督，包括对企业设立行为和经营行为的监督。

① 对企业设立行为的监督。企业的设立行为，包括企业的成立、变更（合并、分立）和终止，是企业行政行为的首要内容。企业的变更和终止，可能是企业经营行为引出的结果，但有权决定和进行企业变更和终止的，还是企业的所有者或国家的相应部门与机构。基于这个缘故，我们把企业的成立、变更和终止行为独立出来，予以考察。

以国有企业的设立为例，国有企业的成立，是国家作为资产所有者通过企业主管部门或投资机构来发起的。国有企业的成立、变更和终止，这类企业设立行为的实质，是企业法人地位的确立、变更和消亡。它关系到国家依法授予企业经营的资产确认、转让或消失，关系到企业职工权益的确认与变动，也对企业组织结构产生影响。因此，必须重视对企业的成立、变更和终止行为的监督。在监督过程中，要注意这些行为，特别是资源的配置是否合理，更要注意这些行为是否合法，特别要监督国家的资产所有权和职工的合法权益是否得到保障。因为在这些行为中，特别是企业的变更和终止时，很容易发生国有资产流失和职工合法权益得不到保障的情况。此外，在监督过程中，还要注意企业设立行为的有关手续和程序是否完备等。

②对企业经营行为的监督。企业一经依法成立，便开始其经营行为。在国有企业所有权与经营权分离的情况下，对企业的经营行为的监督显得格外重要。对企业经营行为的监督，其范围可细分为四个层次。

第一，对企业经营行为的监督，表现为对企业生产经营决策的监督，属于事前监督。企业行政要进行多种决策。企业作为一个法人实体，是独立的商品生产者和经营者，所以企业行政决策的基本内容，就是企业生产经营决策。这里讲的生产经营，不只是商品的生产或销售活动，还有企业固定资产的再生产。所谓生产经营决策，不仅有日常决策，还有重大问题的决策。监督的重点，应当是企业行政最高领导层做出的重大决策。重大问题决策的失误，会对企业的生产经营，企业的生存和发展，造成极大的损失。因此，对企业经营行为的监督，首先必须抓住对决策尤其是重大问题决策的监督。

第二，对企业经营行为的监督，又表现为对决策实施的监督，属于事中监督。决策的实施既贯穿于企业日常的生产经营活动中，又体现在企业某一项新产品、新事业的开发或新项目建设的活动中，还体现在企业与国家或企业内部各种利益关系的调整之中。这里的监督，主要是监督决策的实施（包括按各种工作标准与规范来实施决策与计划），使之达到既定的目标。

第三，对企业经营行为的监督，还表现为对企业经营效果的监督，属于事后监督。生产经营的根本任务是发展商品生产，创造财富，增加积累，满足社会日益增长的物质和文化生活的需要。企业经营行为的优劣，应当以其经营效果来衡量。在企业自主经营、自负盈亏的情况下，经营效果集中体现在企业的盈亏状况上。企业经营盈亏的真实性、数量及其原因，应当是监督的重点。

第四，对企业经营行为进行监督，表现为对企业经营履行法定义务的监督，属于事中和事后监督。企业作为行为主体，其经营活动要对国家、社会和企业职工，履行各项法定义务。最基本的义务有三项：第一项，企业一经成立，就必须合法经营，提供合格的产品和服务，照章纳税，遵守市场规则；第二项，企业在为国家（和其他投资者）提供利润的同时（有政策性亏损企业除外），必须实现国有资产的保值与增值，防止国有资产的流失；第三项，企业必须保障职工的合法权益。企业法人在行使经营权时，如不履行其法定义务，就是违法，要承担法律责任。

（2）对企业行政人员的监督。

对企业行政行为的监督，最终要落实到对企业行政人员的监督上。这是因为企业的成立、变更和终止，以及经营行为都与企业行政人员密切相关。

对企业行政人员行使职权的监督的范围，按人员构成分，包括对企业行政主要领导的监督和对下属工作人员的监督；按工作要求分，包括对行使职权的合法监督和绩效监督。

① 对企业行政主要领导和下属各层次人员的监督。严格地说，企业的行政监督，特别是企业行政系统内部的监督，监督的对象，最终要落实到具体进行生产经营活动的每一个岗位，这样，监督的范围几乎包括了企业所有的生产经营人员。在这个系统中，作为企业行政监督对象的企业行政人员，通常是指各级行政领导和工作人员。监督的核心是主要行政领导，如厂长负责制的厂长，董事会领导下的董事长、董事和经理。因为他们是企业的法人代表，对企业的生产经营全面负责。他们享有决策权和指挥权，对企业自主经营、自负盈亏负有直接经济责任。因此，对企业主要领导的监督，就成为对企业行政人员监督的关键。当然，这并不意味着可以放松对企业行政各层次负责人和工作人员的监督。没有各层次人员的努力和相互配合，一个企业是搞不好的。

② 对职权行使的合法性和绩效性的监督。对企业行政人员的监督，当然不是对其人身的监督，而是对他们行使职权即其工作的监督。对其工作的监督，主要是对其工作的合法性与绩效性的监督。监督其工作的合法性，即监督行政人员是否遵守国家的法律、法规和法纪。这种监督，目的是防止企业和企业行政人员滥用职权。监督其工作的绩效性，即对行政人员的工作是否保质、保量、按期实现预定的目标，进行考核、监察和评价，目的是鼓励他们把工作提高到一个新的水平。

2. 企业行政监督的过程

企业行政监督的过程，寓于企业行政过程之中，是对企业行政过程中正确的东西予以肯定，对错误和偏差予以纠正，实现有效控制的过程。它们由相互联系的四个环节组成，这四个环节依次是明确监督标准，进行监察评估，实行激励控制，总结经验教训。

（1）明确监督标准。

这里的标准，有明确标准和确立标准两重含义。所谓明确标准，是指现有的标准，主要是指国家现有的必须依据的法律标准，主要包括企业的法规，各种专业监督机构的法规等。另一种标准，是需要企业自己制定和确立的，如企业的经营目标，某项具体工作的标准。这些都是法律许可范围内的工作绩效标准。它们作为一种努力的目标，可以以企业的历史最高水平或同行业的先进水平或国际水平作为标准。企业行政监督系统进行监督，首先要明确监督的法律标准和绩效标准，否则就无法进行监督。

（2）进行监察评估。

这是根据监察的标准，对企业行政系统（特别是行政领导）行使职权的过程（包括决策及其实施）、效果及其责任进行监察与评估。监察的目的在于掌握情况，查明事实；评估的目的在于分清功过，判明是非。监察评估不仅要肯定成绩，还要揭示偏差，尤其要揭露非法与失职行为，从而为实行激励控制提供依据。

（3）实行激励控制。

监察与评估肯定了成绩，也找出了问题与偏差，在这个基础上就要进行激励控制。激励，就是肯定那些正确的合理的行政行为，并激励相关人员，使他们的业绩得到承认和受到应有的奖励，以充分发挥他们的工作积极性、创造性和主动性。控制，就是适时地纠正企业行政行为中的偏差，制止非法行为，实现管理目标，使企业更好地发展。只有实现了有效激励和控制，才能达到企业行政监督的主要目的。

（4）总结经验教训。

为了使企业行政和监督工作都能不断提高，需要进行两个方面的总结：一方面是企业行政工作的总结，另一方面是企业监督工作的总结。总结不仅要总结成功的经验，而且要总结失败的教训，借以提高行政和监督工作的水平。

正确使用上述监督过程的四个环节，就能越来越有效地发挥企业行政监督的作用。

第二节　企业行政沟通

有效的企业行政监督，离不开顺畅的信息沟通。当然，整个企业行政管理活动都离不开企业内、外部的信息沟通，企业内、外部的信息沟通网络是否通畅有效，往往决定着整个企业有机体能否良性运行。因此，建立起通畅有效的企业行政沟通网络，是企业行政管理工作的首要任务之一。

一、企业行政沟通的概念

企业行政沟通是指在企业行政管理活动中，通过上下级之间、部门之间、成员之间的思想传达、情感交流和信息传递，以期达到相互理解、支持与合作，最终实现企业组织和谐有序运转的过程。企业行政沟通是一种双向的交流，信息发出后，只有接受者做出了反馈，才能构成一个完整的沟通过程。

企业行政沟通的内容十分广泛，包括一切有关企业信息的交流和传递。在企业生产经营活动中，既有各种计划、报告、图表和资料的传递，也有电话、电报、传真和会议的联系与协商，还有企业成员之间在业务、思想和情感上的沟通和交流。应当特别指出的是，企业行政活动中的沟通并不一定都以书面形式出现，谈话、表情、手势、脸色、眼神和语气都是企业人员信息沟通的重要途径。因此，在企业行政沟通的过程中，既要强调工作业务上的沟通，又要重视思想和观念上的交流；既要注重正式材料的传递，又不可忽视人们动作与行为的表达。只有这样，才能保证企业信息顺利通畅地上传下达、左右互通，使企业在良好的沟通环境中高效运行。

二、企业行政沟通的特征

企业管理的过程就是沟通的过程，不同于一般的沟通，它有自身的特征。

1.关系特性

企业行政沟通与组织信息传递有关，但不局限于此，还涉及组织人员、群体间的情感互访。沟通具有技术特征，亦具备关系特性：相互了解、尊重，彼此敞开心扉的信任及信心。企业行政沟通的核心要义即创造性地解决好人际关系。

2.双向特性

企业行政沟通过程是双向的，一方积极，另一方消极，不是成功的沟通。无视沟通的双向性，只会加深误会，乃至分道扬镳。作为企业管理者，唯有保持平等双向沟通的理念，才有可能在行政管理过程中消弭误解，才能促进企业的可持续发展。

3.认知特性

企业行政沟通过程是沟通双方相互影响的过程，真诚沟通自然会引发沟通者之间关系的变化。因此，行政沟通是一种复杂的心理和社会过程，是一种依托认知框架，在共识背景下的理解与被理解的过程。

4.知识特性

企业行政管理者需具备一定的沟通能力，此能力主要来自知识和经验。企业行政管理者只有具备相应的知识和经验才能展开沟通。在企业行政管理过程中，由于员工的个体差异及环境不同等因素，会呈现一定的个性化。企业管理者在沟通的过程中，应充分考虑到个体差异，灵活采用针对性的沟通语言及方式，这就需要管理者具备相当的知识和经验储备。

5.文化特性

企业行政沟通行为不可能完全脱离文化背景，如果交流双方的文化背景（风俗、宗教、民族）有异，易引发沟通障碍。因此，有效的企业行政沟通，离不开前置文化背景分析，在充分尊重及了解沟通双方文化基础的前提下，展开行政沟通，可以有效规避因文化差异而造成的沟通障碍。

三、企业行政沟通的类型

企业行政沟通工作，包括企业内部和外部有关组织运行情况的信息沟通，目的在于协调企业内部各部门间关系，增加企业组织的内凝聚力和外引力。沟通形式多种多样，主要有以下几种：

1.正式沟通与非正式沟通

（1）正式沟通。

正式沟通是指在企业内部，依据一定的组织层次所进行的信息传递与交流活动，它是按照企业设定的规章制度所进行的信息沟通。各员工皆有其固定的职位与确定的工作关系，上级命令下行，下级报告上达。正式的沟通，必须逐级进行，不可越级；否则，既易破坏统一指挥，亦易滋生不满。组织内部规定的汇报制度，定期或不定期的会议制度，上级的指示命令按层级系统逐级向下传达，下级的情况逐级向上级领导反映等，都属于正式的沟通方式。正式沟通一般可以分为下行沟通、上行沟通、平行沟通等。

（2）非正式沟通。

在企业组织中，除了正式的沟通外，还存在着非正式沟通。非正式沟通是在正式沟通渠道以外进行的信息传递和交流①。换言之，非正式沟通的方式，通常是建立在企业组织员工间的社会关系上，由彼此之间的互动而产生的。它的表现方式多变。同正式沟通相比，非正式沟通往往能灵活迅速地传递信息，并能提供大量的通过正式沟通渠道难以获得的信息，更全面、更准确、更真实地反映员工的思想、态度和动机，为企业管理和决策提供可靠的参考。

2.单向沟通与双向沟通

单向沟通是指信息发送者以命令的方式传递信息，一方发送，一方接受，双方无论语言上还是在情感上都无信息反馈。如发指令、下命令等都属于单向的信息沟通。双向沟通是指信息的发送者以协商和讨论的姿态展开沟通，信息发送后还需听取反馈意见，必要时发送者与接受者还会多次进行沟通交流，直到双方意见一致。

3.沟通网络

企业内部行政沟通是在组织内部的员工或部门之间进行的信息交流和传递。当管理者为解决某个问题和协调某一方面而在明确规定的组织系统内进行沟通时，就会选择和组建内部不同的信息沟通网络，这些沟通网络既可以影响企业员工的工作效率，也可以影响员工的心理和组织的气氛。沟通网络分为链式沟通网络、圈式沟通网络、Y式沟通网络、星式沟通网络和全通道式沟通网络。

4.组织间沟通

组织间沟通，简单地说，就是组织之间如何加强有利于实现各自组织目标的信息交流和传递的过程。组织间沟通的目的，是通过协调共同的资源投入活

---

① 何郁冰，伍静．企业生态位对跨组织技术协同创新的影响研究[J].科学学研究，2020，38(6)：1108-1120.

动，实现有利于合作各方的共同利益。和一般的组织中的人际沟通和工作团队沟通不同的是，组织间沟通日益成为管理学中沟通的重要环节。组织间沟通的重要基础，一般不是建立市场交易关系基础上的契约关系，而是建立相互信任的互惠关系。如果沟通的主要目标是有关践约和履约的问题，那组织间的关系就会走向纯粹的市场交易关系，进而失去组织间沟通的本来意义。

四、企业行政沟通的障碍及应对措施

企业行政沟通过程贯穿企业组织活动始终，不可避免会存在诸多障碍。

1.组织机构障碍

伴随企业成长发展，规模扩大可能会影响到企业管理过程中信息的传递，信息是沟通过程承载物，信息传递的减速及失真，必然会影响到企业行政沟通的有效性。

2.信息噪音障碍

互联网技术的广泛应用，使得企业不必担心时空距离的影响，但大数据具有双刃效应，如何在大数据中剔除噪音，是企业行政沟通中遇到的新难题。信息噪音会极大地影响信息的可靠性，处理不好，可能会给企业带来重大损失。

3.行政体制障碍

受我国行政管理体制影响，企业行政管理活动亦带有体制缺陷，如行政管理工作分工交叉，造成职能重叠，出现问题易相互推诿。上下级行政架构具有浓重的层级色彩，上层习惯发布指令，下层囿于执行指令，单向行政指令多，双向沟通匮乏。

4.个人因素障碍

个人独裁领导，表面上看是一种严格的管理，但无法顾及企业员工的精神与情感需求，极易阻碍企业行政沟通的开展，组织内部弥漫着消极和对抗的情绪。企业员工自身亦有弱点，对企业中的问题采取独善其身的态度，影响与他人、与领导的沟通、交流。

企业行政沟通的活动与过程设计，都是为了解决企业管理中的某些具体问题，支持、维护企业正常高效运行而设置的。针对沟通过程中存在的障碍，可以考虑从以下几个方面来应对。

（1）创新沟通机制。现代信息网络技术的发展为沟通机制的创新提供了基础和条件。大数据时代，人们的思想观念、思维方式、沟通方式和手段等都发生了极大的变化。基于传统技术的沟通机制，可能难以适应时代对沟通的需要。因此，企业应抓住信息技术和网络技术发展的机会，创新企业的沟通机制。

（2）变革组织结构。企业组织结构多为科层制，有严格的层级划分，各层级承担一定的管理职能。这种自上而下的垂直分工便于控制和协调下属的活动，但易出现主观主义、官僚主义现象。组织机构过于层级化，内部沟通渠道单一或不完善，缺乏灵活性，进而导致企业内部的信息传递进程缓慢，严重影响企业的运作进程和决策效率。若信息沟通反馈机制不健全，企业内部的沟通发起者就无从了解信息的传递进程和决策的执行程度。因此，要对组织结构进行变革，对组织管理流程进行再造，因地制宜地用网络架构重塑组织结构，适当吸收转化扁平式组织思维模式。

（3）注重沟通思想。管理沟通方法的运用离不开正确思想的指导。管理沟通思想是企业行政管理沟通的核心内容和基本法则，把握住了这个中心思想就把握住了人力资源管理沟通的基本理念。企业行政管理沟通所蕴含的思想主要有分权思想、人本主义思想、系统思想、创新思想等。

（4）建设沟通渠道。信息在传递过程中可能会出现缺失，造成信息不对称。可以建立一个信息平台，把需要大家知道的信息发布在这个平台上，这样就简化了信息的传递过程，让大家都能了解到第一手信息，减少发生信息不对称的可能性。信息平台内容要全面，信息量要大；要重视信息更新；要注意信息平台使用者需求，满足使用者不同的信息需求；要注重解决好整合后的信息资源系统状态分布和运行问题。

※ 小　结

企业行政管理监督与沟通作为行政管理过程中的重要组成部分，对企业的稳定发展有着不可替代的作用。在企业行政管理运行的过程中，加强企业行政监督、做好企业行政沟通工作尤为重要。在企业行政管理过程中，应发挥多元主体的监督作用，在党组织的领导下，强化企业权力组织监督、优化企业内部监督、深化企业的专业监督。企业行政沟通的顺畅关系到企业可持续发展的未来，企业应大力引入最新的信息沟通技术，积极构建平等的沟通平台，企业行政人员应担当真诚的协调者角色，加强自我修养，提高综合素质，实现有效行政沟通。

※ 关键概念

企业行政监督　企业行政外部监督　企业行政内部监督　企业行政沟通

※ 思考与练习

（1）当前企业行政监督的体制和方式有哪些？

（2）如何加强当前我国企业行政管理监督职能？

（3）企业行政沟通有哪些类型？

（4）当前企业行政沟通存在哪些障碍？如何应对？

【案例分析】

老张是某市国有企业人力资源部的部长，这几天，他一直为企业内部的一些事情感到郁闷。就在前几天，老张按照公司董事长李总的要求，制定了一项新的绩效考核制度，经过几轮修改完善，终于获得了公司高层的认可，李总对他的工作很赞赏。但是，该项制度出台后，马上遭到了其他部门的不满和抵制。总经理办公室的老刘公开说："这项新制度太不合理了，不符合我们企业的实际情况。"公司副总经理明总则认为这项新制度在短时间内不会被企业员工迅速接受，不利于调动大家的工作积极性。由于对新制度有意见，大家和新制度的制定者老张之间的隔阂越来越大。对此，老张非常委屈，他认为这项新制度是从提高企业运行效率出发，有利于激发广大员工工作积极性，并且在制定期间，他带领团队咨询过很多专家，李总也非常支持，新制度不存在问题。为了使新制度能够顺利实施，老张利用休息时间，不断地和各部门的领导及员工进行交流，把自己的想法以及旧的考核制度存在的弊端耐心地说给他们听，并听取他们的意见。这期间，老张还利用元旦举办了一次企业家庭联欢会，全体职工及其家属欢聚一堂，取得了满意的效果。大家对老张的不满慢慢消失了，新制度也得到了实施。

请结合案例思考：

从企业行政沟通主体、沟通对象、沟通内容、沟通渠道、沟通效果五个要素对案例进行分析。

※ 推荐阅读

1. 苏伟伦. 企业行政管理要素[M]. 北京：中国纺织出版社，2005.

2. 中国南方电网有限责任公司. 电网企业行政实务管理[M]. 北京：中国电力出版社，2010.

3. 侯志山，侯志光. 行政监督与制约研究[M]. 北京：北京大学出版社，2013.

4. 王凯伟. 依法行政监督实施效果评估及其改进对策研究[M]. 湘潭：湘潭大学出版社，2017.

5. 宋黔晖，陈欣. 非公企业党组织与行政管理层双向沟通机制研究[J]. 上海党史与党建，2014(7)：51-53.

6. 吴倨伟. 企业行政决策监督制约机制健全的必要性及具体策略研究[J]. 经营管理者，2015(28)：84.

7. 张梦婷. 媒体监督、行政监管与企业环境信息披露——来自沪深两市采矿业上市公司的经验数据[J]. 湖北经济学院学报(人文社会科学版)，2017，14(2)：76-78.

8. 李欣瑜. 新时期企业行政管理的重要性及创新方法探微[J]. 现代国企研究，2019(12)：460.

9. 卢剑峰. 行政协调的现实与规范[J]. 宁波大学学报(人文科学版)，2020，33(6)：123-129.

10. 张诗铭，洪富艳. 企业行政管理面临的挑战及对策[J]. 武汉冶金管理干部学院学报，2021，31(2)：15-17.

第七章　企业人事行政管理

内容结构：

- 企业人事行政管理
  - 企业人事行政管理的要求
    - 企业人事行政管理的内容
    - 企业人事行政管理的特点
    - 企业人事行政管理制度
  - 企业人事行政管理的职能
    - 组织
    - 计划
    - 人员配备和使用
    - 培训
    - 工资福利
    - 政治思想工作
    - 人事管理研究
  - 企业人事行政管理的程序
    - 组织架构规划
    - 进行工作分析
    - 建立职位说明书
    - 设定工作规范
    - 配置人力资源
  - 企业人事行政管理的创新
    - 促进企业人事管理的优化和创新
    - 创新企业人事管理制度
    - 提升人事管理效率

内容提要：本章主要介绍企业人事行政管理的要求、职能、程序与创新。企业人事行政管理是企业管理的一项重要内容，在整个企业的管理中具有重要地位。企业人事行政管理的要求主要包括企业人事行政管理的内容、特点和具体的人事行政管理制度。企业人事行政管理的职能主要包括组织、计划、人员配备和使用、培训、工资福利、政治思想工作，以及人事管理研究。企业人事行政管理的程序主要包括组织架构规划、进行工作分析、建立职位说明书、设定工作规范、配置人力资源。现代企业人事行政管理流程复杂，用工渠道和形式也出现多元化的特征。不同身份、性格的人员会形成特殊的工作环境，因此要不断地完善人事管理体系，用制度创建出良好和谐的工作环境。

【引导案例】

刚柔并济：发展中性领导力

一直以来，有人总是喜欢对女性领导力问题小题大做，而就在最近几个月，我们又再次目睹这一现象。一方面，Facebook首席运营官雪莉·桑德伯格在其新书*Lean In: Women, Work, and the Will to Lead*中指出，如果女性当真想晋身高层领导之位，就必须更有魄力，恕我直言，她们必须挺身而出，发出自己的声音。而另一方面，普林斯顿大学教授、美国国务院官员安妮-玛丽·斯劳特在《大西洋月刊》(*The Atlantic*)上发表了一篇题名为“Why Women still Can't Have It All”的文章，表明就她自己的经验来说，“挺身而出”并不是问题。她认为，真正的难题是“作为政府高官，我无法从事我向往的那种工作，无法成为我心目中理想的母亲”。实现这两个愿望几乎毫无希望。

这一尴尬问题的非同寻常之处，与其说是在于争论的内容本身，还不如说是由此而引发的热情。这证明贝蒂·弗里丹那本《女性的奥秘》(*The Feminine Mystique*)问世50年之后，女性与领导力依然是热点话题。

我在《哈佛商业评论》网站上发表了一篇博文，参与这场辩论。这篇名为“The Abiding Tyranny of the Male Model—A Manifesto”的长篇大论，抨击了如今阻碍大多数女性担任高层职务的垄断系统。这方面的数据令人沮丧。尽管女权运动进展显著，但迄今为止，在领导力方面，女性的地位仍然远远落后。

桑德伯格与斯劳特之间的论战已日渐明朗，可奇怪的是，女性难以升至高位的原因依然扑朔迷离。其实对于这些原因，我们多少还算是心中有数，但我们并不知道究竟哪一条才称得上是罪魁祸首。是工作场所的性质？是女性自身的问题？还是男性的过错？是因为女性要照顾稚龄幼子和年迈双亲吗？是源于美国公共政策的缺陷吗？抑或领导风格的差异所致？

如今，人们普遍承认女性的领导风格与男性截然不同，而且理应如此。这个命题的论据虽然并不充分，但它并未妨碍一种传统观点走向成熟，即认为在行使权力、权威，发挥影响力方面，女性是有别于男性的。

即使是现在，人们也认为并希望女性领导者更倾向于合作，而男性领导者则倾向于命令。研究人员爱丽丝·伊格利和琳达·卡利写道：男性具有较强的主观能动性——他们往往会表现出比女性更强的野心、自信、控制欲和决断力。这意味着什么呢？这意味着同女性相比，男性的领导特质或许表现得更为明显。

不过，有一点却颇为讽刺：人们一方面强烈要求男性领导者向女性领导者学习（多一些关爱，多一些社群精神），另一方面又希望女性领导者能努力效仿男性领导者（更加果断地下达命令）。大多数领导力方面的著作都证实了这种转变，指出领导风格已然发生变化，或者说应该有所改变。如今，人们都希望领导者能与员工打成一片，而不是孤傲离群，要成为团队中的一分子，而不是高高在上的领导。诸如团队、网络、参与、授权、合作，以及扁平化层级之类的词汇，都证明如今领导者的权力和权威已明显下降，因此必然要更加依赖影响力。

由此，我提出了自己的主要观点：将男女两性的长处相结合，通过发挥影响力，而不是行使权力和权威来领导。这种领导风格具有显著优势，因此，我建议女性寻找一条折中之道，既不要过于硬朗阳刚，惹人反感，也不要因优柔寡断而影响效率。而男性则应该减少命令和控制的方式，就算做不到亲切温柔，也要广结人脉、积极合作。

领导力日益与中性风格画等号。高效的男性领导者应该添加一些柔和的特质（向女性学习有助于社交的素质，例如敏感、热情和善解人意），而高效的女性领导者则要稍微强硬一些（多一点阳刚气质，例如控制和力量）——这些都证明，领导与追随的理念都是因时而异的。

资料来源：刚柔并济：发展中性领导力，(2013-10-25)[2022-03-13]，http://www.ceconline.com/strategy/ma/8800068686/01/，有改动。

第一节　企业人事行政管理的要求

人事管理一词源自英语"Personnel Management"，本意是"人员管理"。人事管理作为一门科学，起源于美国。人事管理的实践同人类社会的历史一样悠久。原始社会的部落管理，奴隶社会的军事组织和生产组织等，从某种意义上说，都属于人事管理。但在人类社会相当长的历史时期中，人事管理并没有形成科学的管理理论。到20世纪初叶，一些受商业、工厂和政府部门聘用的管理人员、科学家和工程师，从提高经济效益和工作效率出发，总结和运用历史上的人事管理经验，解决劳动和劳动管理中的问题，从而使人事管理上升到了科学管理的阶段。当时的人事管理，指的是私人企业中员工的选拔和任用，初期称为劳动管理，继而称为雇佣管理，后称为工业关系，20世纪20年代后称为人事管理。

一、企业人事行政管理的内容

企业人事行政管理是指通过对公司的人才招聘、任用、奖惩等进行的计划、组织和协调活动。企业的人事行政管理是企业管理的一个重要组成部分，主要包括对职工的录用、考核，企业干部的选拔、配备，人事档案，职工的技术业务培训，保卫工作，集体福利事业管理等。企业的人事行政管理部门既要合理分配使用企业的劳动力，又要研究如何正确处理企业内部人与人之间的关系，在企业各职能部门中居于十分重要的位置。

企业人事行政管理主要内容包括人力资源规划、人才招聘、人才任用方式、员工使用原则、薪酬福利等。

1.人力资源规划

人力资源规划是指针对企业当前所面对的内外部发展环境，站在企业发展目标的角度，对人才需求进行估量与分析，继而满足企业人力资源需求的一系列措施制定和实施的过程。按照人力资源规划所涉及的范围，可将人力资源规划分为专项业务计划和总体规划。专项业务计划是指人力资源规划中所涉及的各项具体管理活动，通常主要包括培训开发、岗位管理、绩效管理、招聘和调配、薪酬福利设计，以及需求预测等管理内容；总体规划则是指对企业在长中短期内人力资源规划的总政策、总目标，以及总预算和实施步骤的安排和计划工作。

企业要想长远发展，需要将战略规划和人力资源规划相结合，保证两者和谐统一。在开展人力资源管理活动时，不仅要做到前瞻性和方向性，还要做到预见性，这样才能保证活动管理活动有效展开。在人才方面，需要遵循有效的人才政策，合理选人、留人、用人等，以此来提升企业的综合实力。企业需要提高对人力资源规划的关注度，注重人才建设，以人力资源规划为媒介，提高人才竞争力，最终推动企业更好地发展。

2.人才招聘

员工招聘是企业人力资源管理的基础性工作，直接关系到企业人力资源的组成。有效的招聘工作不仅可以提高员工素质、改善人员结构，也可以为组织注入新的管理思想，增添新的活力，甚至可能给企业带来技术、管理上的重大革新。员工招聘是企业整个人力资源管理活动的基础，有效的招聘工作能为日后的培训、考评、薪酬福利等管理活动奠定基础。企业员工招聘应注意把握以下原则：

①双向选择原则。用人单位和劳动者双向选择，企业根据自身发展和岗位需求自主挑选员工，劳动者根据自身能力和意愿，结合劳动力市场供求状况自主选择职业，即企业自主选人，劳动者自主择业。双向选择原则一方面能促使企业不断提高效益，改善自身形象，增强自身吸引力；另一方面能促使劳动者为获得理想的职业，努力提高自身的知识水平和专业素质，在应聘竞争中获胜。

②因事择人原则。因事择人是指员工的选聘应以实际工作的需要和岗位的空缺情况为出发点，根据岗位要求选用人员。

③公开、公平、公正原则。公开就是要公示招聘信息、招聘方法，这样既可以将招聘工作置于公开监督之下，防止以权谋私、假公济私的现象，又能吸引大量应聘者。公平、公正就是确保招聘制度给予应征者平等的获选机会。

④竞争择优原则。竞争择优原则是指在员工招聘中引入竞争机制，对应聘者的思想素质、道德品质、业务能力等方面进行全面考查，按照考查的成绩择优录用员工。

⑤效率优先原则。效率优先原则是指用尽可能低的招聘成本录用到同样素质的人员。

3. 人才任用方式

（1）选任制。选任制是由企业员工通过选举的方式来确定由谁来担任何种职务的制度。选任制的优点是能够较好地反映大多数员工的意愿，增强员工的参与意识，调动员工的积极性，培养员工的主人翁意识。被选任的员工也会增强对组织和全体员工负责的使命感。选任制的不足之处在于不适宜在大范围内选拔干部。若企业规模太大，员工彼此间不熟悉，对被选举人的情况了解较少，选举的盲目性则较大；若选举制度不完善，则不仅选不到优秀的人才，还会遭到员工的抵制或消极参与，使选举流于形式。

（2）委任制。委任制是具有任免权的上级主管直接指定其下属某一员工的岗位，任命该员工担任相应职务的任用方式。委任制的优点是程序简单、权力集中、指挥统一、效率高。实行委任制的主管人员应当深入了解被委任者及其所委任的职务，否则可能会用人失当。委任制的缺点也很明显：主管人员可能会因为个人的好恶而任用员工。此外，主管人员的视野与精力有限，往往不能全面了解下属情况，对被委任者的判断可能会出现偏差或错误，这既降低了工作效率，又可能引起员工不满，影响员工士气，不利于组织的长期发展。

（3）聘任制。聘任制即合同聘任制，它是企业运用招聘的形式确定任用对象，并与之签订劳动合同的员工任用制度。聘任制在合同期内比较稳定，便于管理，但其程序比较复杂。

（4）考任制。考任制是通过公开考试的方法来考查应考者的知识和能力，并以考试成绩为依据，选拔企业所需要的各种人员的任用制度。考任制的优点是公开竞争、机会均等，具有明确统一的评价标准，体现公平原则，可以克服员工使用过程中的主观随意性和不正之风；适用范围广，可以在大范围内选拔人才，从而促进员工努力学习业务知识、激发企业人力资源的潜能。

4. 员工使用原则

掌握被使用人员的心理特征、气质及性格，使人员使用科学合理，不但能充分发挥被使用人员个体的积极性、主动性与创造性，提高工作效率，而且能充分发挥被使用人员的群体结构优势，提高群体工作效率，增强群体内部团结，改善人际关系，促使员工向着既定的管理目标奋进。要实现人员使用的管理目标，应遵循以下六条原则。

（1）信任原则。信任能使人产生安全感，心里有了安全感，效率才能得到充分发挥。信任还能使人产生期待感，期待对人是一种鼓励，能激发人的进取心，增强克服困难的力量，充分发挥才能，提高独立工作的能力，增强工作的创造性，从而提高工作效率。因此，在人员使用过程中，一方面，领导者要得到被使用人员的信任，使其具有安全感、期待感及满足感，心情舒畅地工作；另一方面，领导者必须充分信任被使用人员，相信他们的才智和工作能力，发挥他们的积极性、主动性和创造性，帮助他们在事业上获得成功。

（2）扬长避短原则。人都各有所长，各有所短。作为人事管理者来说，正确认识这种状况，在用人时做到扬长避短，用人所长，力避其短，就能充分发挥每个人的优势，提高工作效率。另外，当一个人身上同时存在几种长处时，应尽可能扬其长处，让其做适合的工作，最大限度地发挥其聪明才智。

（3）竞争择优原则。随着改革开放和市场经济的建立，竞争机制被广泛应用于人员使用工作中，有力地激发了人们的开拓进取精神。在人员使用中贯彻这一原则，一要做好舆论的宣传导向工作，使人们的思想逐步适应竞争机制；二要有切实可行的规章制度做保证，使全体人员都有参与竞争的机会，能在公平的竞争环境中大显身手。

（4）重贡献原则。在人员使用工作中贯彻重贡献原则，有利于破除不务实事、好大喜功的陈规陋习，有利于激励人们为实现管理目标而充分发挥积极性、主动性与创造性；有利于建立良好的群体心理气质，促进人们专心致志地做好工作，减少内耗；有利于促进人们的心理向着健康的方向发展。在实际工作中，要将贡献作为评价、奖励、晋级、晋职的主要依据。

（5）职权统一原则。职权统一是指担负一定的职务，就要行使一定的权力，履行一定的责任，即职、权、责必须相适应，这样才能在其位、谋其政，在其职、尽其责。明确规定职、权、责，并以此作为考核工作实绩的依据，能产生督促作用，有助于提高人们的责任感。

（6）适才适用原则。人员使用的最基本要求在于谋求人与事的最佳结合，即根据职务工作、工种等要求，根据个人的特点、气质、性格，把他们安排到合适的工作岗位，实现各得其所、人尽其才。要做到人得其事，事得其人，适才适用，必须既“知事”又“知人”。所谓知事，就是懂得事物变化、发展的规律，了解工作的性质、特点和用人的要求；所谓知人，就是了解被使用人员，了解其能力、特长、性格、气质等。全面地了解人，是合理、科学使用人的前提条件。

5.薪酬福利

在现代企业管理中，薪酬福利激励制度在人力资源管理方面发挥着巨大作用，它能帮助企业实现人力资源的价值最大化，为企业稳定运行提供强有力的人才支撑。合理的薪酬福利激励制度成为众多企业吸引和激励员工的有效手段，最大限度地调动员工的积极性，为企业创造出更大的价值。

现代企业薪酬福利管理有以下几种趋势：

（1）劳动力成本持续增长。由于国内企业长期与海外企业的人才竞争推动人力成本快速提升，物价的持续上涨迫使劳动者要求更高的报酬，同时，国家正在努力扭转国进民退的不利局面，未来宏观收入政策将进一步偏向中低收入人群，企业也会承担越来越重的用人成本压力。

（2）薪酬体系需要灵活化、多元化。社会进步和职场新生一代不断参与社会劳动，给企业带来许多新元素。从业者对企业软性要求变得更高，职业前景、培训发展、学习锻炼机会、集体福利和工作环境等都是目前新入职员工普遍关注的内容。这些都对企业薪酬体系的灵活化和多元化提出了更高的要求。

（3）非经济性薪酬体现雇主品牌。在经济形式以外，福利保障可以用任何形式表现出来，这意味着与众不同的灵活性，任何企业都有最能体现自己品牌文化的独特薪酬形式。如利用激励性福利解决层级间享有福利不对等的矛盾，利用弹性福利解决不同年龄层对生活和工作的不同需求的矛盾，利用各种创新福利体现雇主品牌和价值。未来非经济性薪酬领域将会出现更多的人力资源管理实践，而企业也将花费更多的精力设计符合自己企业文化的非经济性薪酬。

二、企业人事行政管理的特点

企业人事行政管理的主要任务是为实现企业的整体目标提供合适可用的人才，这就要求人事部门进一步加大人事制度改革的力度，建立好人才档案，搞活用人机制，为企业选拔贤能创造一个良好的工作环境；关心和改善员工的生活条件，使员工无后顾之忧，充分发挥自己的内在潜力。企业人事行政管理具有以下特点：

1.时效性

企业人事行政管理具有较强的时效性。人力资源的时效性就是指人力资源的形成和作用效率要受其生命周期的限制。人力资源的时效性特点，要求人类依据生物学的规律来使用自身的劳动能力，合理开发并充分利用劳动适龄时期（尤其是劳动时期）的劳动能力。企业在招聘、选拔、培训人员时，一定要讲时间、讲效率。优秀的技术人才和管理人才是企业宝贵的资源，人才竞争已经成为市场竞争的焦点。选拔优秀人才、利用好优秀人才，企业才能在激烈的竞争中处于有利地位。

2.计划性与针对性

进入大数据时代，企业人事行政管理必须要在动态中进行。在大数据技术的支持下，人力资源的选、育、用、留都可以纳入量化范畴，人力资源管理更加高效、更加精准并更有话语权。大数据技术，可以在很多传统方法难以企及的领域大展身手，助力企业人才招聘更精准、员工培训与发展更有针对性，绩效考核管理更科学，人才决策更客观，等等。

3.利益诱导性

利益诱导是指特定的社会集团或组织通过社会资源分配、奖惩等手段，诱导社会成员接受并遵循特定的社会价值要求，并在此基础上进一步形成所要倡导的特定行为习惯，是社会教化的一种具体方式。企业人事行政管理的利益诱导性就是正确处理好企业与员工之间的物质利益关系，要把物质利益作为调动员工积极性和创造性的一种重要手段。物质奖励与精神奖励相结合，严格按照企业管理制度对员工工作能力及绩效进行考评，结合考评情况给予必要的奖惩。企业切实贯彻按劳分配的原则，利用利益的诱导性，依靠员工对个人利益的关心，推动员工自觉遵守劳动纪律，提升企业技术水平，提高劳动生产率。在现代企业人事活动中，必须建立科学的考核测评系统，把企业的经营成果同个人利益联系起来，给员工看得见的物质利益和精神奖励。

4. 以人为本

"以人为本"的管理指在管理过程中以人为出发点和中心，围绕着激发和调动人的主动性、积极性、创造性展开的，以实现人与企业共同发展的一系列管理活动。在现代企业中，人力资源管理的重要性和必要性已得到了广泛认可，"以人为本"的理念已渗透到企业管理的各个领域。其具有以下几个特点：①以人为本的管理始终贯彻以人为出发点和中心的指导思想。②以人为本的管理活动围绕着激发和调动人的主动性、积极性和创造性来展开。③以人为本的管理致力于人与企业的共同发展。

以人为本管理的重要性在于它是提高企业知识生产力的重要条件。企业的知识生产力指企业利用其知识资源创造财富的能力，是适应企业国际化经营的基本管理方式，是建立企业中人与其他要素良好关系的必要条件，是企业持续发展的基石。

三、企业人事行政管理制度

1. 岗位责任制

岗位责任制是指根据行政部门各个工作岗位的工作性质和业务特点，明确规定其职责、权限，并按照规定的工作标准进行考核及奖惩的制度。

实行岗位责任制，有助于行政工作的科学化、制度化。建立和健全岗位责任制，必须明确任务和人员编制，以任务定岗位，以岗位定人员，责任落实到人，各尽其职，达到事事有人负责的目标。

2. 绩效考核制度

企业绩效考核制度的建立，要基于企业的实际情况和各个车间、班组、员工的工作性质。同一个企业的工作岗位不同，其绩效考核制度的具体细则也不尽相同。但是其蕴含的企业精神是一致的，都是为了激发企业员工的工作积极性，团结协作，目标一致，切实为企业的发展贡献自己的一份力量，促使企业健康高质量的发展。

在企业的管理过程中，有效的绩效管理能够让个人的利益与企业的利益保持一致。企业在进行日常生产的活动过程中，需要人才作为主要的参与者和执行者，每一个战略决策都需要员工有效配合，体现出绩效管理应有的作用。对企业绩效进行全面管理，能够为企业的员工提供较为公正的就业环境，使员工的努力能够以绩效工资的形式得到肯定，从而干劲充足，更好地为企业做出贡献。另外，在人力资源管理中绩效管理工作也占据着重要的位置，可以帮助企业激发员工工作热情，使企业能够得到人才效力，为企业的战略发展提供重要的人才支持。

企业要通过建立高效的绩效管理模式，来实现对人才的激励计划，一般而言，有绩效计划、绩效实施与管理、绩效评估与绩效反馈面谈四个步骤。

（1）绩效计划。在绩效管理阶段，首先需要制订绩效计划，使各项工作的开展都能够有序进行。因此，绩效计划的制订，要以工作目标为主要参考对象。在执行阶段，要加强对绩效考核制度的宣传，使各个员工都能够认同绩效考核计划，统一思想认识，发挥员工的主观能动性，使企业的管理者和员工都能够积极地履行绩效计划。

（2）绩效实施与管理。当绩效计划制订完成，并得到广大员工的支持，绩效考核制度就进入了执行阶段。在这个阶段，企业的相关负责人要对执行过程做到全程监督，确保相关的绩效计划能够在公正、公开的环境下进行。同时，负责人要着手解决在执行过程中出现的突出问题，保障相关工作能够正常有序地进行，必要的时候，负责人还要对员工的行为进行指导。

（3）绩效评估。在工作完成后，需要对员工做好绩效评估，确定其工作的完成情况，以便于能够依据绩效的评估状况进行奖金的发放。在评估阶段，要严格遵守在绩效计划阶段制定的相关规则，结合员工在实际工作过程中的具体表现，以及做出的突出成绩，以一定的数据和事实作为参考，只有这样才能够做好绩效评估阶段的工作。

（4）绩效反馈面谈。在做出评估后，也要根据评估结果组织和员工的面谈，对于员工的不足之处，负责人要及时指出，并给予一定的帮助。对于员工取得的成绩，负责人也要及时给予褒奖，并鼓励员工继续坚持下去。综合来看，绩效反馈面谈主要是总结过去的工作，并对未来有一定的展望。

总之，在企业绩效考核的战略管理研究过程中，要充分理解企业绩效考核的重要内涵，对企业绩效考核的战略管理策略进行有效分析，同时建立完善的绩效考评制度，加强对绩效考核的监督，使企业获得良好的发展，并为其提供人才制度保障①。

3.行政监督制度

企业行政监督是指企业行政监督系统在职权范围内对企业内部，包括部门和人员的工作监督。根据国内外企业行政学的研究成果，我们可以把企业行政监督应遵循的原则归纳为以下几条：

（1）合法性原则。合法性是企业行政部门从事行政监督的必要条件。合法性原则可从三个方面来理解：第一，从事行政监督活动的主体必须符合企业法规。作为行政监督主体的企业行政部门的每一项行为都必须符合有关企业法规，如果监督主体的行为超出了行政法规的规定范围，其行为就是非法的。第二，行政监督活动必须符合企业规定程序，即每项具体的行政监督活动都必须按照相应的规定程序办事。行政监督活动的程序化是行政法规的内在要求，也是衡量企业行政监督行为是否合法的一个重要因素。第三，行政监督活动必须符合法定方式，即企业行政部门从事的每项监督活动都必须符合企业所规定的方式。企业行政法规不仅对行政监督的主体、程序做出了严格规定，而且对行政监督的方式也做出了严格规定。企业行政监督部门必须按照企业行政法规所规定的方式活动，这样的监督行为才是合法的、有效的。

（2）行动统一原则。现代企业行政组织活动功能日趋繁多，结构日益分化。在这种日趋庞大的行政组织系统中，除了一般性监督系统之外，还存在着专门监督部门，由于它们都拥有监督权，监督活动难免出现冲突和重复。为避免政出多门，不同的监督部门在日常的监督活动中，应严格遵守各自的监督功能，尽量做到与其他监督部门协调统一。

（3）弹性原则。所谓弹性原则，就是企业行政部门在实施行政监督时，要灵活运用行政监督的各项规章制度，把握监督的分寸。行政监督的目的不是发现错误、惩罚犯错的行政人员，而是发现、提出并纠正工作过程中的错误。如果对企业人员的工作失误不做调查，武断地给予严厉的惩罚，就会违背行政监督的原则，相反，如果及时发现并做出有效补救，就会帮助企业人员改正错误，提高其工作责任心和工作热情。

（4）尊重下级原则。每个人都有受人尊重的需求，企业人员也不例外。如

① 赵华.企业绩效考核的战略管理研究[M].财经界，2019(6)：169.

果行政监督者不尊重下级人员，一发现问题就一顿斥责，课以处罚，或行政上级的眼睛只盯着下级的工作缺点，而不关心他们的工作困难，就会损伤下级的自尊心，打击他们的工作积极性。正确的企业行政监督应该尊重下级人员，设法帮助他们解决工作中的困难，通过激励、关心来调动下级人员的工作积极性。

（5）幅度原则。任何企业行政监督活动都面临着监督幅度问题。最先提出管理与监督幅度问题的是法国学者格雷库纳斯。他认为，一个领导者所管理和监督的组织机构的最佳数目是五个。随后有不少学者发展了这一理论，但他们大多认为，监督幅度与行政效率并无必然联系。因此，行政监督的幅度的大小并无定则，不能一概而论。在实际的企业行政监督活动中，设置监督幅度至少要考虑以下几种因素：①行政授权的程度。如果企业行政领导被授予的权力较大，那么监督的幅度就大一些，反之则小一些。②行政工作的变动程度。如果某部门活动的性质比较单纯，工作内容没有太大的变动，机械性较强的话，行政监督的幅度就可大一些；相反，如果部门活动较复杂，灵活性较强，监督的幅度就可小些。③监督者的能力。如果监督者的能力较强，学识较高，经验丰富，那么企业行政机构中的监督幅度的设置可大些，反之则小些。④行政下级的能力。行政监督的幅度的大小还可以视行政下级的能力而定，若行政下级的能力较强，监督幅度可大些；若能力较弱，则幅度可以小些。⑤行政活动的范围。如果行政活动比较集中，范围分布较小，监督的幅度可以大些；如果行政活动比较分散，范围分布较广，监督的幅度可小些。

（6）时效性原则。企业行政监督的目的是使企业各部门及其人员能够按照原定计划，在规定时间内，按照制定的标准完成任务。因此，企业行政监督必须及时执行，或事前监督，或事中监督，或事后监督。否则，就会延误时机，影响企业目标的完成和行政计划的实现。

（7）经常性原则。企业行政监督，尤其是合理性监督与企业活动有着密切联系，可以说何时有企业活动，何时就有行政监督；哪儿有企业活动，哪儿就有行政监督。由此可见，行政监督不是应急的临时行为，它必须经常进行。

（8）公正性原则。企业行政监督机关对企业各部门及人员的活动的监督应当充分体现公正性。在具体的行政监督中要体现监督的公正性，必须有一个统一的监督标准。如果监督的标准不一，监督就无法做到公正合理，赏罚分明。

这样就会助长不正之风，影响企业活动的有效性和效率。

企业行政监督的方式决定了企业行政监督是否有效。从各国企业行政监督的实践来看，其方式虽然五花八门，但如果从主体、目的、对象和时间几个方面对企业行政监督的方式进行分类的话，企业行政监督的方式大致有如下几类。

（1）一般监督与专门监督。从企业行政监督的主体来看，企业行政监督的方式可分为一般监督和专门监督。一般监督是指企业行政部门对监督对象所实施的监督。专门监督是指企业专门行政监督机构根据行政法规，在一定的权限范围内，对企业各部门及其人员的某种行为实施的监督。专门监督与一般监督有着明显的区别：从内容上看，专门监督侧重于违法乱纪的检查，而一般监督侧重于一般的工作或业务检查；从对象上看，专门监督主要是对违法乱纪人员进行调查监督，而一般监督可以对企业下属部门进行调查监督。

（2）合法性监督与合理性监督。企业行政监督是对企业各部门及其人员的行政行为实施的监督。因此，行政监督一方面要依据各项行政法规，另一方面又必须符合一般的法理。所以，从行政监督的目的来看，企业行政监督的方式包括合法性监督和合理性监督。合法性监督是指企业行政部门依据行政法规对监督对象的行为实施的监督。合理性监督是指企业行政部门对监督对象的活动在合法的前提下，是否符合科学、效率、精简等原则而实施的监督。

（3）经常性、定期性和不定期监督。从企业行政监督实施的时限上看，企业行政监督的方式还可分为经常性监督、定期性监督和不定期监督。经常性监督是指企业行政部门对监督对象实施的日常监督。定期性监督是企业行政部门根据一定的周期对某些监督对象实施的常规性监督。不定期监督又可分为临时性监督和规定性监督两种。临时性监督是为了了解监督对象的工作情况而进行的突击性抽查；规定性监督是企业行政法规明确规定的不定期监督。

（4）事前、事中与事后监督。企业行政监督贯穿于企业行政活动的全过程。因而在实践中不可能将整个监督截然划分为几个阶段。但从实施监督的时间来看，企业行政监督包括事前监督、事中监督和事后监督三种形式。事前监督是指企业行政部门对某项行为或活动在被监督对象实施之前，依照企业行政法规进行的监督，例如上级行政系统对企业所属各部门人事安排或变更前实施的审查。事中监督是指企业行政部门对已在实施过程中的行为或活动，根据企业行政法规进行的监督。事后监督是指企业行政部门对已结束的行为或活动，依照企业行政法规进行的监督，例如上级行政系统对企业所属各部门已完成交办的事宜进行的检查、验收。

4.劳动工资制度

工资与奖金是劳动报酬的主要形式，是企业员工关注的重点问题之一。因此，企业人事行政部门要制定合理的工资制度。工资制度是有关分配关系、分配原则、分配形式、分配方法和规定的总称。企业人事行政部门在制定工资制度时应遵循以下原则：

（1）坚持按劳分配原则，职工工资应同本人的劳动贡献紧密联系起来，合理体现收入分配差距，从物质利益上充分调动企业员工的劳动积极性。

（2）在发展生产、提高劳动生产率的基础上，遵循国家、企业和个人利益三者兼顾的原则，逐步提高员工的工资水平。

（3）企业的工资应同企业的经济效益紧密结合起来，同促进劳动力的合理流动和促进技术进步结合起来，更好地发挥工资分配的经济杠杆作用。

（4）做好思想政治工作，坚持精神鼓励与物质鼓励相结合的原则。

5.奖惩制度

企业还应制定相应的奖惩制度，利用激励机制和处罚机制，给员工以动力与压力，最大限度地调动员工的工作积极性与创造性。奖励制度主要是对超额完成劳动任务、工作积极努力、工作业绩突出的员工予以奖励的一系列规定及标准。奖励制度主要应包括以下内容：

（1）奖励标准。奖励标准是奖励制度的尺度，表现为员工在一定时期内具体工作任务的经济指标，是考核员工获得奖励的主要依据。

（2）奖励条件。制定奖励条件的目的在于保证奖金标准的兑现，减少奖励制度可能带来的消极后果。

（3）奖励比例、实施范围。

（4）奖励形式。可采取灵活、广泛、及时的奖励方法，比如实行月度奖、季度奖、年终奖或单项奖、综合奖等。

惩罚制度也应确立一个标准。比如，具体的工作任务、标准及要求是什么，达到标准、完成工作任务的员工应受到相应的奖励，那么没有达到标准的员工或没有完成工作任务的员工则应受到相应的处罚，但怎么处罚，这就要制定惩罚标准及形式。如未完成任务的员工，应按比例扣除部分工资，对不称职甚至给企业造成损失的员工，应降职降薪或予以解聘。总之，奖罚制度要明确、简练、具体，易于操作。

6.劳动保险制度

企业为了保证各种工作及活动有序进行，必须建立劳动保险制度。另外，国家通过员工所在单位给予必要的物质帮助，以解决员工在暂时或永久丧失劳动能力时的基本需求。劳动保险是社会保障的重要形式之一。企业人事行政管理应根据国家的法律法规，制定失业保险制度，退休制度，医疗制度，因工或非因工致残、致伤待遇制度，员工死亡丧葬、抚恤费等制度。

第二节　企业人事行政管理的职能

传统的人事管理以事为中心，主要工作就是管理档案、人员调配、职务职称变动、工资调整等具体性事务。而现代人力资源管理则以人为中心，将人作为一种重要资源加以开发、利用和管理，重点是开发人的潜能，激发人的活力，使员工能积极、主动、创造性开展工作。

一、组织

制定、修改关于权限和职能责任的组织结构，建立双轨的、相互的、纵向及横向的信息交流系统。

二、计划

预测对于工作人员的需求，做出人员投入计划，并对所需要的管理政策和计划做出预先设想。

三、人员配备和使用

按照工作需要，对工作人员进行录用、调配、考核、奖惩、安置等。

四、培训

帮助工作人员不断提高个人工作能力，进行任职前培训和在职培训。

五、工资福利

根据按劳分配的原则，做好工作人员的工资定级、升级和各种保险福利工作。

六、政治思想工作

通过各种教育方式，提高工作人员的思想政治觉悟，激发工作人员的积极性、创造性。

七、人事管理研究

对工作情况和程序进行总结、评价，以便改进管理工作。

在企业管理中职责是经常被谈论的话题，员工尽职尽责是企业职责管理的理想目标。因此，在企业人事管理中首先应该做好的就是明确岗位职责，进行职责管理。

首先，要努力避免形式主义。企业管理者在进行组织设计和工作分析过程中不能因企业费用、时间或精力等各种原因，而对组织设计和工作分析采取凑合的态度。只有组织设计的轮廓，而不考虑具体问题，实施效果必然不理想。

其次，组织设计和工作分析要科学合理。企业管理者应当组织相关人员对公司的生产工艺流程、部门之间的业务进行分析，采取科学的技术和方法进行组织设计和工作分析，制定出合理的部门职责规范和岗位工作规范，使组织架构趋于合理，职责划分更加科学。这样，各岗位的任职人员就能按照清晰的职责要求，在自己的岗位上符合职责要求地工作。

最后，要尽量克服归罪于外的心理。职责管理中的另一突出问题是归罪于外。岗位间、部门间的彼此扯皮，最终常常以公司没有明确界定职责为借口而收场。因此，公司要将职责划分清楚，这样大家就不会扯皮，就能在各自的领域很好地履行自己的职责。企业管理者在解决职责管理过程中的问题时，需要各位经理人勇于承担对员工和部门管理的职责，防止冲突和矛盾的发生。

第三节　企业人事行政管理的程序

一、组织架构规划

组织架构与执掌是企业运作的基本，身为经营者必须花心思进行规划设计，依据企业短、中、长期的经营目标，规划设计组织架构，以实现人力资源管理的重要精神——因事设人的原则。

二、进行工作分析

有组织之后，再根据企业需求设定职位数，才能达到因事设人，而不是因人设事的效果。

三、建立职位说明书

企业必须针对职位的性质与工作内容详细地建立职位说明书，表明职位的工作内容与工作重点。

四、设定工作规范

有了职位说明书，管理者就可依此为标准，规划出胜任此项工作职位的资历条件及人格特质要求。

五、配置人力资源

在上述程序完成后，便可开始将企业现有人力依其特质、经历或具备的资历等，一一安排至其最胜任的工作岗位。在人力配置中，人才库建设是非常重要的一个环节，企业应建立自己的人才储备库，以备不时之需。

第四节 企业人事行政管理的创新

现代企业人事管理流程复杂，用工渠道和形式也出现多元化的特征。不同身份、性格的人员会形成特殊的工作环境，因此要不断地完善人事管理体系，用制度创建出良好和谐的工作环境。

一、促进企业人事管理的优化和创新

随着社会经济的快速发展，现代化人事管理和人力资源管理开始重合，并且已经逐渐地渗透到企业管理的各个环节之中。企业要想实现可持续发展战略，就要积极创新人事管理模式，促使人事管理向人力资源管理升级，为后续的工作开展打下坚实的基础。企业管理人员要认识到人事管理的重要性和必要性，强调人事管理和人力资源管理的区别，保证人事管理工作可以落到实处，定期地进行人事管理知识的培训。企业人事管理人员应积极学习其他企业的成功经验，充分掌握现代化人事管理的知识和技能。企业应逐步提升企业人事管理人员的综合素养，打造一支高水平、高素质的管理队伍。同时，在人事管理向人力资源管理升级的过程中，企业人事管理人员要充分发挥自身的工作优势，为企业可持续发展目标的实现不懈努力。

二、创新企业人事管理制度

企业在健全人事管理的过程中，要制定完善的用人制度，逐步提升人员的职业素养和道德素养，保证企业经营管理效率的稳步提升，为人事管理向人力资源管理升级打下坚实的基础。企业在人事管理制度创新的过程中，需要打破传统思维对于工作的限制，形成符合企业自身发展需求的管理体系，运用完善的人事管理制度，积极地学习和借鉴其他企业人力资源管理经验，吸引更多的专业性人才参与到企业的人事管理工作之中。另外，要建立科学、高效的评价体系，为后续的工作提供便利。企业的薪酬管理是激发员工工作热情的有效措施，也是企业人事管理的重要组成部分。要结合企业发展的实际情况，制定合理的薪酬绩效评价制度。运用科学的评价和考核手段，逐步实现企业管理效率

的提升。总之，现代企业人事管理要向人力资源管理转化，建立科学的人事管理制度，为企业可持续发展目标的实现提供保障。

三、提升人事管理效率

现阶段的人事管理过程，包含招聘、录用、调整等不同的职能。这些职能之间存在必然的联系，对于提升人事管理效率都有着重要价值。但是因为大部分企业重视招聘环节，对于后续的考查、培养等工作的引导不足，没有发挥出人事管理在企业管理中的引领作用，企业的管理层也不重视人事工作的开展，严重阻碍了人事管理工作的效能发挥。在知识经济的时代背景之下，人事管理模式要进行不断创新，积极地优化人事管理的内容，有效地展现出各个职能的特点。另外，要完善人事管理体系，进一步提升人事管理的质量和效率。制定出可持续发展的战略性方案，将人事管理工作的侧重点放在人员素质提升的层面上。

人事管理效率的提升可以从以下几点做起：首先，加大对人员的管理培训力度。企业的管理内容繁琐、复杂，对人员素质的要求在不断提升。因此人事管理人员要积极和各个部门人员进行沟通交流，制订出完善详细的培训计划，确保培训工作落到实处，为后续工作的开展打下基础。其次，加强企业的档案、合同的管理。企业要重视档案管理工作，要严格地执行人事档案整理的规范。对于合同进行及时的续签和报送，从工作流程的层面保证人事管理的质量。最后，加强业务服务。要做好员工公积金等业务的办理工作，了解员工的最新动态，并做好相关政策的传达解释工作。

综上所述，企业人事管理制度创新与可持续发展改革是非常必要的。人事管理对于企业的可持续发展目标的影响是非常明显的，是企业健康发展的战略资源。企业要强调人事管理工作创新的必要性和重要性，为人员提供更多展现自身才华的机会，进而为企业创造更多的价值。企业要全面认识到人事管理中出现的问题，不断地进行管理模式的优化和创新，完善招聘机制，加大对员工的培训力度，提高企业人事管理的效率。

※ 小　结

企业人事行政管理是指通过对公司的人才招聘、任用、奖惩等所进行的计划、组织和协调活动。企业的人事行政管理是企业管理的一个重要组成部分。完善企业人事行政管理的职能体系，实现科学的企业人事行政管理是企业能够可持续发展的重要因素，是企业健康发展的战略资源。

※ 关键概念

企业人事行政管理　企业人事行政管理的职能　企业人事行政管理的程序　企业人事行政管理的创新　利益诱导　行政监督　绩效评估　岗位责任制　以人为本　可持续发展　战略资源

※ 思考与练习

（1）企业人事行政管理的基本内容是什么?

（2）员工的招聘和使用应坚持什么原则?

（3）在企业内部人事行政管理中，怎样才能做到公开与公平竞争?

（4）企业人事行政管理的目标是什么?怎样才能激发员工的积极性?

【案例分析】

管理不靠“盯”，潜力不必“逼”!

美国著名管理学教授斯蒂芬·罗宾斯的著作《管理学》，被美国800多所大学和学院选作教材，是公认的优秀管理学教科书。书中对管理给出的定义是“协调和监管他人的工作活动，从而使他们有效率、有效果地完成工作”。

效率和效果对于最终的工作目标都必不可少。效率指代的是做事的方式，有效率通常是“正确地做事”；而效果则是指代结果，有效果即“做正确的事”。两者是相辅相成的关系，良好的管理通常既是高效率的也是高效果的，这对企业来说至关重要。

美国人力资源管理领域备受欢迎的职场社区Glassdoor[①]，有一个关于雇主

① Glassdoor是美国的一家做企业点评与职位搜索的职场社区。在Glassdoor上可匿名点评公司，包括其工资待遇、职场环境、面试问题等信息。

测评的栏目，是让公司的在职员工或者曾就职某公司的员工评价该公司。

艾略特·扎格曼曾通过至少30份Glassdoor报告样本分析了中国主要科技企业在人力资源管理中的表现，发现存在一些问题，比如一些中高层管理者对下属缺乏尊重，在运营上的低效率和管理流程上的繁复都受到员工指责等。当然，这里仅仅只是指出这些大公司存在的缺点，而这些问题也不仅仅是中国企业独有的。

作为资金实力与科技水平已经逐步追赶上的中国企业，未来面临的一大问题就是如何进一步做好人力资源的管理。因为各种研究表明，人力资源管理是竞争优势的重要来源之一，而且企业对待员工的方式会对公司绩效产生显著影响。罗宾斯在书中援引的一项国外研究提到，人力资源管理的重大改善可以将企业市场价值提升30%之多。

以前，一家企业吸引人才可能主要是靠高薪酬，然而现在，高薪酬已经不是优秀人才选择一家公司的主要原因了，他会对企业文化、公司管理，以及个人价值等做出非常个性化的权衡。那种在管理上“死盯”员工和以“逼迫”形式激发潜力在传统企业过去的发展过程中也许发挥了应有的历史作用，但是并不代表这就是好的管理方式。这只是中国现代企业成长过程中的阶段性措施，而类似“制度绝情，管理无情，执行合情”这样的理念更不会是未来的人事管理的趋势。

罗宾斯根据研究总结出那些高效率和高效果的管理都有以下共同点：

（1）向员工授予更多的决策自主权；

（2）基于开发知识、技能和能力的培训计划；

（3）自我管理的团队；

（4）开放式沟通；

（5）灵活的工作任务分配；

（6）提高员工的知情权；

（7）广泛的员工参与；

（8）基于人员与岗位相匹配及人员与组织相匹配的员工定岗。

从以上八点可发现，几乎每条都体现了以人为本的思想，没有一点带有以往约束式管理的色彩。光辉合益（Korn Ferry Hay Group）中国区高级合伙人岑颖寅在近期接受《世界经理人》的采访中也提到，企业未来在人力资源管理上最重要的是以人性为出发点去管理，注重员工的潜能开发，而并非以往那种一味强调规章流程的管理。未来的企业管理将从约束型管理模式往自由、开放、激发人性的方向转变。

回到罗宾斯关于管理的定义来说，就是有监管，但是监管不是目的，也不是主要的管理方式；关键是协调，且注重的是激发员工的自我驱动力，强调个人价值观与企业文化的契合，找到企业与个人的双赢方式。

此外，在岑颖寅看来，现在企业的发展节奏与以往不可同日而语，企业关键是要搭建起一个人才平台，双方只要在某些理念上能够契合，即便是阶段性契合，那就可以在同一个平台上共事一段时间，员工在这段时间能够最大化地激发潜能，将员工的个性化动力融合进平台形成一个合力，成为推动企业向前发展的一股力量，这其实已经是一件很完美的事情。

这样的管理强在哪？一是创造力不像以往一样仅仅是来自企业中的那些关键成员，而是来自团队中的所有成员；二是员工与企业能够形成一个真正的利益共同体，企业的发展和进步同时推动员工个人价值的实现。这两点正是新商业时代对中国企业人事管理变革的要求。

资料来源：管理不靠“盯”，潜力不必“逼”！(2017-07-11)[2022-03-13]，http://www.ceconline.com/leadership/ma/8800087955/01/，有改动。

请结合案例思考：

（1）“效率”与“效果”之间的关系。

（2）谈谈你对文中划线语句的理解。

※ 推荐阅读

1. 马军，钟新霞. 人力资源法律管理6. 薪酬福利与绩效管理[M]. 北京：中信出版社，2015.

2. 约瑟夫·马尔托奇奥. 战略性薪酬管理[M]. 刘昕，译. 北京：中国人民大学出版社,2015.

3. 朱瑜. 企业薪资福利设计指引:学习型组织赢得竞争优势的行动方案[M]. 广州:广东经济出版社,2003.

4. 王志刚. 现代企业薪酬福利设计及应用[M]. 广州:广州音像出版社,2004.

5. 罗建华,游金梅. 企业行政管理[M]. 北京:机械工业出版社,2006.

第八章　企业后勤服务管理

内容结构：

- 企业后勤服务管理
  - 企业后勤保障
    - 企业后勤保障概述
    - 企业后勤保障的功能
    - 企业后勤保障的主要内容
    - 企业后勤保障中的常见问题及解决思路
  - 企业后勤服务
    - 企业后勤服务概述
    - 企业后勤服务的功能
    - 企业后勤服务的主要内容
    - 企业后勤服务中的常见问题及解决思路
  - 企业车辆管理
    - 企业车辆管理的内容
    - 企业车辆管理中的常见问题
    - 企业车辆管理的措施
    - 企业车辆管理模式创新策略

内容提要：本章主要介绍企业后勤保障、企业后勤服务、企业车辆管理的内涵、功能及其管理内容；提炼企业后勤服务管理的基本原理和方法；提出企业后勤服务知识的整体框架，探讨提高后勤管理与后勤服务工作效率的方法。

【引导案例】

后勤管理的力量

美国零售商目睹了前所未见的十年变化。过去十年，新零售场所不断涌现，前五十大零售商扩大经营面积55%。不仅新开了更多商店，而且许多商店还提供同类的产品。同一品牌的牙膏在便利店、杂货店、药店、超市、折扣店和货仓商场都可以买到。牛仔裤在折扣商、货仓商场、百货商店、批发商店、专卖店和其他店铺都有出售。如此多的消费选择给零售商以巨大压力，许多以前的行业龙头商店今天却在严峻的环境中挣扎。

许多有名的低价零售商在后勤技术上获得了财务方面的成功，因而声名鹊起。以沃尔玛为例，它与折扣商店Kmart出售类似的产品，有时是同一种产品。但沃尔玛产生约18%的非产品经营成本，而Kmart是24%。是什么造成这种差距呢？很大程度上是因为沃尔玛具有利用其成熟的后勤信息系统给顾客想要产品的能力，以及使产品以最低成本从供应商抵达商店货架的产品流程。迅速补货，消灭滞销的商品，成功推广也是沃尔玛显著的销售优势。沃尔玛折扣店每平方英尺（1英尺≈0.305米）的销售额是Kmart的两倍。不仅折扣店用后勤作为竞争武器，有规模的高档时装零售商亦然。一些欧洲鞋店过去常常在季节开始前，大批量、低成本地生产展览的全部时装（大部分在远东生产）。可以预料，一些款式流行，可以迅速卖光，而另一些款式则需要削价出售。为了避免这两种情况发生，零售商现在只生产六成至七成产品，然后跟踪初期的销售情况，起用快速反应的欧洲制造商，生产较小批量的畅销产品。尽管成本较高，但快速反应后勤增加了销售量，减少了降价处理的情况，从而大大提高了整体利润。

各行各业的零售商领悟到了后勤的力量，认识到了后勤的含义不啻运输和配货。如果没有良好的销售信息和对消费者需求的洞察力，最好的配货中心和运输能力都可能会在错误的时间将错误的商品送到错误的地方。因此，有效的后勤管理需要有效率的信息系统，以及良好的运输、配货中心和店铺管理能力。

资料来源：零售商的后勤系统管理，(2012-01-25)[2022-03-13]，http://www.doc88.com/p-903997430168.html，有改动。

第一节　企业后勤保障

后勤保障的原意是军队组织实施物资经费供应、医疗救护、装备维修、交通运输等各项专业勤务保障的总称。随着科学技术和现代工业的快速发展，武器装备的科研和生产能力不断提高。各种先进武器的不断出现，使战争的规模扩大，战场更广阔，物资消耗增大，装备损坏率与人员伤亡率提高。因此，战争对后勤的依赖性越来越大，后勤保障越来越成为影响军队战斗力的重要因素。

一、企业后勤保障概述

由于后勤在现实社会生活中起着非常重要的作用，“后勤”一词的含义逐步扩大，并已被广泛使用，人们把不直接从事生产、经营、文教、科研等活动的部门和工作称为后勤。“机关后勤”“企业后勤”“学校后勤”“科研后勤”等提法纷纷出现。后勤已成为服务性部门和职业的代名词。但毋庸置疑的是，“后勤”一词的第一义项，是军事概念和军事术语。这是因为后勤的概念来源于战争，其后随军事理论的发展而发展。

纵观世界军事后勤的历史和现状，对于后勤的理解至少应包括以下内容：

（1）人员、物资（包括财力）、设施构成后勤的本体；

（2）补给、运输、维修、卫生勤务及其他勤务是后勤职能的表现；

（3）组织、计划、协调、执行、监督构成后勤的工作过程；

（4）国民经济是后勤的基础，国民经济与后勤是一种源和流的关系。

只有从上述几个方面及其相互关系结合来理解后勤的本质意义，才能把握后勤这一概念的准确内涵和外延。“任何理论首先必须澄清杂乱的、可以说是混淆不清的概念和观念。只有对名称和概念有了共同的理解，才可能清楚而顺利地研究问题，才能同读者常常站在同一立足点上。如果不精确地确定它们的概念，就不可能透彻地理解它们的内在规律和相互关系。”这是克劳塞维茨在《战争论》开篇写下的一段话。

关于后勤的概念，无论是在过去还是现在，无论在中国还是外国，人们都能有一个大体相通的共识，这是人们进行社会交流的首要前提。但是，我们还必须看到这种“大体相通的共识”的内部还有许多差异，有些甚至是严重的分歧。因此，对概念做出准确的解释是进行学术研究的一项经常性课题。

自从“后勤”一词（包括其他语言中的对应词语）被赋予现代含义以来，学界一直在推敲它的定义，但至今仍有争论，尚未找到一个相对能为大多数人所认可的说法。这主要是因为，人们对“后勤”一词的使用还不够确定，对后勤本质属性的看法还不够一致。在“后勤”一词的使用方面，不规范的简化用法和随意的口语用法较多，因而显得含义广泛而理解起来常生歧义。

在对后勤本质属性的认识方面，目前主要有以下三种观点：

（1）后勤是一种工作（或活动）；

（2）后勤是一个组织（或机构）；

（3）后勤是工作和组织的统称。

综上所述，企业后勤保障可以理解为企业组织实施物资经费供应、医疗救护、设备维修、交通运输、房产设施等各项专业勤务保障的总称。企业后勤保障主要包括经费、医疗、设备、交通、房产五个方面。后勤保障解决了企业运作最基本的问题，没有后勤保障，企业是没有办法生存和发展的。

二、企业后勤保障的功能

企业的飞速发展要求有全方位、高标准、低成本、高效率的后勤做保障，也就是企业后勤在经营服务的过程中要处理好市场规律与职工利益的关系，既要遵循市场的原则，又要充分体现“服务职工”的理念。这就决定了企业后勤必须努力创新经营机制，不断拓宽服务市场，最大限度地降低成本来提高企业后勤的竞争能力和服务水平。

一般来说，企业后勤保障有以下几种功能。

1.企业后勤保障工作具有广泛的支持功能

企业是综合性机构，担负着日常的业务和行政工作，而要搞好内容繁杂、头绪众多的政务及行政工作，就要依靠后勤环节提供各种各样的服务。这种后勤保障工作，明显具有服务性、广泛性和多功能性。取消了后勤保障工作，企业的工作人员将失去良好的工作场所和工作环境。

2.企业后勤保障工作具有明显的实用功能

企业后勤保障工作的各项内容都是具体的，既看得见，又摸得着，一旦完成，就能表现出明显的实用性。

3.企业后勤保障工作具有先行性

只有后勤保障部门为整个企业提前准备好配套的办公和生活服务设施，并提供良好的服务，企业工作才能顺利走上正轨，确保高质量、高效率运转。后勤保障工作一旦失去提前性或先行性，势必会拖整个企业工作的后腿。

4.企业后勤保障工作具有不可替代性

有的人看不起后勤保障工作，认为它可有可无。其实不然，正是后勤保障工作支撑和维持着企业的正常运转。上至领导，下至普通员工，谁也离不了后勤服务工作，其他任何工作都无法替代它。

三、企业后勤保障的主要内容

一般来说，企业后勤保障的主要内容包括如下几个方面。

1.房产管理

目前，许多机关和企业的办公用房及生活用房普遍存在紧缺、拥挤的问题。因此，房产管理是企业后勤保障工作中的一项十分艰巨的任务。其具体工作如下。

（1）基本建设。企业的房管、行政部门或基建科、办，应根据企业需要和投资能力，认真制定基建规划和方案，报请本部门、本单位领导审定，按照程序做好设计、立项、筹办投资、报批，以及施工、验收等各环节工作。

（2）房产的使用。经验收合格或经调整后腾出的办公或生活用房，要根据工作和生活需要统筹安排使用，最大限度地发挥房产的功能作用。

（3）房产的维修。无论是办公用房还是生活用房，都要经常进行维修，以保证正常和必要的办公、生活条件，使员工消除后顾之忧，全身心地投入工作。

（4）水、电及供暖设施的管理。这是房产管理不可缺少的一个重要环节。后勤部门要协调好供电、供水、供暖等设施的保养、维修，及时消除隐患，确保办公和生活需求。

（5）费用管理。严格区分公共消费和私人消费的界限，按照国家规定明确费用收缴关系。如电费、水费、取暖费等生活费用应由最终用户向公用事业单位缴纳。

2.办公用品管理

办公用品是企业工作人员的工具。如果失去适用而必要的办公用品，就会给工作带来很大的不便，甚至无法工作。因此，根据后勤工作先行性的特点，后勤保障有关环节人员应事先准备好应有的办公用品并认真管理，保证员工的需求及时得到满足。

3.车辆管理

合理、安全、科学地管好车、用好车是各项工作能够正常开展的重要条件。各类企业都拥有一定数量和类型的工作与生活用车。厂矿企业除工作、生活用车外，还配备了各种生产用车。一般情况下，大中型企业都设有汽车班或物流部、物流公司，作为最直接的车辆管理单位，承担日常服务和运输任务，而主管汽车班的则是企业的后勤部门。有些部门或单位车辆较少，车管人员和司机编制都一并划入后勤部，由后勤部直接管理。车辆管理的主要内容有车辆的配备定编，购置更新车辆，值班调度，车辆的维修及保养，司机的教育管理等。

4.财务管理

企业本身的财务管理，一般由企业的财务部门承担。财务管理要为实现企业目标服务，其目标任务可以概括为以下四个方面。

（1）合理安排财务收支，使企业保持较强的支付能力。如果企业长期亏损或收不抵支，不能偿还到期债务，就无法维持企业的基本生存。

（2）以较低的资金成本和较小的筹资风险为企业发展筹集到所需的资金。市场经济如逆水行舟，不进则退，企业只有不断发展，才能保持旺盛的生命力，避免在市场竞争中被淘汰。因此，企业需要不断筹集资金，改进设备，改善产品质量，提高市场竞争能力。

（3）合理利用资金，选择最佳的资金投向，加速资金周转，不断提高资金的利用效果，以尽可能少的资金投入取得最大的经营成果。

（4）合理确定利润分配比例和分配形式，提高企业的赢利能力，提升企业的总体价值。利润分配政策不仅关系到各投资主体的经济利益，而且直接影响到企业的现金流出量和企业的财务实力。如果分配给投资者的利润过高，虽然会提高企业即期的市场评价，但会减少企业的发展资金，有可能影响企业未来的赢利能力和市场价值。因此，财务管理人员需要根据企业目前状况和发展战略对利润进行合理的分配。

5.企业环境管理

企业环境管理必须同经济计划管理紧密地结合起来。生产中排出过多的废气、废液、废渣，从某种意义上说是由于资源、能源综合利用率低及原材料消耗过多而造成的。因此，企业环境管理必须同自然资源的开发、利用、保护、生态平衡结合起来，同节能降耗、绿色经济、低碳生活结合起来。

企业环境管理的内容主要包括以下三个方面。

（1）环境计划的管理。环境计划包括工业交通污染防治计划、城市污染控制计划、流域污染控制计划、自然环境保护计划，以及环境科学技术发展计划、宣传教育计划等，还包括在调查、评价特定区域的环境状况的基础上综合制订的区域环境计划。

（2）环境质量的管理。主要包括组织制定各种环境质量标准、各类污染物排放标准，组织调查、监测和评价环境质量状况，以及预测环境质量变化的趋势等。

（3）环境技术的管理。主要包括确定环境污染和破坏的防治技术及政策，确定环境科学技术发展方向，组织环境保护的技术咨询和情报服务，以及组织国内和国际的环境科学技术合作与交流等。

企业环境管理的手段主要有以下五种。

（1）行政干预是环境保护部门经常、大量采用的手段。主要包括研究制定环境政策，组织制订和检查环境计划；运用行政权力，将某些地域划为自然保护区、重点治理区、环境保护特区；对某些环境危害严重的工业、交通企业要求限期治理，乃至勒令停产、转产或搬迁；采取行政制约手段，如审批环境影响报告书，发放与环境保护有关的各种许可证等；对重点城市、地区、水域的污染防治工作给予必要的资金或技术支持。

（2）法律手段是环境管理的强制性措施。按照环境法规、环境标准来处理环境污染和破坏问题，对违反环境法规，污染和破坏环境，危害人民健康和财产的单位或个人给予批评、警告、罚款或责令其赔偿损失；协助和配合司法机关对违反环境保护法的犯罪行为进行斗争等。

（3）经济手段是环境管理中的一种重要措施。对积极防治环境污染而在经济上有困难的企业单位给予资金援助；对排放污染物超过国家规定标准的单位，按照污染物的种类、数量和浓度征收排污费；对违反规定造成严重污染的单位或个人处以罚款；对排放污染物损害人民健康或造成财产损失的排污单位责令其对受害者赔偿损失；对利用废弃物进行无害生产的产品给予减免税收或其他政策上的优待；对利用废弃物作为生产原料的企业不征收原料费。此外，还有推行开发、利用自然资源的征税制度等。

（4）环境教育是环境管理不可缺少的手段。主要是利用书报、期刊、电影、广播、电视、展览会、报告会、专题讲座等多种形式，向公众传播环境科学知识，宣传环境保护的意义以及国家有关环境保护和防治污染的方针、政策、法令等等。在高等院校、科研单位培养环境管理人才和环境科学专门人才，在中小学进行环境科学知识教育，对各级环境管理部门的在职干部进行培训。

（5）技术手段种类很多，如推广和采用无污染工艺和少污染工艺，因地制宜地采取综合治理和区域治理技术，登记、评价、控制有毒化学品的生产、进口和使用，交流国内外有关环境保护的科学技术信息，组织推广卓有成效的管理经验和环境科学技术成果，开展国际环境科学技术合作等。

四、企业后勤保障中的常见问题及解决思路

当今时代是经济飞速发展的时代，企业在持续深入改革的形势下，后勤保障部门存在体制落后、机制不灵活的情况，而且企业广大干部职工的思想观念、理念滞后，使得后勤保障服务难以得到本质的提高。后勤保障工作，应坚持“以人为本”，积极开展并加强思想政治工作，以此树立起企业的全新形象，实现企业的可持续发展。后勤保障工作繁杂琐碎、千头万绪，涉及企业行政日常管理和后勤服务，如物业管理、安全保卫、食堂管理、车辆管理、办公耗材补给，以及对外接待工作等等。它具有复杂性、变化性、日常性等特点，这就为后勤管理工作增加了难度。

1.常见问题

（1）人员众多、素质较低，人员成本高。由于我国后勤事业发展滞后，种

种原因使得后勤员工队伍的专业知识和文化素质普遍偏低，商品、服务观念淡薄，如何提高职工队伍的整体素质是一个不容忽视的重要问题。

（2）职工的观念转变速度滞后，有偿服务难以全方位实施。如何使有偿服务规范化，解决好服务价值的量化问题并理顺服务价值观念，使之合理化、科学化，还有待进一步探索。职工的服务价值观念必须有一个根本性转变，而这些都需要时间，要在探索中不断完善。

（3）管理不规范。现实的企业管理工作中存在一些不客观、不符合实际情况的问题，甚至有些制度缺乏可操作性，从而影响到企业的生存和发展。主要有三点问题：一是后勤管理人员的礼仪不规范，礼仪包括服务人员的仪表、语言、行业形象等；二是后勤保障管理工作宣传不到位；三是后勤服务人员的个性化意识不强，对待服务对象不够热情。

（4）权责不明。这是影响企业发展的主要障碍。各岗位之间权责不明，会造成工作效率低下，工作中出现不衔接甚至断链的行为，工作流程不畅，使一些工作不能正常、快速、有序地开展。

（5）基础薄弱，正常运行困难。例如生活区绿化、防盗等一系列问题引起的安全隐患等。

（6）缺乏专业的管理人员。由于企业从业人员相对缺乏后勤管理所需要的专业技能，缺乏系统的理论知识，而企业领导者对后勤管理也不够重视，一些在别的部门无法胜任工作的员工往往被安排去做后勤工作，结果造成后勤管理缺少专业的管理人员，影响后勤管理的效果。

上述这些问题都是影响企业发展的重要原因，必须引起重视。

2.解决思路

（1）明晰权责关系。规范各部门的职责，做到“人人有事做，事事有人管”。建立凡事有人负责、凡事有章可循、凡事有据可查、凡事有人监督的机制。

（2）建立健全规章制度。一个成功的企业一定要有一套科学、合理、适应本企业特色的规章制度，用制度管人、约束人。要打造企业品牌，必须以健全的规章制度作为保障。

（3）提高员工整体素质。只有提高员工整体素质，才能形成优秀的团队。

首先，要进行内部培训，经常开展业务知识、专业知识、服务技能的学习活动，提高员工的业务水平和服务意识。其次，要从专业的人才公司请专业知识渊博、实践经验丰富的专家介绍其经验。最后，要引进人才。企业应引进一些专业知识丰富的优秀人才为企业注入新鲜活力和创新力，促进企业的发展和品牌的树立。

（4）兑现承诺，赢得客户的认可。优质的服务是后勤保障应有的承诺，一般来说要具备三个条件：一是要有正确的服务理念；二是要有一支过硬的专业人才队伍；三是要有精良的技术。

尽管在后勤保障中会遇到困难，但只要发现问题、解决问题、抓住机遇，后勤保障是可以得到有效保证的。

第二节　企业后勤服务

一、企业后勤服务概述

企业后勤服务与后勤保障是有区别的。企业后勤保障可以理解为企业组织实施物资经费供应、医疗救护、设备维修、交通运输等各项专业勤务保障的总称，主要包括经费、医疗、设备、交通、房产五个方面。这些都是保证企业正常运行、完成生产服务任务的前提。企业后勤服务不同于企业后勤保障，它主要是为企业职工自身服务的，是辅助生产的，如食堂、浴室、托儿所、医务室等。企业办社会是指企业办的学校、医院、公安机构等。不管企业办的是社会职能部门还是其本身的生活后勤机构，都是在特定的历史条件下形成并沿袭下来的。分离企业办社会职能是相对于战争年代和计划经济体制下依附于企业的自我封闭的体系而言的。因此，通常人们说分离企业后勤职能就是指企业后勤服务工作的社会化，而社会化也就是后勤服务的商品化、市场化。后勤服务的社会化包含两层意思：一是企业后勤服务部门由对本企业的无偿服务转变为互利互惠的有偿服务，同时将自己的服务产品推向市场，对社会开展经营服务，成为独立核算的经济实体，从而适应建立现代企业制度和减轻企业负担的需要；二是企业后勤服务的需求要通过市场获得满足，即以市场为取向，按“优胜劣汰”的原则，自由地选择服务单位和服务产品，从而使企业后勤服务部门走进和融入统一的、开放的、充满竞争活力的社会服务市场，并使自身获得发展壮大。

企业后勤服务是指以保证企业自身员工的正常生活需要和辅助企业生产经营活动的正常开展为目的，有一定的设备设施条件的专业后勤服务机构提供的服务及过程。

实现企业后勤服务的不断发展，必须具备以下三个条件：第一，当地生产力水平要有大幅度的提高，市场经济较为发达。第二，第三产业普遍兴起，社会分工较细，社会有条件并有能力为各单位提供优质、高效的生活服务。第三，国民经济比较发达，国民收入显著增加，整个社会拥有雄厚的物质基础，广大民众拥有较为充裕的消费能力和消费条件。

二、企业后勤服务的功能

企业后勤是企业赖以存在的客观物质基础和必要条件，具有先行性、基础性、保障性和配套性的特点。企业后勤覆盖面大，对企业各方面的工作都会产生不同程度的影响，具有多方位、多层次的功能。企业后勤服务的功能可以归结为两大基本功能，即社会性功能和经济性功能。

1.企业后勤服务的社会性功能

这是由社会分工所决定的，体现后勤在社会生活中的职能和作用。

（1）企业后勤服务是企业工作和生活的保障力量，不仅为企业提供后勤服务、保障供给，而且可以满足企业成员在企业中的基本生活需求。

（2）企业后勤服务是企业运作的基本力量，具有维护企业稳定的重要功能。企业是社会经济活动的基本单元，企业成员是社会活动的主要群体，因而，企业的稳定在社会稳定中具有特别重要的作用。

（3）企业后勤服务是企业发展的基础，具有促进经济健康发展的功能。一方面，企业后勤服务直接关系到企业工作的各个方面，直接影响着企业本身在社会进步中的作用，这也是其社会性功能的一种体现；另一方面，企业后勤服务本身就是社会第三产业的重要组成部分，企业后勤服务不仅直接反映社会的生产力水平，而且反映社会的生产关系，是社会生产方式在特定领域的体现。

2.企业后勤服务的经济性功能

这是由企业后勤服务的经济属性所决定的，体现了企业后勤服务在社会经济活动中的职能和作用。

（1）企业后勤服务是一个巨大的投资市场和消费市场，对扩大内需和促进经济增长具有积极的作用。改革开放以来，随着社会经济的快速发展，我国各类企业也实现了跨越式发展，而随着经济的不断发展，企业规模不断提高，也直接带来了企业后勤服务规模的增长和后勤服务资源总量的扩张。

（2）企业后勤服务经济组织是社会经济生活中的新生力量，对促进区域经济的发展具有重要作用。随着企业后勤服务社会化改革的深入，我国企业后勤组织已经从过去单纯的行政组织转变为新型的经济组织，不仅承担了企业内部后勤服务的经营活动，有效地促进了企业后勤服务市场的培育和完善，而且利用其自身的优势和特点，积极开展面向社会的经营活动，为发展社会第三产业发挥了积极作用。

（3）企业后勤服务部门的经营活动为企业开辟了新的经济来源。在社会主义市场经济条件下，企业后勤服务逐步摆脱了过去全靠企业投入的局面，后勤经济组织通过微利服务和有偿服务等经营活动，实现了自负盈亏和自我发展，大大减轻了企业的经济负担，也为企业开辟了广阔的经济来源。

三、企业后勤服务的主要内容

企业后勤服务的主要内容包括以下几个方面。

1.生活服务

生活服务具有较强的通用性。在市场经济条件下，企业本身的生活服务工作应交由专业的后勤服务企业承担。

2.物资补给

企业后勤部门应充分依托社会商业网的优势条件，尽可能就近就便筹措物资，以减少储运环节，提高企业物资供应的效率和效益。

3.企业化设备维修

一般来说，专业的维修公司专业技术力量雄厚、水平较高，企业本身没有必要维持庞大的技术力量队伍以承担所有设备的维修任务。专业的后勤服务企业既可制造装备，也能维修装备。因此，设备维修应当越来越多地依靠专业的后勤服务企业。

4. 医疗卫生保障

企业应尽可能充分利用社会强大的医疗卫生力量保障企业成员所需，尤其是高危行业。

5. 住房保障

在企业住房保障方面，也要重视利用外部力量。一般可以采取两种措施：一是使用住房津贴租用民房，二是利用企业本身资源建设住房。

6. 后勤人才培养

要一直将后勤人才的培养工作纳入企业战略之中，实现教育培养体制与战略的融合，提高培养质量，增强企业后勤人才培养的效果。

四、企业后勤服务中的常见问题及解决思路

1. 常见问题

（1）后勤服务项目的立项选择。由于后勤服务资金的限制，在服务项目的选择上不可能做到有求必应，必须有选择性地立项、审批和施工。

（2）服务项目的时间、质量、经费控制。后勤服务存在单项工程量及维修金额较小的特点，使得后勤服务的管理无法像大型新建工程一样采用委托监理的方式进行质量管理。

（3）服务意识差，缺乏服务意识和综合效益意识。

（4）企业改制过程中，会出现一些错误的倾向：一是既然后勤部门走向市场，实行企业化管理，就必须注重经济效益，经济效益高于一切；二是不能妥善处理好后勤实体与为职工服务之间的经济关系和服务关系，不能坚持社会效益与经济效益并重的原则，因此造成后勤实体在收费成本管理上的问题，影响后勤社会化改革的健康发展。

（5）资源消耗浪费严重，单位对后勤服务的宏观调控缺乏科学的技术参数和可靠的计量依据。

（6）服务工作没有确立明确的目标。目标的确立应既有超前性又有实现的可能性。若目标定得太高，计划的立项、资金、人工缺口较大，则实施环节无

法顺利完成，计划目标必成空谈；若目标定得太低，则毫无激励因素，不能满足企业发展的需要，易造成表面节约、实则浪费的后果。

（7）管理人员的业务素质不高。

2.解决思路

（1）围绕中心工作，提升服务意识。企业后勤服务要围绕企业发展这个中心工作，牢固树立服务意识，强化服务质量意识，提高服务标准。同时，还要有服务效率意识，不断增强事业心、责任感。

（2）创新工作思路，提高服务水平。企业后勤服务，要围绕企业目标任务，落实领导决策，服务企业及员工，必须要创新工作思路，改变过去传统的直线思维，利用流程再造思维，把服务模式由串联形式改为并联形式，全面提高服务水平。

（3）强化工作能力，提高综合素质。后勤服务工作从业人员，要不断学习业务知识，必须熟练掌握后勤服务的工作流程与工作内容，根据服务的内容和工作的对象，提前应对，不断提升基本工作能力。在服务过程中要讲求沟通、协调，在诚信服务过程中正确处理人际关系，提升企业信誉与声誉。

（4）在强化科学决策上下功夫。决策的失误是最大的失误，计划的浪费是最大的浪费。科学决策是提高经费保障效益的前提和基础，是确保财力、物力合理投向和投量的重要环节，也是推进基层后勤建设可持续发展的前提。

（5）在强化制度落实上下功夫。后勤规范化管理，关键是要按制度规范、按法规管理。完善的制度不落实等于零，强化制度的落实要从抓基础、抓规范、抓监督、抓经常四个方面入手。

（6）在强化质量效益上下功夫。领导带头在强化质量效益上，在经费、物资、设施设备的合理使用上做表率。没有预算的项目坚决不批，没有开支来源的项目坚决不上，不搞“一招鲜”。不盲目投资上项目，按照优先保中心、优先保生活的原则，出实招、下准“药”。“廉生威，公生明”，领导要以此强化质量观念。

（7）在强化队伍建设上下功夫。要建立一支高素质的维修保障服务队伍。工程管理人员要爱岗敬业，在工作中不断提高业务水平和管理素质，严格把住质量关。搞好后勤服务固然离不开财、物等物质基础，但更离不开人的能动作用。只有强化以人为本，树立“人人是人才”的大人才观念，才能建设一支勤劳高效的后勤队伍，才能实现后勤服务的高质量、高效率。

第三节 企业车辆管理

企业车辆管理以安全行驶、服务生产为主要内容，对管理机制进行改革已成为当前企事业单位车辆管理的焦点。随着我国经济的快速发展，汽车已逐渐成为人们必不可少的交通工具，特别是对于拥有大量车辆的企业来说，车辆管理已成为日常事务中的一项重要工作。

一、企业车辆管理的内容

车辆是企业运输最主要、最基础的生产工具，是企业生存发展的命脉。随着人类社会的进步和生活水平的提高，道路运输市场的竞争愈来愈激烈，不仅要考虑为服务对象提供优质的服务，更要确保车辆运行安全。因此，加强车辆运行管理，保证车辆技术性能完好，确保车辆安全技术性能的可靠是车辆管理的关键。

企业车辆管理是对车辆及驾驶员的技术监督和安全管理，管理范围包括车辆日常管理、车辆保养、车辆维修，以及驾驶员的培训工作。

1.安全管理

车辆安全管理采用预防预控机制。

（1）做好对人（驾驶员）的预防预控工作。一是驾驶员必须具备高度的责任感和安全意识，把“安全第一、谨慎操作”的职业道德要求落实到具体行动中。二是驾驶员必须认真学习和严格遵守交通法规，事事处处、时时刻刻认真执行，使之成为安全行车的道德习惯。三是必须杜绝侥幸心理，严禁违章驾车和疲劳驾驶。四是必须定期进行安全教育学习，提高安全意识，增强季节性行车安全常识。

（2）做好对车的预防预控工作。一是加强车辆机务管理，提高维修质量，确保车辆技术状况完好。二是车辆管理部门定期做好车辆的安全大检查工作，对车辆制动、转向、灯光、轮胎、传动，消防器材等技术性能进行检查，严格把关，发现问题立即处理，杜绝机械事故的发生。

2.车辆调派

（1）车辆调度顺序。车辆调度本着突发应急事件用车、领导公务用车、业务用车、其他用车的顺序进行调度。

（2）车辆调度程序：①用车人填写企业派车单，经车辆管理部门主管领导签字后，交到车辆管理员处。②车辆管理员根据用车情况做出调度，并把处理结果告知用车人。③车辆驾驶员根据派车单执行工作任务，如用车人提出变更、增加任务，驾驶员需及时向车辆管理员汇报，根据反馈结果执行任务，并在任务完成后补齐手续。④车辆使用完毕，用车人对行车时间、路线等进行确认，并在企业派车单上签名。

3.维修保养

（1）实行单车年度限额维修费用管理。根据公司每年度下达的维修费用指标，以及现有车辆行车里程、车辆状况、工作环境、车辆造价等因素确定年度维修费用指标。

（2）实行定点维修、保养。车辆维修由职能部门统一管理，维修、保养前驾驶员应填写《车辆维修审批单》，根据维修费用金额大小，采用相应审批流程。

（3）建立保养记录。职能部门不定期抽查车辆维修保养记录本，并将检查情况纳入各单位企业车辆考核。

（4）责任追究。因驾驶员使用不当或疏于保养，致使车辆损坏或机件故障，其所需维修费由驾驶员承担，同时追究当车司机责任，进行通报批评、罚款等，情节严重者解除劳动合同。

4.司机管理

驾驶员是车辆管理中最活跃的因素，抓好车辆管理，必须坚持“管车先管人”的原则。根据“不能衡量就不能管理”的理念，企业要将绩效评估理论引入车辆管理工作中。

（1）绩效考核内容。

绩效评估内容可概括为“1+2+1”考核模式，即一个结算核心、两项重点考核、一项对标管理。一个结算核心：驾驶员积分。企业通过对近年来出车地点进行统计分析，结合车辆使用情况，编制车辆里程定额，每次出车根据任务对出车的车辆驾驶员进行出车积分统计。为激发司机出车积极性，提高车辆有效利用率，设置待出车奖励积分制度，车辆驾驶员在值班期间未出车时，若到综合科做待出车登记，则在车辆调派时优先调派登记的车辆，并给予待出车积分奖励。两项重点考核：即车辆的月度修理费和百公里油耗指标考核。由职能部门统计车辆实际消耗，对比定额指标，实行“节奖超罚”。一项对标管理：对标考核项目包括油耗、修理费、故障率和车辆卫生。内部协商确定各项指标所占权重后，由车管员每月进行考核打分，对表现良好的驾驶员进行奖励。

（2）结果运用。

企业司机工资结算实行切块管理，对司机工资总额进行单独核算，核算结果与司机绩效评估结果挂钩。

二、企业车辆管理中的常见问题

有效使用车辆和安全运行，是企业车辆管理中需要重点关注的两个方面。在车辆有限的情况下，要灵活有效地进行车辆调配，并且在车辆运行的过程中保障车辆安全运行。

1.缺乏科学、统筹的车辆使用调配方案

不少企业缺乏有效的车辆使用调配方案，尤其是车辆使用频率较高的企业，如电力部门。对于供电企业来说，作为主要的服务企业，其电力服务水平的高低与后勤保障有着紧密的关系。比如，电力故障报修问题需要工程人员能及时赶到故障现场，并及时对故障进行查找。这些高效率的工作离不开车辆方面的保障。同时，电力事故存在不可预测性，即偶然性。一旦出现事故，车辆合理调配必然是保证电力服务的重点。由此可以看出，加强对供电企业车辆的合理调配，对提高供电企业的效率具有重要的现实价值。但是部分供电企业在车辆使用方面，没有任何的调度方案，完全是依靠个人的安排对供电企业内部的车辆进行管理。这种随意性的管理会导致需要车辆进行抢修时，不能及时对车辆进行调度。因此，从这个角度来说，加强制定科学的调配方案，成为提升供电企业车辆使用效率的重点。

2. 车辆私用现象严重

公车私用是一个较为常见的问题，在无形中增加了企业的成本。如部分办事人员以办公事为由，将公车私用，这种情况严重扰乱了对车辆的管理。因此，必须加强管控车辆，规避公车私用问题，实现管理上规范、高效、减负。

3. 信息化建设落后

信息技术的发展大大提高了企业的工作效率。因此，信息化成为现代社会的一个标志。在信息化的浪潮中，企业需要通过构建信息系统的方式，来提升车辆管理的效率。但是，目前部分企业针对公车管理的信息化系统设计还非常少，大部分还停留在理论研究中。同时，实际的操作层面，还停留在手工备案记录的阶段，这在一定程度上制约了企业对车辆的管理。

三、企业车辆管理的措施

1. 健全企业车辆管理规章制度

俗话说“不依规矩，不成方圆”，规章制度是企业实现规范化、程序化管理的重要方法。企业应根据运输行业特点，结合企业车辆运行状况，制定和完善车辆管理、安全运行、日常维护保养、维修，以及驾驶员管理方面的制度，使企业车辆管理有章可循，形成事前、事中、事后单位和个人自觉遵守、主动落实、齐抓共管的良好制度，从而降低运行车辆故障率和维修费用，确保车辆安全技术性能可靠，提高车辆使用效率。

2. 加强车辆技术档案管理

车辆技术档案是指车辆从新车购置到报废整个运行过程中记载车辆基本情况、主要性能、运行使用、检测、维修和机械事故等内容的车辆资料历史档案。车辆技术档案是掌握车辆技术状况，进行分析研究，及时采取技术措施的依据，是适时安排车辆维护和编制维保计划的基础。在日常车辆管理中，应从新车购置开始，建立一车一档，对所有与该车有关的车辆基本情况和主要性能、运行情况、使用情况、检测维修情况和发生事故处理情况及时进行整理归档的管理，并在每年年底制订该车下一年度的维保计划和相关措施。

3. 增强车辆运行的警觉性、预见性驾驶

第一，要加强督促考核。车辆管理人员要定期和不定期对车辆维护保养情况进行检查、督促与考核，督促驾驶员认真做好车辆日常维护保养，调动驾驶员维护保养车辆的自觉性和积极性。第二，定期进行车辆集中维护保养。车辆管理人员要充分发挥好专业技术人员的作用，定期对车辆进行检查，帮助驾驶员寻找一切可能存在的影响车辆本质安全的安全隐患，将隐患消灭在萌芽状态。第三，要加强日常车辆维护保养的追踪管理。车辆管理人员在日常车辆维护保养过程中，应加强对车辆维护保养情况的追踪，随时掌握车辆是否已到修理厂修理、修理的部位、修理的程度等，避免车辆维修单开出之后草草了事，确保车辆维修的受控。

4.认真落实车辆“以养代修，预知维修”的维修管理理念

近几年，随着车辆新技术的应用，车辆“以养代修，预知维修”的维修管理方式在运输行业中流行，即车辆在运行过程中应做到经常检查、定期保养，对问题早发现、早解决，从而达到“以保代养，以养代修”的目的，延长车辆使用寿命。主要做法有：

（1）认真落实车辆二级维护保养制。车辆二级维护保养能做到及时发现和消除车辆故障和隐患，保持车容整洁和车辆技术状况完好。在车辆二级维护保养时，驾驶员应全程参与，车辆管理人员也应督促考核驾驶员做到全程参与。一方面可以增强驾驶员对车辆维护知识的认识和对车辆技术状况的了解，提高驾驶员运行车辆时的预见性、警觉性驾驶；另一方面可以确保车辆二级维护保养作业标准落到实处，避免维修标准执行不严，以及车辆维护过程中存在缺项、漏项、敷衍、应付等现象，确保维护工作达到作业规范的要求。

（2）加强车辆关键部位的检查。影响行车安全的车辆技术状况涉及转向系、制动系、传动系、行驶系、照明和信号装置等。因为这些部位、部件的损坏、老化可能会直接导致交通事故，因此应定期对这些关键部位进行检查。在进行车辆关键部位的检查时应做到两个结合：一是计划性和针对性相结合。根据车辆运行情况和季节变化，每次确定一项或两项重点检查项目，有针对性地检查维护。二是结合质量工作的PDCA（Plan计划；Do实施；Check检查；Action行动）循环原则。对检查出的问题及时进行整改，对整改情况进行跟踪，确保整改的时效性和准确性，并且在下一次检查中作为重点。

（3）加强对延审延报车辆的科学技术评估。因为延审延报车辆运行年限长，行驶里程多，主要部件的疲劳运行和使用，使运行车辆存在一定的安全风险，而且延审延报车辆的技术状况存在很强的隐蔽性，需要有一套科学的评估办法。因而对延审延报车辆安全技术性能进行评估时，应制作延审延报车辆安全技术性能评估表，准确掌握延审延报车辆的安全技术性能，为车辆管理提出新思路和切入点，为车辆的审验、维检修、报废更新提供科学依据。

延审延报车辆安全技术性能评估表的内容应主要包括车辆的安全性（制动、转向、灯光等）、可靠性（异响、变形、磨损等），以及经济性（百公里耗油）。科学评估延审延报车辆安全技术性能，不仅能够科学预测车辆的行驶条件，及时发现运行中的延审延报车辆存在的问题，及时进行维修和消除隐患，也能够为驾驶员的预见性、警觉性驾驶提供安全运行基础，及时消除车辆的安全隐患。及时解决车辆运行中易出现的问题，降低车辆运行中的故障发生率，以人的可靠、设备的完好创建更为科学的延审延报车辆管理体系，细化车辆管理，降低车辆维修费用，促进车辆管理“以养为主，以修为辅”的车辆维护观念得到有效落实。

5. 对车辆以及驾驶员进行监管

（1）出车管理。

车辆需求单位若要用车，需要提前一周向车辆管理部门进行申请，车辆管理部门需要有针对性地根据申请单位，每周日进行审核批复，与此同时安排车辆驾驶人员。针对某些不予批转的项目，管理人员需要将明确的理由及时地反馈给相关单位；而已经进行核实批复的申请，车辆管理部门要以文件的形式，在企业内部设置的宣传窗口进行公布。针对需要临时出车情况，车辆管理部门需要准确进行登记备案，备注详细的出车原因、出车单位、出车人员、线路和时间等信息，并且需要将临时出车情况以通知的形式，向各单位下发文件信息。

（2）车辆维修。

不仅需要做好车辆调配工作，对于行驶车辆，还需要做到有效检修，及时地做好安全检测以及性能检测。每辆车在出车之前，车辆驾驶人员需要对驾驶车辆进行统一检测，并且每次交回车辆的时候还需要进行全面的复查。对于车辆检修工作的检查监督，车辆管理部门需要结合实际情况，针对不同单位对车辆不同的需求安排详细的检修日程，从根本上确保车辆的安全性和可靠性，与此同时还需要严格地做好车辆日常保养工作。

（3）车辆闭环管理。

车辆闭环管理主要是指车辆管理部门针对用车过程所进行的综合性管理，涉及驾驶员的安全晨会、出车检查、行车自查、交车检验等情况。首先，安全晨会。每日出车之前都必须要坚持做好安全晨会制度，保证车辆驾驶人员的出车安全。其次，出车检查。每日出车之前都需要对车辆的每一个细节做好检查，详细地填写“三查卡”，保证车况完好。再次，行车自查。在车辆行驶的过程中，驾驶员需要对车辆的各个部位进行全面细致的检查，并且再次详细地填写“三查卡”，这样才能够有效地保证车辆正常运行。最后，交车检验。车辆出车完毕回到单位的时候，驾驶人员和车辆检验人员需要对车辆做出详细检验，与未能及时回场的车辆进行电话联系，掌握车辆的状况。车辆驾驶人员需要按照“一车一位”定点停放车辆，并且交还车钥匙。

（4）驾驶员考核培训。

对于车辆驾驶工作人员招聘和考核，车辆管理部门需要严格地进行，针对招聘以及考核需要有针对性地制定专门制度或者文件进行详细说明。在驾驶人员招聘环节，除了对驾驶证、驾龄和不良记录等进行严格审核外，还应该设置路考环节。路考可以反映出驾驶工作人员的整体驾驶技术、反应能力、灵敏程度和自身素养等相关情况。针对车辆驾驶人员的考核，最为有效也是最直接的方案就是制定灵活多样的绩效考核制度，全面做好驾驶人员阶段性的考核，形成有力的奖惩制度，使考核能够进一步透明化。只有全面有力地做好车辆驾驶人员招聘工作，才能够更进一步做好车辆管理工作，解决行车安全问题。

6.司乘监督

单纯依靠车辆管理、驾驶员管理、汽车定位系统等对车辆行驶安全进行监控显然是不够的。要想确保行驶安全，还要充分发挥个人的主观能动性，通过司乘监督的双向制约模式，形成司乘内部自觉机制。司乘监督顾名思义就是驾驶员与乘客，车管部门与用车部门的相互制约、相互监督，这在一定程度上扩大了车辆行驶安全的责任主体，是将车辆管理传统一元化管理向多元化负责转变的重要举措。这不仅能替代传统车辆管理部门完成对驾驶员相关行为的监督，更提高了全体成员自觉遵守安全法规的积极性。

在司乘监督管理模式下，要充分利用“职位越高，责任越大”这一社会准则，将安全责任分级到人，除驾驶员外，要结合乘客的职务、工龄等因素，为乘客设定不同的监督责任。同时，确立第一责任人，主责整个车辆出行过程中的安全事务。在车辆行驶过程中，乘客需系好安全带，不能将头和手伸出窗外，确保自身安全；车辆未停稳时不能上下车；不能和驾驶员随意聊天，分散驾驶员的注意力；不能擅自要求驾驶员提高车速，改变行车路线；出现险情时，需要担负起主体责任，做好协调工作等。同时，乘客需要监督驾驶员的行为，确保避免驾驶人员单手扶方向盘、边打电话边开车、超速等恶劣行为。

作为安全行车的核心人物，驾驶员除了要遵守国家法律、基本规章制度和企业相关规定之外，还要做好对乘客的监督工作。对于不服从安全行为规定的乘客，驾驶员有权拒载，对于不合理的要求，驾驶员有权拒绝。

总之，要想做好企业车辆管理，避免由于车辆技术原因造成的交通事故，就必须加强对车辆全过程控制，确保每辆车的安全技术性能。

随着企业车辆信息微机化管理系统的广泛运用，车辆新技术、新设备不断应用和开发，将逐步替代传统的车辆管理模式，给车辆管理人员带来新的挑战和机遇。为此，我们要不断学习和进步，掌握车辆管理的新方法、新技术，不断提高企业的车辆管理水平。

四、企业车辆管理模式创新策略

为进一步落实和加快公车管理模式创新，本着“前端属地化、后端集中化、低成本高效运营”的工作思路，从车辆使用方案、服务意识、公车信息化建设等方面进行构建。车辆的使用在人类日常工作生活中占据了重要的地位，几乎所有的企事业单位都配备了一定数量的车辆，有些企业工作的开展，更是以车辆的使用作为主要手段，如物流公司、出租车公司、公交公司等。而随着企业拥有的车辆数量的不断增加，车辆的管理也就成了企业工作中的重要组成部分。落后的车辆管理措施，会降低车辆使用效率，增加企业的管理成本，其主要问题包括司机虚报燃油及维修费用、车辆违章行驶等。为了解决这些问题，科研技术人员开发出了车辆管理系统，它利用GPS定位技术、无线数据传输技术，结合GPS车载终端，对车辆的实时运行情况以及车辆本身的状态进行监控管理，进而达到提高企业车辆管理效率、降低企业运营成本的目的。

1.合理优化车辆使用方案

对于车辆管理人员来说，要提升企业车辆管理的水平，需要站在全单位的角度，结合当前的工作任务，对车辆进行统一安排、调度和统筹规划，从而保证在不影响正常作业任务的情况下，提升车辆管理效率。同时，在加强统一规划和统筹的前提下，企业需要制定一系列的规章制度。构建规范化的车辆管理制度，是实现有效管理的基础。只有这样，才能杜绝公车私用的问题。如规定车辆的停放，任何时间段一律停放在指定的位置，而对于一些特殊的情况，必须要经相关负责人审批方许可。

2.加强对车辆管理的信息化建设

加强对车辆的集约化管理，重点还是需要构架信息化的管理平台。推行信息化的管理系统，才可以提高企业车辆使用的透明度，更好地解决车辆信息和使用人信息不对称的问题。同时，在信息系统中，设定车辆使用审批流程，方便员工通过网络申请公车。车辆管理部门只需要打开信息管理系统，即可知道公车的审批情况。另外，对于紧急情况下的车辆使用申请，可以采用特殊的流程。通过这种信息化的管理方式，大大提升了公车使用的透明度可以得到提升，同时更加规范。

3.提高车辆管理人员的服务意识

对于企业车辆管理人员来说，其岗位的特殊性使其必须具备强烈的服务意识，这是加强管理模式创新的前提。因此，车辆管理人员首先要在思想意识上认识到加强企业车辆管理的重要性，严格按照岗位职责对自己的行为进行规范。其次，树立服务意识。在工作中，要以满足单位部门要求，以提升企业的服务水平作为主要的工作方向和落脚点，以解决多少问题作为对工作评价的最终导向。只有这样，才能让车辆管理部门与其他部门同心协力，共同做好对企业客户的维护和服务。

4.加强对驾驶员的考核培训

在管理中，不能脱离对人的管理。加强对企业车辆驾驶员管理是最为重要的一个管理方向。因此，对于企业来说，首先要加大对车辆驾驶工作人员的招聘和考核力度。通过严格招聘，提升驾驶员的水平，减少车辆使用过程中事故的发生，采集建立风险数据库，通过语音方式警示驾驶员，打破驾驶员需要盯着显示屏看才能知道警示信息的传统方式。其次要加强道路安全风险管控工作，预防道路交通事故，努力减少道路交通事故及其造成的人员伤害和财产损失；从源头改善资本投入，实现成本减负。

5.加强对车辆的维修和保养

车辆管理人员要牢固树立节约意识，加强对车辆的维修和保养，以此达到节能减排的目的。因此，一方面，车辆管理者要减少无效运转，进而降低企业在油耗和运行方面的成本；另一方面，在减少运行材料上下功夫。油耗实行奖罚制度，平时提倡少开或不开空调。坚持凭《维修申请单》修车制度，按规定进行车辆维修，不得随意增加维修项目。

6.加强对车辆的监督

除上述的管理措施以外，企业还必须加强对车辆的监控。要结合现代信息技术的要求，利用GPS导航对车辆实时运行轨迹进行监控，并动态记录企业车辆报销路桥费用的情况，以此防止在报销中虚报。同时，要做好对每一辆车用车的记录。以实际应用为例，某供电局提出一站式的车辆安全风险监控精准管理系统，从而对车辆实时监控管理，道路风险提示，车辆钥匙分配、取用、归还，以及报表统计智能化管理。其中的监控功能，可以对车辆实时位置、速度等状态进行监控，可按时间进行车辆行驶轨迹查询、轨迹回放，有利于情况分析，回放轨迹可打印输出。这种方式可以对供电企业中的每一辆车进行信息化的监控，防止公车私用等问题的发生，也可以最大限度地为企业节约成本。通过车辆定位管理系统的使用，管理人员可以根据系统提供的数据确切了解车辆的使用成本，包括燃油费、维修保养费、过路费、保险费等，杜绝虚报乱报的情况发生。通过GPS车辆定位管理系统，管理人员在监控中心可以实时了解到每辆车的具体位置、运行情况，同时根据用车需求情况，对空置及利用率低的车辆进行统一的调度管理，从而提高了企业的用车效率，降低了用车成本。

※小　结

本章主要介绍后勤服务管理知识。企业后勤是企业赖以存在的客观物质基础和必要条件，具有先行性、基础性、保障性和配套性的特点。企业后勤服务是指以保证企业自身员工的正常生活需要和辅助企业生产经营活动的正常开展为目的，有一定的设备设施条件的专业的后勤服务机构提供的服务活动及过程。

※ 关键概念

企业后勤保障　企业后勤保障的功能　企业后勤服务　企业后勤服务的功能　企业车辆管理　企业车辆管理的创新策略

※ 思考与练习

（1）企业后勤的内涵及其外延是什么?

（2）一般来说，企业后勤保障具有哪些功能?

（3）企业后勤保障的主要内容有哪些?

（4）企业后勤服务工作中的常见问题及解决思路有哪些?

【案例分析】

丰田公司的实时后勤战略

当前国外企业管理理论和实践正朝着精细化的方向发展，其中实时管理（just in time，简称JIT）得到了广泛的应用并取得显著成效。企业后勤的实时管理（以下简称“实时后勤”）是伴随实时生产而产生的，随着实时生产的发展与普及，实时后勤也得到了迅速发展和广泛应用。

实时后勤与一般后勤有很大不同，实时后勤不再是传统的规模经济学的范畴，而是立足于时间的经济管理学，其核心是恰好在需求的时候到达。实时制的采用可以加快货物的流通速度，降低库存水平，使补货时间更加精确，达到降低成本、提高服务水平的目的。高效、灵活的生产体系，离开了高效的实时后勤的支持，是根本无法实现的。下面介绍丰田公司的实时后勤战略，以及影响企业后勤战略的主要因素。

1. 零部件厂商对整车企业的实时后勤供应

在实时后勤中，取消了仓库的概念。例如，丰田公司只设“置场”临时堆料，原材料和零配件只在此堆放几个小时，短的只要几分钟就被领用。在看板制度下，许多零件是等到下一个制造过程需要的几个小时前才上线生产。为使后勤跟上生产的步伐不造成缺货或生产延误，丰田公司采用了全新的“拉出方式”，即在需要时由后工序的人员去前工序领取加工品，此种方式存在于整个生产范围（包括企业外部的零部件、原材料的供给），使主动权掌握在本企业手中。

实时生产能发挥作用，除了要求“准时化生产”外，还需要零配件厂商的实时后勤作保障。为此，丰田公司采用CAD / CAM技术生产设计零配件，并据此设计车体的各部分构造，再用CAM技术生产出样机模型，然后分派给零配件厂商，以适应生产需要。零配件厂商大多位于同一个工业园区，这样不仅降低了运输成本，使运送途中的损耗降低到最低，而且降低了所需的库存量。

零配件厂商和企业的关系是一种长期的、稳定的合作关系，也是一种特殊的契约关系。一个零配件厂商的绝大部分产出都供应给一个或两个主机厂，而主机厂一般会在供应商那里拥有一定的股份和指挥权。由于在长期交易关系中居于支配地位，大企业可以要求协作企业采用“最佳时态”供货制，通过适时、适量供应零部件来降低库存，提高有效开工率。实时后勤的要求者会提供一定的资金、技术援助以推广实时生产与实时后勤的概念和方式。同时，供应商会建立一定的缓冲库存以备不时之需，以免失掉长期的合同。

2. 整车企业对经销商及顾客的实时后勤服务

丰田公司将实时后勤和销售网络相结合，销售人员可以将客户的订货信息实时通知生产线，从而形成一个大规模的信息系统，订货手续大为简化，订单当天就可以传入总公司的电脑中，交货时间可以减少10天以上，而且经销商的库存也可减少70%～80%，大幅降低了存货成本。由于建立了“灵活销售体系”，将产品分成小批量，以更快的速度销售出去，进一步降低了产品在流通领域产生的费用。

在运输方面，对于出口海外的产品，丰田公司所在的丰田市距海岸只有50千米，汽车可以一直由生产线开到码头，而远洋货轮也实时等待装船，从而降低了由于必须凑齐一定数量的汽车才能装船而产生的库存费用。到岸以后，货物由电脑分配，直接交至各经销商手中，中间不需要存储。

丰田公司实施以人为本的实时后勤战略，对全体经销商进行教育培训，根据市场反馈的信息，对经销商的促销政策和经营上的问题给以适当的指导，以提高销售效率。不景气的时期，丰田公司与经销商通过协商，共同承担利润减少带来的负面影响，从而形成一种风险共担、利益共享的关系。

综上所述，企业经营环境的改变对企业的后勤战略产生了重要影响，日本、美国以及欧洲国家的许多大型汽车生产企业纷纷采取新的后勤战略以适应当今的经济环境。这是值得我国汽车企业深入研究的重要课题。

资料来源：丰田公司的实时物流管理战略，(2021-03-20)[2022-03-13]，https://wenku.baidu.com/view/049e8885ca50ad02de80d4d8d15abe23492f035f.html，有改动。

请结合案例思考：

（1）丰田的实时后勤战略对我们有什么启示？

（2）在实时管理下可能会出现什么问题？如何解决？

（3）丰田在运输管理方面采取了什么方法？

※ 推荐阅读

1. 王晓娜. 企业行政管理人员的能力体系建设及提升途径[J]. 中小企业管理与科技(中旬刊)，2020(10)：126-127.

2. 陈静，顾瑞鹏，倪倩，等. 浅谈新形势下民营企业行政管理创新路径分析[J]. 现代营销(信息版)，2020(6)：156-157.

3. 方琼. 探析企业行政事务管理工作的问题及对策[J]. 行政事业资产与财务，2020(10)：120-121.

4. 侯志民. 浅析提升企业行政管理效率策略[J]. 中外企业家，2020(10)：61.

5. 黄莉. 浅析企业行政管理中企业文化建设的重要性[J]. 知识经济，2020(4)：73，75.

6. 孙华婷. 新形势下国有企业行政服务能力的提升对策探析[J]. 商讯，2019(30)：133.

7. 李欣瑜.新时期企业行政管理的重要性及创新方法探微[J].现代国企研究,2019(12):460.

8. 赵文宇.企业行政管理职业化的路径研究[J].现代国企研究,2019(8):35.

9. 王美明.企业行政工作标准化管理研究[J].现代国企研究,2019(8):55.

10. 何昶辉.企业行政管理中存在的问题与创新[J].办公室业务,2019(7):31.

11. 袁春峰.新形势下企业行政精细化管理的研究[J].产业科技创新,2019,1(9):95-96.

12. 张蒙,张哲.国有企业行政管理体制改革问题研究[J].现代国企研究,2019(6):77.

第九章　企业安全保障管理

内容结构：

- 企业安全保障管理
  - 企业安全保障管理的内容和实施
    - 企业安全保障管理的内容
    - 企业安全保障管理的实施
  - 企业劳动安全保障
    - 企业劳动安全概述
    - 企业劳动安全保障的内容
    - 企业劳动安全保障的措施
  - 企业治安管理
    - 企业治安管理的含义
    - 企业治安管理的内容
    - 企业治安管理的措施
    - 企业治安管理的基本制度
    - 企业治安管理中的常见问题及应对策略
  - 企业消防安全管理
    - 企业消防安全管理的内容
    - 企业消防安全管理的要求和原则标准
    - 火灾的预防和控制
    - 突发消防事故的应对预案
  - 企业信息技术安全管理
    - 企业信息技术安全管理的内容
    - 企业信息技术安全管理的措施

内容提要：本章首先阐释企业安全保障管理的内容和实施，然后分析企业劳动安全保障、企业治安管理、企业消防安全管理、企业信息技术安全管理的内容、措施等等。

【引导案例】

某工厂对安全生产的重视

这是很平常的一天，19：02，某工厂内响起了全员疏散警报，6分钟后，全厂近800名员工按照紧急逃生路线，有序撤离到预定紧急集合地点，并在生产线已确认安全后，于19：18全部回到了生产线重新开始工作。在不到20分钟的短短时间内，成功实现了一次全员消防演练。

该工厂管理层一向非常重视安全生产。作为一家有七年历史的老工厂，生产任务紧，工厂规模大，员工的安全生产至关重要，因此工厂对火灾的防范一向极为重视。结合工厂的生产实际，近年来，该工厂持续举办消防演习，演习频率由原来的每年一次，上升为现在的每半年一次，演习难度不断加大，从夏季演习，到冬季演习，再到这次的冬春季节晚间演习。工厂安全经理介绍说，这次演习选在冬春季节晚间，这在各地生产部门的消防演习中尚属首次，演习在短短6分钟内实现了全员撤出，快速、高效的行动有赖于演习前为员工举办的丰富的安全培训及精心准备的周密预案，同时也是企业安全部、生产部、人力资源部、场所资源部、资讯部等各个部门通力配合的结果。演习结束后，还将把演习的内容制作成视频学习材料，供所有员工学习。据悉，大规模的消防演习只是该工厂安全体系的一部分内容，工厂内还建立了义务消防队，在员工中普及消防知识。同时，火灾防范是该工厂整个危机防范体系的重要组成部分，该工厂将不断建设更加完善、更加系统化的安全管理体系。

工厂运营总监全程参与演习并在现场指导，他强调说："当警报声响起，不管你手上有多么重要的工作，你都要考虑你的生命安全，必须逃生，这是你的基本权利，也是工厂以人为本价值观的真正体现。一家负责任的公司，要把安全融入企业文化中，提升员工的安全意识，培养安全习惯，最大限度地维护员工的生命安全。"

资料来源：生命高于一切 诺基亚北京工厂消防演习，(2009-04-01)[2022-

03-13],https://mobile.zol.com.cn/128/1281814.html,有改动。

第一节 企业安全保障管理的内容和实施

一、企业安全保障管理的内容

企业安全是一个广义的概念，是在企业长期经营发展和生产实践过程中逐渐形成的，为职工所接受和自觉遵守的安全意识、价值观念及安全行为准则等。这里的安全意识是指具有企业特色的安全思想意识，价值观念则是指具有企业特色的安全作风、态度和安全素养等，而安全行为准则指的是企业安全管理体制。企业建设安全保障体系，是为员工营造舒适安全的生产、生活环境，为企业员工的工作创造防灾避难的应急设施，为其提供充分的安全支持与保障。

具体来讲，企业的安全保障主要包含如下内容：第一，安全理念保障，是指企业在生产经营过程中，受一定的社会文化背景、意识形态影响而积淀的安全思维，是安全保障最重要、最具活力的核心部分。第二，安全物质保障，是指企业及员工在安全管理工作过程中创造的可视形象和各种安全物质设施。第三，安全制度保障，是指企业对员工安全行为给予的一定的保障，是行为规范的要求。第四，安全行为保障，是指企业在其员工生产经营过程中指导员工开展健康安全生产的行为规范。

随着经济的快速发展，企业在高产出的同时也伴随着层出不穷的安全责任事故，企业的安全管理已经受到社会各界的广泛关注。同时，“人”的价值越来越受到人们的关注和重视，安全管理作为企业管理的重要内容，首先是职工人身权、健康权保障的基础。企业安全事故的发生，会给员工的身体健康造成巨大的伤害，甚至会造成生命的结束，给职工家庭、企业带来巨大的损失。如果企业安全问题得不到高度重视，就会严重影响到企业员工生产与工作的积极性，甚至会造成大量的员工离职，形成离职潮，最终会影响企业的正常运转与经济效益的提升。其次，安全管理工作是其他各项工作开展的有力保障与基础。在安全、和谐、绿色、环保的企业中工作，才能激发员工工作的积极性与主动性。企业健全的安全管理制度与机制，保障了企业各项工作的有序开展，同时零安全事故的企业运行状态，会在一定程度上提升企业的形象与知名度，发展潜在的客户与市场。

二、企业安全保障管理的实施

1.建立健全的安全管理制度

企业在进行宏观战略的制定与实施时，应该建立专门的安全管理部门，并实行主要领导负责制。企业应该加强完善日常安全管理工作，全面推进职业健康安全管理体系建设，对企业生产经营的全过程进行严格的安全管理。通过企业安全管理制度的建立，不断提升企业生产经营的安全性、规范性及标准性。同时，企业要建立起自我约束、持续改进的安全生产长效机制。积极调动员工安全生产的责任意识，变被动为主动，形成“天天都是安全日，人人都是安全员”的良好氛围。员工是企业安全的主体，只有员工自身安全了，企业才会安全，企业安全离不开每位员工的努力，员工的安全与员工的安全意识、安全技能的提高息息相关。因此，企业应建立健全完备的安全制度责任体系，在员工心中形成“企业安全我尽责，个人安全我负责，他人安全我有责”的安全理念，从而实现企业安全标准化建设。

2.组建专业的安全管理队伍

要给专门的安全管理机构配置专业的人才，建立一支专业的安全管理队伍。首先，在人才选拔时就应该注重考查拟录用人员的政治素质与职业素养，尤其是责任意识与敬业精神，还要关注其实践经验与遇到紧急情况时处置、分析问题的能力。其次，要加强在职安全管理工作人员的继续教育与培训，建立一支高素质的安全管理队伍。组织安全管理人员进行相关培训，使其取得安全管理的相应资质与证书，全面提升安全管理队伍的综合素质与职业素养。转变安全管理工作人员的思想与工作作风，在执法检查过程中，要始终坚持公平、公正、公开的原则，对于发现的安全隐患及时上报、处理，树立安全工作责任重于泰山的安全意识。同时，对于检查、巡查所得到的数据、资料进行及时的汇总与整理，并且提供给领导决策层，为企业管理者制定企业安全规划与策略提供重要的参考依据。

3. 强化企业安全保障建设的宣传教育培训工作

广泛利用安全知识培训讲座、学习班、展板和广播等方式将企业的安全价值观、安全远景、安全使命和安全目标传达给每位员工；针对企业内部结构，有计划地对不同的部门及岗位的工作人员进行安全教育。具体来讲，应该根据不同岗位特点实施安全知识、法规及劳动纪律的培训教育，强化不同岗位在职人员的岗位安全意识，并用身边发生的安全事故案例警示员工，使其深切感受不安全作业会付出的代价，进而强化其安全作业意识与自我保护意识，使其在后期工作中自觉摒弃不安全作业法。要积极开展安全演讲及辩论等活动，以此提高企业员工安全保障建设的参与度，并强化自身安全技能。同时，企业要通过张贴安全挂图与安全标语、制作安全理念板报等多种安全教育形式，以及开展有益于企业安全保障建设的文娱体育活动，全面地营造企业安全保障建设的氛围，潜移默化地影响企业全员，提醒其时刻提高安全警觉，在工作中和工作之余都关注安全，珍爱生命。

4. 建立检查与奖励机制

企业应该根据其内部组织结构将领导与群众有效结合，根据其经营管理模式将日常与定期方式相结合，实施自查、互查与上级督查的方法监督企业积极开展安全建设，以此形成持续改进的工作模式；建立安全绩效与工作业绩相结合的奖励机制，树立安全先进部门、班组、机台、个人典型和榜样，发挥安全行为和安全态度的示范作用，在企业上下形成一个行之有效的安全文化建设检查监督体系，促进企业安全管理水平的提升。

5. 开展法制与情感相融合的安全保障建设

企业可以通过视觉冲击、亲情感化、理性约束等方式，从“法”“制”“德”“情”几个方面，开展形式多样、丰富多彩的安全教育和安全保障建设活动。“法”——法律法规，法律即由立法机关制定或认可，并由司法机关保证执行的行为规则，法规则是国家机关制定的规范性文件。开展安全保障建设，即利用国家制定的关于安全的法律法规进行指导、约束和规范；“制”——制度，是企业按照国家法律及党和政府提出的方针政策制定的切合企业实际的制度或标准细则，并用制度来管理安全保障建设；“德”——道德，主要包含企业全员的思想道德及职业道德，企业依靠个人道德行为推动安全保障建设的进程；

“情”——情感，包含企业员工之间、员工与领导之间的感情，用情感促进安全保障建设。法制与情感相融合的安全保障建设，有利于激发企业员工主动参与安全文化建设的积极性和主动性。

6.完善与优化企业安全文化建设体系

企业要积极吸纳员工对企业安全保障建设工作的意见或建议，优化与完善企业安全管理，形成安全文化建设体系。同时，企业要建立完善的信息反馈机制，使安全信息能迅速反馈到企业安全管理部门，以便尽早做出相应反应。另外，企业还应该建立安全保障档案，找准工作最佳结合点，博采众长，在总结经验及教训的基础上，吸取相关保障建设的长处，及时解决企业安全保障建设过程中产生的新矛盾和新问题，保证企业安全保障建设的适应性和健康发展。

第二节　企业劳动安全保障

一、企业劳动安全概述

“人”是企业成败的根本所在。人为的不安全行为是安全事故的重要原因，专业化人才是企业安全管理的实施主体和成功保证，广大员工是企业安全管理的主要关注对象和直接受益者，员工的情感认知、价值信念、道德意志贯穿于企业安全管理的始终。

中国社会经济转型发展进程中，随着劳动者自我保护意识的觉醒，劳资矛盾日趋紧张，企业对员工的劳动安全保障已成为关乎企业生存发展的关键环节之一，基于劳动安全法律发展的视角规范企业劳动安全卫生保障行为具有重要的现实意义，企业需主动适应经济、法治新常态。随着信息时代的到来，许多企业都借助计算机技术建立了多种多样的管理信息系统，使企业的生产管理步入了现代化的行列，但是传统的劳动安全管理模式已成为制约许多企业生产发展的突出矛盾。要实现劳动安全管理，除了采用安全系统工程等现代安全管理方法外，还必须使用计算机作为其重要技术手段，建立完善的劳动安全管理信息系统。目前，国内劳动安全方面开发的软件还比较零散、单一，缺乏系统性，主要着重于工伤事故统计方面。

要建立一个完整、有效、功能强大的企业劳动安全管理信息系统，在系统研制过程中必须做好以下几项关键工作。

1.数据的标准化及数量化

劳动安全涉及的行业面广，事故类型复杂多样，各单位的具体操作也不尽相同，这就使得基础数据缺乏标准化，尤其是工伤事故的原因数据项，无法确定一个详细的行业标准，因而也影响到该数据项的数量化程度。事故原因数据项的标准化是事故预测准确进行的重要基础，所以首先要做好这项工作。在获取大量有关专家意见，制定出详细数据标准的同时，我们可以采用代码设计、代码输入的方法，保证数据的标准化及有效性。

2.预测模型的准确性

事故预测的模型是否准确、可靠，是事故预测正确与否的关键，也是安全决策正确与否的关键。事故预测的方法正是目前我国许多安全技术人员研究的主题，其中较成熟的有灰色理论、平滑指数分析、事故树分析等，它们都各有其优、缺点。有系统采用C语言把这三种方法制成相互独立的模块，它们各自都和数据库有接口，能直接从事故数据库中提取所需的历年有关数据资料，对事故进行预测，是一个比较科学的预测模型。

3.综合评价指标体系的建立与完善

综合评价指标体系是全面正确评价系统安全的重要基础，如果没有一套完善的、能准确评价一个系统安全状态的评价指标体系，就不可能对系统的安全状态得到一个全面正确的评价，也就不可能做出正确的安全决策，而综合评价指标体系的建立与完善正是系统开发过程中的难点所在。安全系统是典型的人—机—环境系统，对企业系统安全的综合评价应是评价人员的安全性，评价机器设备的安全可靠性，评价企业环境对安全的影响，以及评价人—机—环境的总体安全状态。所以，企业安全综合评价体系应包括四个方面的内容，即人员行为安全性、设备安全性、环境安全性、综合安全特性。其中，人员行为安全性应考虑人员职业适应性和人员操作失误两个方面。设备安全性应考虑作业条件安全性、危险性、设备可靠性三个方面。环境安全性应考虑管理环境、社会环境、自然环境三个方面。综合安全特性应是对系统综合安全度的评价，系统综合安全度应是一个无量纲的对系统综合安全水平的量化指标，考察企业常用的一些综合指标如安全天数、事故率、伤亡率等，都可以折算成安全度值，即可由安全度值作为衡量系统安全程度的统一指标。对指标体系的赋权采用目前较为有效的层次分析法进行。在此基础上，系统采用C语言设计模型库和接口部件，供决策者进行宏观决策。企业劳动安全管理信息系统的研制，有利于完善企业管理信息系统，改变企业劳动安全管理的落后状况，为企业取得一定的经济效益和良好的社会效益。

二、企业劳动安全保障的内容

鉴于企业劳动安全管理信息系统的重要性，我们尝试用系统论的观点以及标准化、数量化的方法设计出一套较全面的企业劳动安全管理信息系统，以适应企业劳动安全管理现代化的发展。

企业劳动安全现代化管理模式应是以强化个人的安全责任和安全意识为落脚点，将权力、利益、责任、风险都落实到个人，形成高效的激励机制和约束机制的层次管理模式。企业劳动安全管理信息系统则应能对渗透其中的安全信息做到全面采集、安全存贮、及时加工、及时传递、及时反馈，除完成日常的报表统计、打印数据、查询等之外，还应具有安全综合分析、评价，事故预测，安全决策的能力。为此，我们确定的系统设计思想如下。

第一，注重成本效益比，先进性与实用性相结合。因为企业是自负盈亏的单位，追求的是低投入高产出。所以在系统设计时，在保证系统具有一定先进性的同时，主要以系统的实用性为主。在尽量满足用户的各种需要、方便用户使用的基础上，兼顾系统以后的发展，尽量使用用户已有的计算机软、硬件资源，投资也以成本低廉的中、小型局域网为宜，不可盲目追求高投入产生的先进性。

第二，充分发挥计算机的特点，使系统具有创新性。我们开发的系统应以日常安全信息管理为基础，不能仅是简单的人工系统的模拟或重复，而应具有创新性，具备人工系统难以做到的预测和决策功能，为领导进行安全宏观决策提供科学依据，使劳动安全管理工作跃上现代化新台阶。

第三，采用权限设置和密码限制，保证系统的安全性。为保护系统的安全性，除了对数据的备份修改、删除采取一定的安全措施外，还需对用户进行分级处理，不同的级别拥有不同的权限，以维护企业在劳资、事故数据、安全管理决策等方面的安全性。另外，在系统中设置密码，有效限制非法用户的侵入。

第四，采用标准化技术，提高系统的适应性和通用性。在系统开发中，系统的代码设计、输入输出设计、系统的文件和资料都应标准化，数据代码也应尽量使用国标码，为以后纳入国家劳动部门的事故数据库做好准备，并使系统能在不做改动或改动不大的情况下，供其他同类企业使用。另外，在主控程序中预留接口，必要时应能修改、更新，能适应环境的变化和功能扩充的要求，使系统具有较强的适应性和通用性。

随着社会经济的不断发展，企业也在不断改革，同时其面临的竞争压力在不断地加大，而企业为员工提供科学的劳动保障，能够助力企业安全生产与发展。

三、企业劳动安全保障的措施

企业要建立健全劳动纪律管理机制，对于劳动纪律的管理及处罚措施做出明确规定。人力资源部门要持续加大劳动纪律的检查力度和监督力度，对于违规违纪现象，严格按照管理规定进行处罚，适当的时候，还要根据实际情况追究部门负责人的管理责任。严格的考勤与薪酬管理会不断激励和约束员工遵守劳动纪律，减少劳动安全事故隐患。

1.把好招聘关口，招聘合格员工

为确保劳动安全，不仅仅要有安全制度，更要有优质的人才队伍。企业人力资源管理部门应与安全管理部门充分沟通，共同制定员工招聘的基本要求和标准，针对不同层次、不同岗位的人员，制定不同的准入门槛，把好人员“入口关”。

（1）班组长。从事一线施工、生产任务的作业班组长、车间负责人，位于“兵头将尾”的特殊位置，是劳动安全的监督人，负有具体执行劳动安全规章制度、日常班组安全管理等任务。这要求该部分人员能熟练掌握班组长、车间主任岗位操作技能和知识，具备细致的班组（车间）劳动安全保护和管理经验。招录时可采用角色扮演、情景模拟、无领导小组讨论等方式，重点考察协调能力、安全意识等。

（2）特种作业人员。普通生产作业人员是施工作业的直接操作者和实施者，是人力资源管理的重点对象，是劳动安全的维护者，也是安全风险的承担者。招录特种作业操作人员时，应严格审查并确保其特种作业资质，尤其是焊工、电工、热切割工、架子工等，此类工作必须由技术熟练、考核合格的持证人员操作。招录时应重点查验国家颁发的特种作业操作证书，无证或无效证件的人员坚决不予录用。

（3）普通施工人员。随着用工形式的多样化，越来越多的农民工进入施工领域，其工作经验相对缺乏，安全意识较为淡薄，招录时应重点考察其基本的操作能力、安全意识、身体状况、反应灵敏程度等。

2.健全培训体系，落实安全培训

企业应建立健全培训管理体系，从严落实培训管理制度，避免培训“走过场”和“形式化”。在培训体系正常运行的基础上，对于劳动安全风险高发的施工队、班组、车间等，应重点加强技能操作培训和安全意识培训，加强培训监督，使安全理念内化于心、外化于行。

（1）科学制定培训分类。根据不同企业的实际特点，人员培训大体可分为以下三类：第一，基础培训，即人员进场后，分配至工作岗位前，由人力资源部门统一组织培训，目的在于提高新进场人员的安全意识，强化新进场人员的职业道德和行为规范。第二，技能培训，即人员分配至岗位后，由用人部门组织培训，目的在于提高人员的业务素质和操作技能，改善工作质量和提高工作效率。其中，安全培训可结合实际岗位进行，并可贯穿技能培训的全过程。第三，专项培训。当新技术、新工艺产生时，当新法律法规需要贯彻时，当新的设备、工机具即将投入使用时，当其他专项的安全培训需求产生时，企业应组织相关人员进行与之配套的安全培训，例如安全月培训、某新引进工机具安全操作规程教育等。

（2）精准分析培训需求。由于新进场人员未接受系统培训，不熟悉企业管理程序和相应的操作技能，安全意识淡薄，或不具备系统的安全理论知识等，因此必须参加入场培训，新进场人员自然产生基础培训需求和岗前技能培训需求。当宏观政策、微观环境发生变化，原有的安全培训不再适应新的需求时，自然产生专项的安全培训需求。当员工个人因知识、技能、安全意识等达不到工作要求，事故率高发时，也会产生相关的安全培训需求。

（3）严格实施培训项目。第一，制订计划。安全培训计划应列入企业年度培训计划，相关部门应跟踪实施，统一管理。第二，实施计划。要倡导全员人力资源管理的理念，实行多层次、全过程安全培训，人力资源部门应强化安全培训监督、检查。第三，师资管理。培训师资一般实行准入管理，由安全管理部门推荐，也可由专、兼职安全员自荐，人力资源部门和安全部门组织评选。企业可建立安全培训师资库，根据授课质量、授课数量、培训效果等进行考核，实行动态管理。

（4）客观评估培训效果。培训效果评估可以通过综合评价受训人员课堂纪律、听课笔记、回答问题、角色扮演、实践、工作模拟等方式进行测评，也可以通过考试或考核进行测评。只有基础培训、岗前技能培训均合格的人员，才能获得上岗资格，考试或考核不合格的，可视情况安排一次补考。安全意识、安全技能不足的人员，应及时退回人力资源部门重新培训。

3. 完善绩效管理，健全奖惩机制

劳动安全是企业运营过程中的重中之重，在进行绩效考核时应将劳动安全作为一项重要指标，组织绩效与个人绩效双管齐下，使劳动安全与工作绩效、奖惩挂钩。组织绩效方面，要大力倡导生产经营目标考核，把劳动安全指标列为关键绩效指标（KPI），由安全主管部门根据各部门安全管理实际情况进行评分，该评分纳入考核总评分，起到目标导向、团队激励的效果。个人绩效方面，要将劳动安全贯穿于绩效管理的全过程。在绩效计划、绩效实施、绩效评估、绩效改进等环节，均要体现劳动安全的因素，牢固树立“事前倡导安全、事中跟踪安全、事后改善安全、全程体现安全”的绩效管理理念。各施工队、生产部门要将考核结果上报人力资源管理部门，按照比例确定先进人员名单和落后人员名单。人力资源管理部门与安全管理部门，应根据劳动安全考核结果，对劳动安全绩效优秀者予以奖励，对绩效较差者予以惩罚。

4. 强化劳动纪律，降低安全隐患

劳动纪律与劳动安全密切相关，许多劳动安全事故是由于违反劳动纪律产生的，如班中酗酒造成违章作业，早退造成机械设备监管临时性缺位，旷工导致空岗或临时替岗造成安全隐患等。

第三节　企业治安管理

一、企业治安管理的含义

对于企业来说，安全就是指企业的人、财、物不受损失，企业的组织结构不受伤害，企业的各种职能能够正常履行，企业的生存和发展不受威胁。

一个安全的系统，必须是稳定的、有序的系统。稳定的系统，其内部的子系统和各个环节是明确的，相互之间的联系是紧密的。其内部结构是稳定的，既有垂直结构，又有平行结构，纵横交错，构成稳定的整体。企业既有从最高决策层到普通员工的纵向结构，又有员工与员工之间，职能部门与职能部门之间的横向结构。如果只有纵向结构，没有横向结构，就会造成部门之间、员工之间无法沟通的局面。如果只有横向结构，没有纵向结构，就会造成上下级之间的联系中断，使企业陷于瘫痪。无论哪一种局面，都会威胁企业的生产经营安全。

安全与秩序有着非常密切的关系。秩序是安全的基础，安全是秩序的保证。没有秩序的安全是脆弱的，没有安全的秩序是暂时的。安全与秩序二者相辅相成。对于企业来说，尤其是煤矿类企业，安全和秩序是其生命线。没有安全和秩序，也就没有质量和效益，安全、秩序、质量、效益四位一体，密不可分。因此，企业秩序安全管理就是为了使企业稳定、秩序井然而从事的管理活动。

二、企业治安管理的内容

一个良好的、和谐稳定的治安环境是企业开展好各项工作的保证。生产经营要在稳定的环境中进行，才能为维护正常安全生产经营打下坚定的根基，经济效益才能有极大的提升。

一般来说，企业的秩序安全管理包括以下几个方面。

（1）内部关系的秩序安全管理。从单位内部讲，各部门之间应理顺工作关系和工作程序，完善运行机制，使之能紧紧围绕中心任务和总目标协调一致地开展工作。

（2）平级关系的秩序安全管理。平级关系是指本单位和其他单位之间的关系。应当对平级关系秩序安全进行管理，保证平级关系的顺畅。按照系统论观点，一个系统总是存在于一个更大的系统之中，它要和其他系统发生千丝万缕的联系，绝对封闭的系统是不存在的。自改革开放以来，这种横向的秩序尤为重要。

（3）上下级关系的秩序安全管理。上下级关系即纵向关系，是指本单位与上级领导机关，本单位与下属基层单位或业务部门之间的关系。对这一关系的秩序安全进行管理，主要是使管理层次之间通过信息传递实现双向沟通，上下协调一致。其主要任务是根据党的方针政策和国家的法律法规，以及一个时期内上级领导机关的重大战略部署，上级对下级通过开会、发文等形式，使下级的思想、行为能够统一到正确轨道上来，完成共同的目标和任务。

（4）领导之间关系的秩序安全管理。单位各领导由于各自认识上的差异和分管不同工作的局限，往往会对同一问题产生不同的看法。管理部门要主动向领导，特别是主要领导全面反映情况，沟通不同意见，努力协调好领导成员之间的秩序。

三、企业治安管理的措施

在企业发展过程中，各种组织和部门之间会产生种种矛盾，如果处理不妥，企业的秩序安全将得不到保证，势必会影响企业中心任务的顺利完成。从主观上讲，一个人因其思想态度、观点立场、修养能力的不同会对具体工作产生不同的认识，采取不同的工作方法，也可能因其职权的大小、管理范围的宽窄、所处地位的不同，形成对政策掌握的宽严不同、工作步伐的不一致、发展的不平衡等，进而产生矛盾冲突。这些问题如果得不到解决，企业的秩序安全将无从谈起。基于此，企业要采取有效的秩序安全管理措施。

1.企业要处理好与内部员工的关系

在企业改革过程中，不可否认的是，一些员工会面临下岗的风险，一些员工的职位会发生变化，这样，员工原有的利益就无法得到保障，甚至会产生员工闹事的情况。这对企业的安全生产和内部工作环境的稳定造成不利影响，也会严重破坏企业的社会形象。因此，企业必须要妥善解决这种问题。企业领导要能够积极与相关员工进行及时沟通，了解他们的诉求，尽量降低员工的损失，并对员工进行适当的补偿。另外，企业要能够满足员工合理的医疗、养老和薪金要求，通过内部协商的方式处理企业与员工之间的矛盾。

2.提升内部员工的个人素养

提升内部员工的个人素养是保持企业内部治安稳定的重要举措。提升企业员工个人素养，重点要做好以下几方面的工作：第一，鼓励学历低的员工参加继续教育学习活动。企业要为学历低的员工提供再学习的机会，要组织专业教师对他们进行培训教育，重点是培养他们的专业技术，对他们进行素质教育。这里的素质教育主要是进行人生观、价值观的引导教育。企业通过再教育再培训的方式，让员工认识到企业利益高于一切，引导员工能够用长远的眼光看问题，用积极的态度解决问题，避免走向违法犯罪的道路。第二，积极开展全体员工的道德教育、敬业教育。企业要重视全体员工的敬业教育，通过敬业教育，培养员工的爱岗敬业精神；要培养全体员工的主人翁意识，使员工能够认识到自己是企业的主人，为企业做贡献即为自己谋发展；要全面开展思想道德教育，不断提升全体员工的思想道德水平。

3.加强企业内部的保卫工作

加强企业内部保卫工作是保障企业内部稳定，保证生产活动有效推进的重要举措。企业要重视内部保卫工作：第一，企业要加强内部保卫组织建设，建立完善的保卫组织，明确分工，明确责任，使保卫工作的各项内容都能落实到位。企业要加强对内部保卫管理工作的投入，积极投入人力、物力，使保卫职能得以充分发挥。第二，建立完善的内部保卫管理制度，完善保卫安全防范体系，通过建立制度，明确各层级保卫工作开展的内容，强化领导，促进科学决策，形成完善的保卫体系。第三，加强对保卫工作的监督，企业领导要定期对保卫工作的开展效果进行监督管理，分析保卫工作中存在的不足，积极解决内部问题，通过有效的监督，使保卫工作的各项内容落实到位，提升保卫的效果。总之，在新形势下，企业既需要重视发展生产力，提升生产效益，同时还需要加强内部治安管理工作。企业要能够认识到加强治安管理的必要性，要分析治安管理的影响因素，通过有效的措施解决影响企业治安稳定的问题，保障企业内部治安稳定，为企业发展创造良好环境，进而促进企业生产效率的提升。

总的来说，加强企业治安管理，是为了使全体工作人员在总目标的指引下，团结一致、齐心协力地工作，克服摩擦、减少内耗、增进效益；使组织内部各个部门、各成员之间，在工作上既分工明确，又密切配合，避免推诿扯皮现象，避免工作的重复和遗漏；使整个组织具有强大的凝聚力，人尽其责，各司其职，工作井然有序，保证组织机构的正常运转，产生“整体大于部分之和”的效应，提高工作效率。

四、企业治安管理的基本制度

企业治安管理的基本制度有以下几种。

第一，通过会议进行秩序安全管理。这是管理工作经常使用的重要方法，适用于带有普遍性，涉及对象多、范围广，以及必须明确职责任务与分工的工作的秩序安全管理。

第二，通过计划进行秩序安全管理。这是统一筹划安排工作进程的一种科学协调办法。其基本点在于统一筹划、合理安排，采用网络的形式来反映一项工作的计划和安排，据此来进行协调和控制。

第三，通过中介进行秩序安全管理。这是对于牵涉面小、不太复杂的问题采用的秩序安全管理方法。

第四，通过文件进行秩序安全管理。这是通过发布各种政策性、制度性文件等形式，来规范各方行为，促使其按章办事，达到统一行动的目的。

第五，通过强制进行秩序安全管理。强制适用于有直接隶属关系的秩序安全管理。这种管理是必须坚决执行的，没有讨价还价的余地。这种以领导指示或上级发文形式进行的管理，直接反映了领导机关和领导的意志，具有显著的权威性。

第六，通过信息协调进行秩序安全管理。在日常工作中，有大量工作都是通过信息的沟通进行的。一个单位的信息发生滞塞，就会导致指挥不灵、运作失调。及时有效地使上情下达、下情上达、左右联络、内外沟通，就能及时沟通情况、交流经验、反映问题、解决矛盾，从而维护秩序安全。

第七，通过随机协调进行秩序安全管理。有些问题由于其本身的不确定性，不能要求有一种固定不变的管理方法，此时要根据不同的情况，采用不同的方法灵活处理。

第八，严格岗位责任制和安全操作规范，经常对职工进行安全教育。施工队、承包队要坚持生产安全交底，及“三安”“三检”的安全制度。每项工程施工前，都要向工人进行安全技术交底。“三安”即安全帽、安全网、安全带。施工人员进入施工现场，必须佩戴安全帽，设置安全网，从事高空作业的人员要佩戴安全带。“三检”即当地公安机关要积极配合有关部门定期进行安全检查，主管部门要经常检查，施工队要天天检查。坚持“三安”“三检”制度，是及时发现、清除隐患，确保安全生产的有效方法。

第九，新上岗工人和改变工种的人员，必须经过公司或施工队的安全培训及守法教育方可上岗。起重工、吊车工、电焊工、电工等技术人员，必须经过有关部门考核合格后方可上岗。公司应通过安全培训和法制教育，提高他们的安全意识，增长他们的法律知识，使他们掌握防护知识，增强自我保护能力，避免事故的发生。

第十，对打工的暂住人口需加强管理。雇用外来人口多的单位，需有专人管理，并严格执行申报登记制度。

第十一，严明纪律，依法管理。因忽视安全、违章指挥、违章作业、玩忽职守或者发现事故隐患、危急情况不及时采取措施，以致造成治安灾害事故不报告等，都要查清原因，查清责任者，依法严肃处理。

五、企业治安管理中的常见问题及应对策略

现代企业在秩序安全管理方面主要存在如下问题：第一，传统的企业内部秩序与规则是在原有的行政管理体制中形成的，带有“官本位”的色彩。在市场经济条件下，如果企业内部依然按照以往的规则行事，其结果必然会出现推卸责任、推诿扯皮、投机、官商作风、拉关系开后门等官僚主义行为。第二，“秩序”是提升企业效率的关键，是企业领导支配力和影响力的来源，是产业社会迅速发展的秘密。第三，任务设计不合理，制度不规范，导致在企业运作中员工之间产生任务矛盾。第四，员工素质偏低，缺乏团队精神等。

面对上述问题，可以采取如下应对措施：第一，打破“官本位”的壁垒，按贡献确认薪酬等级。打破原人事管理体制，取消原行政级别与待遇挂钩的规

则，按企业功能与结构的要求以及每个职工对实现企业使命与目标的贡献兑现待遇。第二，以新的评价标准进行考核和奖惩。企业不能再以旧的方式对人进行评价，而应根据其工作态度、能力和业绩进行评价，并把评价的结果作为职务等级、工资等级、奖励、培训和内部调迁的依据。每个职工只需承担起自己的工作责任，专心致志地做好工作，谋求人事待遇，实现自身价值。第三，用规章制度把内部秩序安全规范化。企业要以规章制度把这一切行为规定下来，确保企业整体合理、高效运作。只要企业每一个成员，包括企业领导和员工，能从整体运作中实现个人价值，看到希望，合理的规章制度就能顺利得到推行。

第四节　企业消防安全管理

一、企业消防安全管理的内容

企业消防安全管理工作一旦没有得到有效落实，则极易引发火灾事故，进而造成生命财产损失。火灾事故不仅影响企业的健康可持续发展，给企业带来巨大的经济损失，而且会在一定程度上损害企业的社会形象，降低大众对该企业的信任度，严重阻碍企业的长远发展。因此，重视企业消防安全、做好安全管理工作、保持良好的消防环境对企业的发展是极其重要的。

1963年10月，公安部颁发《公安部关于城市消防管理的规定》，文件标题及其内容中都提出了“消防管理”这个概念。消防管理应当属于社会管理的范畴，具体讲应当属于社会安全管理的范畴，故其全称应为“消防安全管理”，消防监督管理包含其中。按照狭义的理解，消防安全管理是指各级政府及其所属或所辖区域内各个企事业单位及其他组织，为使本辖区、本单位免遭火灾危害而进行的各项防火和灭火的管理活动。它是政府及各个单位内部行政管理活动的主要内容之一。

消防监督管理是政府或单位下属具体管理消防安全事务的职能部门的职能之一。对国家的职能部门来讲，消防监督管理是指各级政府所属的公安消防机关根据法律赋予的职权，依据有关消防法规、标准，对法律授权监督范围内的单位或个人的消防安全工作实施监察督导的管理活动。对具体单位来讲，消防监督管理是指各单位所属的消防安全管理部门根据单位规章所赋予的职权，对授权范围内的下属单位或个人的消防安全工作实施监察督导的管理活动。综上所述，消防监督管理是各级政府或单位为了更好地实施消防安全管理，保证各项消防安全措施的落实而采取的行政干预手段，是消防安全管理的一个重要组成部分，二者是种属关系。单位消防监督管理是单位消防安全管理的组成部分，单位消防安全管理机构的工作也是单位生产、生活、工作秩序和经济管理的重要组成部分。因此，单位的法人代表应当把本单位的消防安全工作列入重要日程，并认真履行法定的消防安全职责。

二、企业消防安全管理的要求和原则标准

企业在进行消防安全管理过程中，必须要结合国家相关要求以及自身特点来构建完善的消防安全制度和安全操作规程。在制定消防安全制度的过程中，企业不但要编制出一个综合性的消防安全制度，而且要编制数个不同方面的安全制度。无论是编制何种制度，均需要将企业消防安全管理工作的全过程包含在内，切实保障消防安全。一般情况下，企业消防安全制度内容应当包括如下几个方面：消防器材及设备的维护管理、消防值班、防火巡查、用电安全管理、安全疏散管理、易燃易爆物品管理、整改火灾隐患、应急疏散预案演练、专职和义务消防队的组织管理、消防安全工作考评和奖惩，以及其他必要的消防安全内容等。企业消防管理的要求和原则标准通常有以下几点。

1.转变消防观念，增强消防意识

在企业中，人的素质存在着一定差异，无论是从事技术的，还是从事管理的人员，他们的文化素质、心理素质、技术素质、安全意识等方面都存在差异。因此，企业要通过各种形式提高员工的认识水平，转变观念，改变人们对消防工作的模糊认识，不断改进和加强消防工作，切实提高企业的火灾防御能力。

2.完善消防设施，保障消防需要

消防设施、安全标志、定期检查是企业消防安全管理工作的重要组成部分，因此企业要做好消防设施配备、安全标志设置以及定期检查工作。首先，企业应当根据国家出台的相关标准和行业规范要求来合理配备消防器材与设施，并设置消防安全标志。其中，消防器材与设施主要包括防火门、消防栓、自动灭

火系统，以及自动报警系统等，一般情况下指的是固定的消防设备与系统。而消防安全标志通常包括发生火灾时的疏散指示牌、灭火设备标志、火灾报警标志，以及危险场所和物质的标志等内容。企业应根据要求在相关区域安装与设置消防器材设施和安全标志。其次，为了确保消防设施正常使用及安全标志完好，企业消防安全管理部门要制订定期检查计划，组织人员对消防设施、安全标志进行检查，一旦发现有问题应立即予以更换，各个重点防火部位及车间部门要配齐灭火器材。企业根据实际需要，可配置适当数量的手提式灭火器、消防水桶、消防沙袋等。各种消防器材一定要放在明显和方便提取的位置，并设置“消防用品，不得挪用”的明显标志，同时确保消防通道畅通，尤其要在大楼的每一层设置标明“出入口”的醒目标志。

3.强化消防知识培训和消防演练

要提高自防自救能力，就要组织员工进行消防安全培训，学习《中华人民共和国安全生产法》《中华人民共和国消防法》《机关、团体、企业、事业单位消防安全管理规定》和基本的防火、灭火常识，定期开展自查，要做到“三懂”“四会”。“三懂”即懂得本部门的火灾危险性，懂得预防火灾的措施，懂得自查整改存在的火灾隐患；“四会”即会报警，会使用灭火器材，会组织人员疏散，会扑救初起之火。积极开展企业消防宣传教育与培训工作。在消防安全管理工作过程中，企业可以根据自身防火工作情况来开展针对性的消防安全知识教育与培训工作，切实提升企业员工的消防安全意识，并且使其能够正确掌握各类灭火器材的使用方法，在火灾发生初期能够做到自救逃生及报警。其中要重点对易燃易爆危险物品的生产、运输、仓库管理、电气焊工、电工、油漆工、客房服务、储存、销售等重点岗位的工种人员进行企业消防教育培训。特殊岗位工作人员必须取得相关消防安全培训资质证书，方能持证上岗。

4.建立消防工作激励机制

相应的激励机制可以激发员工的工作热情，这是做好消防工作不可缺少的有效方法。实施有效的员工激励机制，有利于调动员工的积极性和创造性，有利于形成“人人关心、个个参与”的良好氛围。激励的形式多种多样，企业既可以给予成绩突出者以物质奖励和精神奖励，又可以采取关怀激励和榜样激励，只有充分调动员工的积极性，才能起到长期激励作用。当然，消防工作是一项量大面广的工作，针对这一特性，企业必须具有长远眼光，强化内部管理，建立健全消防安全管理制度，严格落实消防安全责任制，制定科学的激励机制，使员工在做好本职工作的同时对消防工作毫不懈怠。

5.与时俱进，充实、更新消防知识

由于现在火灾等灾害性事故具有危害性大、情况复杂等特点，消防人员必须具备良好的素质。企业消防人员要具备相应的专业知识和业务素质，以及开拓创新的能力，要学习现代消防科学知识和技术，改变传统的模式，尤其要掌握现代建筑中自动报警和自动灭火系统，学会正确使用消防气压给水设备远距离控制设施，熟悉新型应急电源的选用、钢结构防火保护、车辆灭火、各类气体灭火等知识。此外，企业消防人员还要有科学的学习方法，并学以致用。

6.加强微型消防站建设

微型消防站在一定程度上能够弥补企业内部消防应急方面的不足，加强企业内部微型消防站的建设是当前企业强化消防安全应急管理的重中之重。一是合理利用现有资源配备微型消防站力量。企业要整合内部消防值班人员、保安、重点岗位员工、安全管理人员、治安巡逻队员、夜间更值人员，以及消防控制室值班人员等多种力量资源，完善应急预案，提升应急救援整体能力。二是打造一支快速反应扑救初起火灾的队伍。微型消防站距离火灾事故地点近的优势就是能够快速反应，第一时间到场处置初起火灾，做到早发现、早消灭。要按照“1分钟邻近员工先期处置，3分钟灭火战斗小组到场扑救，5分钟增援力量协同作战”的基本要求，反复训练、演练，不断磨合消防队伍，并结合实际加以整改，切实提高反应速度。尤其是夜间，要结合夜间值班安排，明确企业总值班和微型消防站值班人员的职责，规范响应程序，确保一旦发现火情，队员能够快速到现场扑救。

7.规范临时动火作业管控流程，强化消防重点监控

因临时动火作业失控而引发火灾是火灾事故类型之一。因此，企业内部必须建立一套完整的临时动火作业审批和监控流程，即动火单位与被动火单位针对动火部位情况制定施工方案、预防措施和应急预案，明确动火操作人、监护人职责，经施工业务主管部门审核同意后上报公司安全、消防部门审批。临时动火作业方案审批后，动火单位凭审批单到消防值班室办理临时动火证，消防值班室值班人员依据动火方案、预案要求对动火部位进行全过程监控和检查，并将动火部位作为夜间巡查重点监控对象。在制定施工方案到施工结束的整个过程中，消防安全管理人员要全程介入管理，认真对现场危险源及防火措施进行确认，提出防火要求并对整个过程进行监督管理，将违章动火行为列为重大火灾隐患事件进行严肃处理。

三、火灾的预防和控制

1.企业火灾的直接原因

（1）电气原因。企业发生的火灾，由于电气原因引起的一般在30%以上，有的县（市、区）高达50%。主要原因包括不少企业没有正式的电工，乱拉乱接电线现象比较普遍，缺乏必要的维护保养措施；电器设备不合安全要求；工人违章使用电器；下班没有及时切断电源；等等。

（2）违反安全制度。部分企业员工学历较低，他们初进工厂，组织纪律性较差，法治观念淡薄，违章操作现象比较普遍。他们注重经济效益，而较少考虑社会效益、环境效益和企业安全。

（3）企业环境设计不符合防火安全要求，消防器材不足。很多企业一般都不是先经设计建造厂房而后再开工生产的，大多是利用现成的房屋，如闲置的库房、办公室、礼堂等建筑。这些建筑一般耐火等级较低，消防安全条件较差。

（4）生产设备比较陈旧，工艺比较落后。乡镇企业的生产设备多数比较落后，有相当一部分不符合安全生产的要求。他们大多采用旧设备，或者是自己建造的土设备，有的则是有旧有新的混合设备，加上工艺管理自动化程度低，设备安全保护条件差，操作工劳动强度大，极易发生火灾、爆炸事故。

（5）员工素质较差，干部管理水平较低。乡镇企业员工基本是本地农民，其招工一般没有什么严格条件。工人的文化水平普遍较低，进厂后，一般很少经过专门培训，受过消防安全教育的则更少。

2.解决火灾的主要方法

（1）大力开展消防宣传，普及消防常识。以往的火灾教训说明，使企业职工确立消防安全观念是预防和减少火灾的首要条件，提高企业职工的素质是做好企业消防安全工作的关键。《中华人民共和国消防法》明确规定了企业单位的消防安全职责，明确提出了企业是消防安全责任主体的理念。条例中的“管理自主”也直接表明了企业及企业负责人所承担的法律责任和社会责任。因此，政府必须强化对企业及企业负责人的消防安全教育，将消防建设行为与法律义务和社会责任结合起来，引起企业的足够重视。同时，企业也要加强对员工的消防安全教育，将消防意识植入每个员工的脑中，时刻紧绷安全的弦，做到上下同心同力。最后，要健全与消防安全相关的规章制度，将消防行为制度化、日常化，避免流于形式。

（2）兴办企业，确定生产项目，要考虑自身条件。不能要求一般企业和国有企业 一样，先建好厂房、买好设备、培训好工人再开工生产。但要办好一个企业，生产某种产品，就必须具备这些最基本的条件。

（3）健全消防组织，配备消防器材，提高消防自救能力。所有企业都应建立义务消防组织，根据企业规模和生产性质配备专职或兼职防火员，有条件的要建立专职消防队。企业的各级部门要有专门机构或人员负责消防安全工作，在条件成熟的地区可建立消防联防组织。

（4）做好规划工作。在企业集中的工业区、开发区要有发展规划，厂房布局、道路建设、消防水源设置都要列入规划的范畴，并逐步予以实施。要力求做到厂房布局合理，厂房与民用建筑分开；要建好道路，企业内部需开辟机动车道；要区别不同条件建设好消防水源，如在天然水源处设置停车（泵）位置，开辟消防水源，安装消防栓等。

（5）进一步加强对企业的消防安全监督管理。要做好企业的消防安全工作，还必须充分发挥各级公安消防监督部门的作用。这就要求各级公安消防部门经常深入企业开展消防安全检查，主动为企业领导当好消防安全参谋，不断为企业培训消防安全管理人才，普及消防常识。

（6）建立消防监督小组。企业在积极宣传消防知识，组织消防建设的同时，也要建立有效的责任机制，争取做到不留死角、责任到人，真正把消防工作安排到每个在岗职工手上，落到实处。同时，建立监督巡视小组，不定期抽查消防安全工作，从而保证消防工作持续发展。

（7）增加多种消防组织形式。企业可以开发多种消防安全组织建设，大力提高自救能力。企业消防不仅仅是企业自身的事情，更是社会消防的一个重要组成部分。政府可以充分利用地方优势，组建专职型、兼职型、义务型、混合型等各种形式的消防队伍，使其能够第一时间赶赴火灾发生地救援。另外，企业也可以定期开展消防演练活动，动员企业的每一个人参与到演练活动中去，通过实际的消防演练活动来传达上级有关消防演练管理的法律、法规等，开展消防自查活动，从而提高企业自身的消防管理水平。

（8）加大企业建筑工程的消防检查力度。大量的火灾资料表明，在火灾事故中，占据首位的是建筑火灾。因此，相关部门要根据《中华人民共和国消防法》和公安部发布的《建筑工程消防监督管理规定》，对我国的企业的新建、扩建、改建、内部装修，以及建筑用途变更进行严格的检查和整改。同时，要严格实行消防安全设计审核、安装施工工程检查，以及消防验收等一系列的工作。这些工作必须严格按照法律规定和法定程序来实行，不允许有丝毫的放松。只有做到以上这些，才能够在一定程度上降低企业发生火灾的可能性，减少火灾隐患。

综上企业必须要改正以往被动消防的观念，主动参与企业消防，通过大力宣传消防安全知识、建立消防小组和健全消防监督体系等方法将消防工作落到实处，为企业的持久发展提供一个安全良好的环境，促进社会经济的可持续发展。

四、突发消防事故的应对预案

应急预案是针对具体设备、设施、场所和环境，在安全评价的基础上，为降低事故造成的人身、财产与环境损失，就事故发生后的应急救援机构和人员，应急救援的设备、设施、条件和环境，行动的步骤和纲领，控制事故发展的方法和程序等，预先做出的科学、有效的计划和安排。应急预案可以分为企业预案和政府预案。企业预案由企业根据自身情况制定，由企业负责；政府预案由政府组织制定，由相应级别的政府负责。根据事故影响范围不同可将预案分为现场预案和场外预案。现场预案又可以分为不同等级，如车间级、工厂级等；场外预案按照事故影响范围的不同，又可以分为区县级、地市级、省级、区域级和国家级。重大事故应急预案可根据2004年国务院办公厅发布的《国务院有关部门和单位制定和修订突发公共事件应急预案框架指南》进行编制。应急预案的主要内容应包括以下几点。

1.总则

说明编制预案的目的、工作原则、编制依据、适用范围等。

2.组织指挥体系及职责

明确各组织机构的职责、权利和义务，以突发事故应急响应全过程为主线，明确事故发生、报警、响应、结束、善后处理等环节的主管部门与协作部门；以应急准备及保障机构为支线，明确各参与部门的职责。

3.预警和预防机制

包括信息监测与报告，预警预防行动，预警支持系统，预警级别及发布（建议分为四级预警）。

4.应急响应

包括分级响应程序（原则上按一般、较大、重大、特别重大四级启动相应预案），信息共享和处理，通信，指挥和协调，紧急处置，应急人员的安全防护，群众的安全防护，社会力量的动员与参与，事故调查分析、检测与后果评估，新闻报道，应急结束等12个要素。

5.后期处置

包括善后处置、社会救助、保险、事故调查报告和经验教训总结，及改进建议等。

6.保障措施

包括通信与信息保障，应急支援与装备保障，技术储备与保障，宣传、培训和演习，监督检查等。

7.附则

包括有关术语、定义，预案管理与更新，国际沟通与协作，奖励与责任，预案实施或生效时间等。

8.附录

包括相关的应急预案，预案总体目录，分预案目录，各种规范化格式文本，相关机构和人员通讯录等。

第五节 企业信息技术安全管理

一、企业信息技术安全管理的内容

企业信息技术安全，是指防止信息网络本身及其采集、加工、存储、传输的信息数据被故意或偶然的非授权泄露、更改、破坏或使信息被非法辨认、控制，即保障信息的可用性、机密性、完整性、可控性、不可抵赖性。信息技术安全不仅指的是企业计算机自身的信息安全，如计算机自身内部的硬件安全、软件安全，以及相关保密数据的安全等，也包括网络信息的安全，即确保企业的信息没有受到恶意的攻击或损害。这一定义是较为大众化的定义，科学研究领域的企业信息技术安全，则被认为是与网络信息安全相关的所有的理论和与之相关的研究领域，还包括信息在传输过程中的安全性和传输过程的保密性，其范围更为广泛。企业的计算机网络信息安全系统便是为保护企业计算机内的数据不受侵害、不被泄露，系统能够正常运作而不受外界的侵害，并能持续地为企业网络提供稳定的服务。尽管目前很多企业开始着手采用最先进的产品来构建企业内部的网络信息安全，但是因为在产品操作方面仍存在问题而无法健全。

根据国际标准化组织的定义，信息安全的含义主要是指信息的保密性、完整性、可用性和可控性。信息安全是计算机网络空间迅速发展而产生的一个独立的安全概念，也是国家安全概念延伸到计算机网络空间的结果。信息安全有广义和狭义两种概念。广义的信息安全，主要是指一个国家在网络空间里，主体利益不会受到来自外部和内部的威胁、破坏以及其他任何危害性影响的一种状态。它既可在网络内直接提供国家安全保障，也可通过经济安全、军事安全、政治安全和社会安全等因素对国家安全产生重大影响。狭义的信息安全，主要是指信息和信息系统的安全。其信息资产（信息网络、信息系统及其运行软件、数据等）不因偶然或故意的原因被非授权获取、泄露、更改、破坏，或被非法系统辨别、控制。信息安全主要包括以下内容：物理（实体）安全、通信保密、计算机安全、数据（信息）安全、运行安全、系统安全、系统可靠性和信息保障。信息安全的主要目标是保护信息和信息系统的保密性、完整性、可用性和可控性。没有信息安全就没有完全意义上的国家安全，也没有真正的政治安全、军事安全和经济安全。

二、企业信息技术安全管理的措施

随着互联网技术的不断发展，信息技术发挥的作用越来越突出，计算机已成为企业发展中不可或缺的有效资源，所以企业信息技术的安全变得尤为重要。但在共享资源缺乏有效管理的环境下，网络的一些保密信息，特别是企业内部的重要数据资源常常会被一些不法分子窃取，给企业造成严重的影响，同时，由于网络自身存在的一些特点，如容易受到病毒、恶意软件的侵害，也会给企业的发展带来一些隐患。部分企业已经意识到了企业网络安全的重要性，已经开始着手解决这一问题，可是还有很大一部分的企业对网络安全系统的构建缺乏足够的认识，在网络安全方面的发展还存在欠缺。此外，网络技术的发展十分迅速且需求广泛，与之相关的网络安全的发展也会因为其发展过快而存在安全隐患。在这种大背景下，企业构建安全的网络系统尤为重要。因此，我们要做到以下几个方面，确保信息的安全。

1. 制定高技术反窃密斗争的方针原则

涉密信息的保密工作必须贯彻“突出重点、积极防范、内外有别”的方针，坚持既确保涉密信息安全又便于工作的原则。这是一个统一的整体，缺一不可。这一方针原则同样适用于高技术条件下的反窃密斗争。

2. 加大对计算机网络信息安全的管理力度

计算机安全管理包含安全教育，安全机构的设立，安全管理功能的完善，计算机网络安全的立法和执法力度。加强计算机网络安全管理，应以法律为准绳，以道德为约束，不断提高计算机网络使用者的安全观念，高度重视黑客攻击和病毒感染预防，确保计算机网络使用安全。

3. 树立全新、系统的高技术窃密与反窃密斗争的观念

在高技术日益发展的条件下，要强化国家信息安全、保密意识，树立全新、系统的高技术窃密与反窃密斗争的观念。首先，要深入持久地开展宣传教育，使各级领导干部、涉密人员、广大民众牢固树立信息保密观念。其次，普及高技术条件下窃密与反窃密技术手段的有关知识，使人们了解高技术条件下失密泄密的主要渠道，形成新的信息保密观念和增长保密知识，在行动中自觉防止各种失密泄密现象发生。最后，在贯彻落实保密法规制度中强化信息保密的观念，不断强化保密执法和保密监督工作，真正做到在法律面前人人平等，树立起法规制度的权威和尊严。

4.设置防火墙

防火墙技术是系统的防护技术，是将计算机的软件与硬件进行结合，并设置的一个安全网关，可以防止黑客在局域网与公众网之间拷贝与删减用户信息。防火墙由四个部分组成，包括服务访问政策、验证工具、应用网关和包过滤。现阶段，由于防火墙技术的不成熟和不稳定，还不能完全保证网络内部不受攻击。同时，如果文件被病毒感染，防火墙也不能阻止其传输。因此，这项技术还有一定的缺陷，需要继续改进。

5.安装杀毒软件

杀毒软件也叫防毒软件、反病毒软件。杀毒软件兼具监控识别、自动升级和病毒扫描等功能，它是计算机防御系统的重要组成部分，应用非常广泛。它主要可用于清除计算机中的病毒、特洛伊木马和恶意软件等。它能够加强计算机中的数据备份，对于敏感的数据与设备实行隔离措施，同时不会轻易打开来历不明的文件。

6.建立和完善适应涉密信息安全需要的法规体系和技术标准

信息安全法规是一切有关管理涉密信息安全问题的法律规范的总称。为保护党和国家的根本利益，维护国家安全，国家最高行政机关和军队最高统帅机关，根据法律规定对各项业务的有关秘密事项，制定和颁布的有关法律、法令、条例、规则、章程等均系保密法规。信息安全法规具有鲜明的规范性、社会性、教育性与强制性。为确保计算机和有线、无线通信中的涉密信息的安全，要建立和制定各种信息安全的技术标准和措施，如反窃听和防窃听技术标准、防复印技术标准、防电磁泄漏技术标准等。增强技术安全设施建设的投入，逐步形成全方位、多层次、有特色的技术防范体系。

7.加强数据加密

数据加密技术能保护互联网数据不被外部所破拆而被获得，该技术可以有效保证数据的安全和信息系统的安全。其原理是对编码进行重排，因为原来的编码是明文，很容易被人破解，这样就会带来一定的损失，所以设计人员将原有的明文编码重排为不可读的一段代码。这样，用户就可以通过加密来获取自己想要的本来内容，而别人是无法看到和获取这些内容的，这样就可以保证数据不被他人非法窃取和篡改。目前，加密技术有两种形式，即对称数据加密和非对称数据加密。对称数据加密技术是指同时运行两个程序，即运用一个密钥对编码进行加密和解密，进而获取想要的内容。用户之间在通信时，使用同一个密钥进行编码的加密和解密。非对称数据加密有两个钥匙，即公钥和私钥。公钥和私钥是成对的存在，如果对原文使用公钥加密，则只能使用对应的私钥才能解密；因为加密和解密使用的不是同一把密钥，所以被称为非对称数据加密。非对称数据加密的密钥是通过一系列算法获取的一长串随机数，通常随机数的长度越长，加密信息越安全。通过私钥经过一系列算法是可以推导出公钥的，也就是说，公钥是基于私钥而存在的。但是无法通过公钥反向推导出私钥，这个过程是单向的。这样，在客户通信时，可以充分保障信息的机密性与完整性，想要的内容可以很好获取但不会被盗取和篡改。典型的算法有DES及其各种变形模式。

8.强化技术防范措施和确保涉密信息安全

高技术条件下信息安全容易遭受以下危害：一是人为或自然因素对信息载体造成的危害；二是电磁波危害；三是信息存储和传输中的安全危害；四是计算机病毒的危害。针对以上危害，我们应加强信息安全技术的开发与应用，做好人防、技术、物防工作。

9.建设一支高素质的涉密信息保护工作队伍

各单位的信息网络管理人员及保密人员是信息安全的主要管理者。他们是否具备在信息化条件下防窃密与反窃密的能力，是否掌握相关的保密技术标准，能否及时发现信息系统存在的安全漏洞和隐患，关系到国家涉密信息是否安全。为此，要努力建设一支高素质的国家涉密信息保护工作队伍，该队伍中人员的政治素质、保密业务和技术水平应得到相应提高，并加强对信息系统的安全监管、检查，及时消除隐患，确保涉密信息的安全。

计算机网络信息技术的安全与网络的发展关系密切。计算机网络信息技术的安全是一个系统工程，除了要采取必要的安全技术手段，例如防火墙技术、加密技术外，还应重视网络安全的硬件设备的研制和软件的开发，建立一个完善的计算机网络安全系统，并且要注重提高计算机管理人员的素质和水平，使其树立计算机安全保护的意识，这样才能把损失降到最低，建立一个安全稳定并且高效的计算机网络。

※ 小　结

本章主要介绍了企业安全管理知识。企业通过设置专门的安全保障机构，健全安全管理制度，加强对企业的劳动安全、治安、消防安全及信息技术安全方面的管理，保障企业及员工的生命财产安全，促进企业安全发展。

※ 关键概念

企业安全保障　企业劳动安全　企业治安管理　企业消防安全管理
企业信息技术安全管理

※ 思考与练习

（1）企业安全保障管理的措施有哪些？

（2）企业治安管理中的常见问题及应对策略有哪些？

（3）企业消防安全管理工作的要求和原则标准是什么？

（4）简述突发事件的应急处理程序和方法。

【案例分析】

某银行泄漏16万客户资料

某银行分行被揭上月底装修期间，遗失一部载有近16万客户资料的计算机服务器，警方已将案件列为盗窃案处理。该银行未及时公开事件，亦未及时通知金管局及个人资料私隐专员公署备案，令受害客户在过去11天内被蒙在鼓里。该银行发表声明证实，遗失的客户资料包括账户号码、姓名、交易金额，但不包括任何私人口令或客户名称，银行正与受影响客户联络。金管局促请该银行尽快做出补救措施并通知客户，以免造成损失。银行解释，服务器设有多重保安措施，泄露资料而导致不法活动的机会甚微，银行正联络有关客户，并已加强保安措施，避免同类事件重演。声明又重申，发现事件后已立即报警，警方正在调查，银行向受影响客户致歉，并指若有客户因任何诈骗活动而遭受财务损失，银行无须承担责任。生产力促进局信息科技首席顾问古某表示，银行分行的服务器一般都不会保存客户的全套资料，但他担心分行服务器的保密程度不会太高，加密技术比较容易被人破解，进而使客户资料被利用。某校电机及电子工程学系助理教授也表示，银行的服务器于上个月遗失，现在才被揭发，时间太长，加密技术有可能被破解，客户资料有外泄风险，建议受影响客户尽快更改全部账户的口令。

资料来源：香港汇丰银行被指导致16万客户资料外泄，(2008-05-08)[2022-03-13]，https://news.sina.com.cn/c/2008-05-08/202415502317.shtml，有改动。

请结合案例思考：

（1）该银行的信息技术管理在哪些方面出了问题？

（2）要避免这种事件，企业信息技术管理应该实施哪些措施？

※ 推荐阅读

1. 文大强，陈荣中. 企业管理原理[M]. 上海：复旦大学出版社，2004.

2. 王效昭，赵良庆. 现代企业管理学[M]. 合肥：安徽人民出版社，2008.

3. 史丽燕. 浅述企业行政管理的人员素质[J]. 职业圈，2007(6)：47，53.

4. 邓向青. 企业行政管理：涵义、职能与特点[J]. 文史博览(理论)，2008(2)：78-79.

5. 万惠华. 企业行政管理与创新[J]. 当代经理人，2006(1)：109-110.

6. 刘廷发，刘华. 企业行政管理的功能特点及要点[J]. 甘肃科技，2008(16)：98-99.

7. 徐胜源. 企业行政管理理论与实务[M]. 北京：中国经济出版社，2012.

8. 赵新平. 新编行政管理学[M]. 济南：黄河出版社，2008.

9. 黄安心. 企业行政管理概论[M].2版. 武汉:华中科技大学出版社,2017.

10. 王新令. 知识型企业行政管理浅析[J]. 中国电业,2021(6):82-83.

11. 解浚铭. 浅谈企业行政管理对于企业效益的作用与意义[J]. 经济管理文摘,2021(11):85-86.

12. 李凌. 企业行政管理中存在的问题与应对策略[J]. 投资与创业,2021,32(9):118-120.

13. 李菁. 新形势下我国国有企业行政管理的创新思路[J]. 大众投资指南,2021(6):59-60.

14. 邓彧蔚. 信息技术应用于食品企业行政管理的对策分析[J]. 轻纺工业与技术,2021,50(2):130-131.

15. 白雪. 新时代企业行政管理存在的问题及应对策略探讨[J]. 企业改革与管理,2021(4):20-21.

第十章　企业文化建设

内容结构：

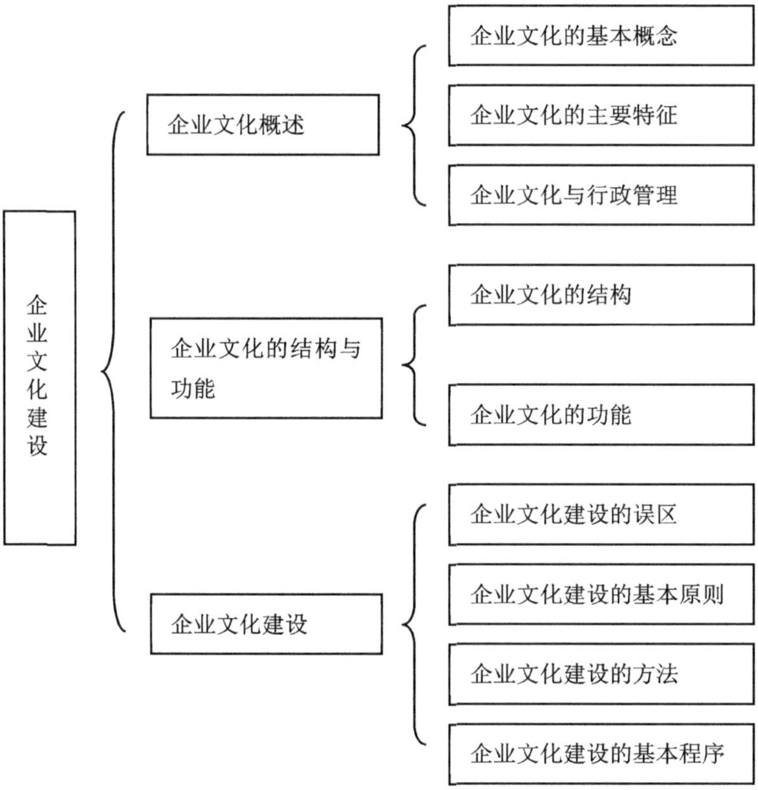

内容提要：本章介绍企业文化的基本概况、结构和功能，以及企业文化建设。首先，具体讲述企业文化的基本概念、主要特征，及其与企业行政管理的关系；其次，从物质、行为、制度、精神四个方面对企业文化结构层次进行论述，之后再阐述企业文化的凝聚、约束、激励、导向和品牌功能；最后，对企业文化建设的误区、原则、方法和程序四个方面进行探究。

【引导案例】

融军魂于企业 实干精神提亮格力“中国造”靓丽底色

“中国的制造业，需要军人般的气节，需要军人般的品质，需要军人般的担当。”近日，格力电器举行了首届中层管理干部“急先锋”训练营，旨在培养德才兼备、奋发有为的管理团队。董明珠在格力电器首届“急先锋”训练营开营仪式上如此表示。格力对中层干部进行集训，除了基础体能训练，还包括思想素质教育课程，该举措充分调动了全体中层干部及广大员工对于本职工作真抓实干、勇于创新的积极性和主动性，为培养一支想干事、能干事、干成事的人才队伍做铺垫。格力电器不是唯一以军队文化为助力进行人才培训的企业，但以顽强意志和团结拼搏精神为代表的军队文化一经引入，便与格力长期积淀而成的“实文化”精神相互呼应，逐渐形成了具有格力特色的军魂“实文化”，同时也有利于引导全公司上下以实干精神为支撑，为实现百年企业目标而不懈努力。

“实文化”是格力长远发展的深刻内涵和精神支柱，而过硬的产品质量则是消费者对其最直观的感受。产品是企业安身立命之本，格力将“完美质量”视为工作准则，始终以高于国际、国家标准的质量标准严格要求每一个生产流程。“零缺陷”是格力质量管理模式不断追求的目标，不论是行业内独有的筛选分厂，还是荣获“中国质量奖”的“让世界爱上中国造”格力完美质量管理模式，都是格力在质量领域不断探索的成果。在格力，对于质量标准的严格要求和检测过程的细致准确，无一不体现出格力质量把控上如军队铁纪般的严谨。作为国内家电制造业的龙头，近些年，格力始终植根于实体经济，稳扎稳打推进多元化战略布局。于制造业而言，以敢于创新、精益求精为特点的工匠精神和实干精神必不可少，而格力将坚韧不拔、爱国爱家的军人精神融入企业文化中，有利于进一步增强企业活力，更能促使全公司上下强化实干理念，形成团队开拓创新、努力拼搏的合力。具体说来，格力用“集训营”的方式让中层干部更为深切地感受军队锐意进取、开拓创新的精神，并将这种精神展现在日常的管理和工作上。

在产品研发上，格力以“创新”理念为突破口，脚踏实地以自主创新成果来满足消费者的需求。多年来，格力自主研发出多项创新成果，始终保持空调领域领先地位，离不开对人才的自主培养。形成成熟的人才培养机制，就是保证创新的源头，也是保证企业可持续发展的重要举措。目前，格力已经形成了一套完备的自主人才培养机制，涉及人才引进、培养与发展、激励保障等多个环节。2020年，格力第七次进入“福布斯全球最佳雇主”榜单，成为人才认可度和满意度受到广泛认可的企业。而此次格力为中层管理团队设置“急先锋”训练营，不能简单地将其视为一种体能上的“军训”，而是应该从中看到，实干、拼搏、奋进的军人精神之于企业乃至整个制造业的重要价值。格力正在以军魂铸企魂，从管理层培养入手打造一支“让世界爱上中国造”的强大人才梯队，致力于实现“制造强国”的美好愿景。

资料来源：融军魂于企业 实干精神提亮格力“中国造”靓丽底色，(2020-11-13)[2022-03-13]，https://www.sohu.com/a/433734027_100209676，有改动。

第一节　企业文化概述

企业文化是企业行政管理的重要组成部分，也是很多企业发展到一定阶段所必须面对和重视的企业发展核心内容。很多企业领导者都认可企业文化的重要性，但对企业文化的概念、特征了解往往不够全面、系统和完整。

一、企业文化的基本概念

企业文化是现代企业发展中的一个重要概念，但其实它是一个非常古老的话题。文化的产生和发展伴随着人类社会发展过程，而企业文化是人类文化的一个重要分支。

1. 文化的概念

在我国，“文化”乃是“人文化成”一语的缩写。此语出于《易经·贲卦·彖辞》：“刚柔交错，天文也；文明以止，人文也。观乎天文，以察时变，观乎人文，以化成天下。”在西方，文化一词源于古拉丁文“Cultura”，本意是“耕作”“开化”的意思，是指通过人的辛勤耕耘，造就禾苗茂盛、菜蔬肥美的田园风光[1]。直到1871年，英国文化人类学家爱德华·泰勒在《原始文化》一书中

① 钱乃余. 企业管理学[M]. 济南：山东大学出版社，2004：312.

第一次把文化作为一个中心概念来使用，并系统表述为：“文化是一个复杂的总体，包括知识、信仰、艺术、道德、法律、风俗，以及人类在社会里所获得的一切能力与习惯。”①

一般而言，文化有广义和狭义之分。广义的文化是指人类在社会历史实践过程中所创造的物质财富和精神财富的总和，具体还可划分为物质性文化和精神性文化。物质性文化，主要是指在人类历史长河中经过人类加工、制作和改造的一切人造物，如埃及的金字塔，中国的长城、运河等。精神性文化，是指作为一定社会经济、政治状况的反映观念形态的文化，如哲学、法律、文学、艺术、道德、宗教等。狭义的文化主要侧重于社会的意识形态，以及与之相适应的礼仪制度、组织机构、行为方式等物化的精神。

2.企业文化的概念

人类社会中各类组织都有其与组织自身紧密联系的文化，不同类型的组织文化因行业及内外部环境的差异有着非常显著的区别，也正因为如此，同一类型组织的文化往往具有较为相似的特点和表现形式，而企业文化是人类社会中被讨论和分析得比较多的一种组织文化形式。

和文化一样，企业文化是一个古老的话题，现代企业文化研究产生于美国，兴起于20世纪80年代。日裔美籍学者威廉·大内在《Z理论：美国企业界怎样迎接日本的挑战》一书中将企业文化明确为：“一个公司的文化由其传统和风气所构成。这种公司文化包括一整套象征、仪式和神话。它们把公司的价值观和信念传输给雇员们。这些仪式给那些原本就稀少而又抽象的概念添上血肉，赋予它们以生命力。”②

关于企业文化的概念，有学者从不同角度给出了不同的定义。如美国著名管理学家托马斯·彼得斯认为，一个伟大组织能够长久生存下来，最主要的条件并非结构形式或管理技能，而是我们称之为信念的那种精神力量，以及这种信念对于组织的全体成员所具有的感召力。美国学者泰伦斯·狄尔和爱伦·肯尼迪认为企业文化由价值观、神话、英雄和象征凝聚而成，这些价值观、神话、

① 爱德华·泰勒.原始文化[M].连树声，译.上海：上海文艺出版社，1992：1.

② 威廉·大内.Z理论：美国企业界怎样迎接日本的挑战[M].孙耀君，王祖融，译.北京：中国社会科学出版社，1984：169.

英雄和象征对公司的员工具有重大的意义。

关于企业文化的定义，国内学者也结合中国传统文化特色和现实情况做了分析，主要从内涵角度来界定企业文化，即企业文化是企业在初创和发展过程中形成的物质、行为、制度、精神的文化总和。文化建设是一项复杂的系统工程且不会自发形成，需要通过不断努力来塑造。文化具有很强的民族性，因此在构建企业文化的过程中，企业需从自身的历史和现状出发吸收中国传统文化的精粹，开拓思维，掌握不同研究方法，探索总结出既符合中国特色国情又符合我国企业经营管理活动规律的并对企业发展有促进的企业文化①。企业文化从来不是孤立存在的，企业生存在社会大环境中，企业文化的基本表现也随着时代的发展在不断变化和更新。党的十九大报告指出："经过长期努力，中国特色社会主义进入了新时代，这是我国发展新的历史方位。"因此，自党的十九大之后，除了与世界各个国家或地区的企业文化具有共同的发展趋势，中国各行各业的企业文化还将具有中国特色社会主义新时代特征的发展趋势②。

每个企业都有自己特殊的环境条件和历史传统，形成了自己独特的哲学信仰、意识形态、价值取向和行为方式，于是每个企业也都形成了自己特定的企业文化。企业是按照一定的目的和形式而建构起来的社会集合体，为了满足自身运作的要求，必须要有共同的目标、共同的理想、共同的追求、共同的行为准则，以及与此相适应的机构和制度，否则就会是一盘散沙。企业文化的任务就是努力创造这些共同的价值观念体系和共同的行为准则。从这个意义上说，企业文化是企业在长期的实践活动中所形成的，并且为企业成员普遍认可和遵循的，具有本企业特色的价值观念、团体意识、工作作风、行为规范和思维方式的总和。

二、企业文化的主要特征

企业文化具有以下几个主要特征：

1.人本性

人本性体现为对企业内外部人群及个体的重视和尊重。从企业内部看，人

① 井稚惠.中国传统文化对企业文化构建的影响[J].北方经贸，2020(10)：133-135.

② 钱津.论新时代中国企业文化的发展趋势[J].创新，2020，14(4)：100-106.

是整个企业中最宝贵的资源和财富，也是企业活动的中心和主旋律。企业只有充分重视人的价值，充分调动人的积极性，发挥人的主观能动性，努力提高企业全体成员的责任感和使命感，使企业和成员成为真正的命运共同体和利益共同体，才能不断增强企业的内在活力和实现企业的既定目标。当企业成员得到足够的尊重和重视，他就会自觉地、积极地按企业的精神、价值目标去完成自己的工作。从企业外部看，众多消费者所组成的社会大环境构成了企业生存与发展的重要条件，与社会环境的互动，尽到企业的社会责任是企业文化人本性的重要体现。企业文化是一个开放的系统，优秀的企业文化都追求社会环境的和谐，其经营目标、经营作风、经营特色都以满足社会的需求，促进社会的进步和发展为己任。具有优秀企业文化的企业通过其优质的产品、良好的服务、对公益事业的热心，带动和优化社会风尚，并与社会各界保持良好的公共关系，从而更好地实现企业的社会价值。

2.独特性

每个企业的发展历程不同，企业的风格与传统也不同，因而，企业对生存竞争环境的应对策略和处理内部事务的方式都有自己的特色，由此而形成的企业文化的形式与内涵也是千差万别的[①]。每个企业都有其独特的企业文化，从宏观层面说，这是由企业所处的国家和民族、地域、时代背景和行业特点不同所形成的。如美国的企业文化强调能力主义和个人奋斗；日本的企业文化则深受儒家文化的影响，强调团队合作的家族精神。从中观层面看，企业所属的不同行业也会造就不同的文化，如传统制造行业多追求严谨、讲究纪律性，而高科技企业则多追求自由与创新。在微观层面，具体到某个企业，各企业更会因为企业发展经历、创始人个性等要素产生独有的企业文化，如同为美国的著名IT企业，比尔·盖茨的微软与乔布斯的苹果公司的企业文化就有显著的不同；同为空调制造商，国内的格力和美的企业文化也有着较大的差异。

3.稳定性

企业文化是企业在长期的发展中逐渐积累和不断完善而形成的，但一经形成就不会轻易改变，具有较强的稳定性。这主要体现在企业文化不会因组织结构的改变、战略的转移或产品与服务的调整而产生变化。一个组织中，精神文

① 郗芙蓉.对企业文化特征的辩证认识[J].中外企业文化,2007(10):9-10.

化又比物质文化更具稳定性。如日本索尼公司，尽管其生产的重心从家电到随身听再到数码产品，不断发生转移，但在这一过程中，索尼始终将自主创新作为核心理念和价值观，并以自主创新为价值取向，同时将创新行为与企业的目标相结合，以企业目标来衡量自主创新的成果①。中国华为公司生产的产品从早期的单一通讯到后期多样化产品，涉及领域不断扩大与更新，但其独立、创新、严谨的企业精神却始终保持如一。

4.发展性

企业文化随着历史的积累、社会的进步、环境的变迁，以及组织变革会逐步演进和发展。健康、适应性强的企业文化有助于企业更好地适应外部环境和变革，但这种变化更多体现在企业文化的制度和物质层面。没有特殊事件的发生，作为企业文化核心的价值观体系一般不会发生大的变动。

三、企业文化与行政管理

1.企业文化与行政管理的关联

马克思曾经指出，劳动创造了人类一切物质文明成果和精神文化成果，同时只要有人类的共同劳动，有社会分工协作，就需要管理。文化与管理都根源于人类的生产实践，人类的生产实践不仅创造了文化，也产生了管理。文化和管理是相互联系、相互作用、相互促进的，它们互为对象又互为手段。从动态的角度来看，企业文化和行政管理通过员工这条纽带彼此促进、相互依赖。企业文化与行政管理的关联性主要体现在以下几个方面。

（1）观念上的关联性。当代行政管理的核心观念就是以人为本，要满足人的需求，激发人的潜能，实现人的价值的最大化。而企业文化的人本主义则主要站在群体的角度上，打造员工共同的价值观和理念，为员工营造良好的价值实现环境，将实现个人价值和企业价值有机地联系到一起。同时，随着时代的发展，行政管理和企业文化普遍开始关注企业的信息化和全球化，社会责任的观念、生态的观念开始更多地融入企业文化与行政管理当中。

（2）研究对象的关联性。行政管理研究以人的价值为中心，处理人与工作、人与人、人与组织的互动关系。企业文化研究的重点则是如何重视人，如何体

① 李世康.创新型企业文化研究——以索尼为例[J].商场现代化，2008(22)：209.

现以人的价值为中心，如何增强企业文化的生存力和影响力，而这些又是从对人与人、人与工作、人与组织的关系的研究开始的。

（3）任务目标的关联性。行政管理的任务之一就是要促进企业文化建设，企业文化的目的则是帮助企业实现高效的行政管理。企业文化和行政管理都以充分发挥企业潜力，实现企业员工的最大合力，实现企业价值与员工个人价值相统一为终极目标。尽管在具体实现过程中侧重点和实现途径存在差异，但总体的方向是较为一致的。

（4）功能的关联性。企业文化的激励功能是行政管理的重要职能，它的凝聚功能、导向功能、辐射功能也始终贯穿于行政管理的各个环节，使行政管理的各项程序都得到良好的执行，反过来行政管理又通过管理流程和具体人员的操作来实现和增强企业文化的功能。

2.企业文化对行政管理的指导和促进

企业文化是行政管理的灵魂，企业行政管理的制度、措施、方法必须在企业文化的引导下，才能长久、有效地推动企业发展。另外，行政管理体系强调的是制度、措施与方法，但是制度、措施、方法再详尽、再科学，也不可能无所不包。如若为防止员工钻空子，把制度、措施、方法定得细而又细，一切从条条框框出发，制度、措施、方法就失去了其灵活性和应变力。同时，若完全通过制度、措施、方法实施硬管理约束，员工的抵触情绪可能会越来越大，规定会很难实施，行政管理的效果就会大打折扣。而企业文化的建设为企业行政管理指明了发展方向，其通过价值观的输入来促进员工的自我激励与管理，使企业行政管理工作更加高效，也减少了管理成本。企业行政管理在坚持运行有序、有章可循的刚性准则的同时还需要企业文化的柔性管理，这样可以有效弥补单靠硬性约束带来的不足与偏颇，实现最佳管理效能。

3.行政管理是企业文化的基础和载体

企业文化以行政管理为载体，通过行政管理，企业文化的理念和精神才能够得以贯彻执行，企业表层文化也要通过行政管理体系加以塑造和传播。一个企业如果要创建自己的独特文化，离开有效的行政管理体系的支持，很难成功。行政管理是企业文化富有生命力的基础，只有把抽象的企业文化的核心内容融入行政管理的活动和实践，贯穿于行政管理的始终，才能让企业文化精神深入人心。具体行政管理政策对企业文化的形成和发展也起着关键作用，如企业的招聘、培训、培养、考核、提升等方面的制度和实施过程都体现着企业文化的价值观，影响着企业文化的最终形成。

第二节　企业文化的结构与功能

在现实生活中，很多人甚至包括一些企业的管理者错将企业的一些较为显眼的表层文化误认为是企业文化的全部。如一些企业每个工作日早上都要做早操、唱厂歌，要求员工统一着装，给企业设计标志性图标和建筑等。这些是企业文化的重要组成部分，但不是核心部分。完整的企业文化有其特定的结构，并发挥着相应的功能。要构建一个明晰、完整的企业文化体系，首先必须了解企业文化的内容与内涵，清晰其构成要素及要素之间的区别与联系①。

一、企业文化的结构

一般认为，组织文化可划分为多个层次，主要有物质文化、行为文化、制度文化和精神文化，四个层次的关系如同一个同心圆（也有学者将物质文化和行为文化统一称为表层文化）②。这四个层次的文化，构成了企业文化的一个整体结构。它们既有各自的特点，又有相应的关联性。物质文化最为具体实在，构成企业文化的硬外壳；行为文化是一种处在浅层的活动，构成企业文化的软外壳；制度文化是观念形态的转化，成为企业硬、软外壳的桥梁；精神文化是观念形态和文化心理，是企业文化的核心。

1.物质文化

物质文化主要表现在企业日常运营中所存在的实物和标示上，是凝聚着组织文化抽象内容的物质载体，既包括了组织整个物质的和精神的活动过程、组织行为、组织产出等外在表现形式，也包括了组织实体性的文化设备、设施等，如一个企业的建筑风格、内部装饰、产品外观和包装、员工服装、带有本组织色彩的工作环境、作业方式、图书馆、俱乐部等。物质文化是企业给客户和社

① 张仁兴.企业文化结构深层解析[J].航天工业管理，2003(1):42-45.

② 许学锋."雷达"模型——企业文化结构探讨[J].中外企业文化，2007(9):40-41.

会的第一印象，是企业核心精神文化的最外在体现。成功的企业都有优秀的物质文化，它能够很好地将企业的文化理念传递给客户和社会。如苹果系列产品上的标示，给人以一种轻松中充满活力的感觉，恰好体现出苹果公司的文化特征。华为商标形似一朵菊花，寓意华为人团结一心，以及华为蓬勃向上发展。

2. 行为文化

行为文化主要体现在企业的活动文化和礼仪文化上，体现了一个企业的经营作风，以及做事的风格，它是对企业精神、企业目标的动态反映。主要表现为企业中员工的主流行为和语言，团体活动作风，各种文体娱乐活动和公关、社交和礼仪活动等。行为文化也直观体现了整个企业的价值取向。如日本丰田公司每一条路中间一定有一条黄线，员工必须走在黄线的右边，不可以超越黄线。再如美国杜邦公司，特别注重安全，员工下班笔尖必须冲下插到笔筒中，如果有扶手，一定要扶扶手。中国海尔也有"日事日清，日清日高"的工作方法，这是海尔集团员工的日常行为准则。

3. 制度文化

制度文化是体现某个具体组织文化特色的各种规章制度、道德规范和员工行为准则的总和，也包括组织内的分工协作关系。如企业基本制度、所有权、责任机制、分配机制、用人机制、组织机构和管理模式等。它是组织文化核心层（内隐部分）与显现层的中间层，是由虚体文化（意识形态）向实体文化转化的中介。制度文化有两个层次，其一是基础的管理制度和体系，其二是建立在管理制度和体系上的文化的内涵。通过阅读一家企业的规章制度你能感受到隐藏在其背后的价值追求和精神风貌等。

从具体内容看，企业制度文化主要包括领导体制、组织机构和管理制度三个方面。

（1）企业领导体制。企业领导体制的产生、发展和变化，是企业生产发展的必然结果，也是文化进步的产物。企业领导体制是企业领导方式、领导结构、领导制度的总称，其中主要是领导制度。企业的领导制度，受生产力和文化的双重制约，随着生产力水平的提高和文化的进步，就会产生与之相适应的领导体制。不同历史时期的企业领导体制，反映着不同的企业文化。如很多高科技企业往往实现领导高度放权体制，给予员工更多自主权和创新空间，而这恰恰是保持其组织活力的重要促进因素；但一些传统企业则大多实行领导集权体制，这有利于保持组织的严密性和纪律性。在企业制度文化中，领导体制影响着企业组织结构的设置，制约着企业管理的各个方面。所以，企业领导体制是企业制度文化的核心内容。卓越的企业就应当建立统一和协调的企业制度文化，特别是统一和协调的企业领导体制。

（2）企业组织机构。企业组织机构是指企业为了实现生存发展目标而筹划建立的企业内部各组成部分及其关系。如果把企业视为一个生物有机体，那么组织机构就是这个有机体的骨骼。因此，组织机构是否适应企业生产经营管理的要求，对企业生存和发展有很大的影响。不同的企业文化，有着不同的组织机构。影响企业组织机构的不仅是企业制度文化中的领导体制，企业文化中的企业环境、企业目标、企业生产技术、企业员工的思想文化素质等也是重要因素。组织机构形式的选择，必须有利于企业目标的实现。现代企业往往实施“扁平化”组织形式，与传统“官僚制”体制相比这种组织形式体现了精简和高效的企业文化，但具体企业组织形式仍需根据企业具体情况加以选择和修正。

（3）企业管理制度。企业管理制度是企业为求得最大效益，在生产管理实践活动中规定的各种强制性义务，其中包含着保障员工一定权利的各项规定或条例，包括企业的人事制度、生产管理制度、民主管理制度等一切规章制度。企业各项管理制度是企业进行正常经营管理所必需的，它是一种强有力的保证。优秀的管理制度必然是科学、完善、实用的管理方式的体现。它能够把企业的核心价值观和道德理念很好地传递给企业员工，并促使组织所倡导的文化和精神在日常工作中体现出来。

4.精神文化

企业精神文化是一种更深层次的文化现象，在整个企业文化系统中，处于核心的地位。它就像一个企业的指南针，优秀的企业文化甚至会影响每一个员工的价值观，渗透到他们的潜意识里。从这个意义上看，企业精神文化是广大员工共同而潜在的意识形态，包括管理哲学、敬业精神、人本主义的价值观念、道德观念等。精神文化可以细分为如下几个部分：

（1）企业核心价值观。企业核心价值观是企业或组织内部管理层和全体员工对该企业或组织的生产、经营、服务等活动，以及指导这些活动的一般看法或基本观点。它是企业或组织全体成员的共同追求，是企业或组织全体成员凝聚力的焦点，反映了企业或组织领导者和成员的追求层次和理想抱负，是企业文化建设的出发点和归属。

（2）企业精神。企业精神是企业有意识地提倡、培养其成员群体的优良风貌，是对企业现有的观念意识、传统习惯、行为方式中的积极因素进行总结、提炼及倡导的结果，并通过全体成员的实践体现出来。它是企业经过共同努力奋斗和长期培养所逐步形成的，认识和看待事物的共同心理趋势、价值取向和主导意识，是一个企业的精神支柱，反映了成员对企业的特征、形象、地位等的理解和认同，也包含了对组织未来发展和命运所抱有的理想和希望。企业精神反映了一个组织的基本素养和精神风貌，是凝聚组织成员共同奋斗的精神源泉。

（3）企业道德。企业道德是指企业内部调整人与人、单位与单位、个人与集体、个人与社会、组织与社会之间关系的基本行为准则。从其内容结构来看，主要包含调节成员与成员、成员与组织、组织与社会三方面关系的行为准则和规范。以道德规范为内容与基础的员工伦理行为准则是企业制定规章制度的前提和基础，也是企业规章制度执行的重要补充。

二、企业文化的功能

企业文化对整个企业的发展有着非常关键的作用，特别是对企业的长远发展，其意义更是深远。优秀的企业往往非常重视企业文化建设。总的来说，企业文化具有以下功能。

1.凝聚功能

企业文化能把企业成员紧密联结起来，当企业文化特别是其核心价值观被企业员工共同认可后，它就会从各个方面把企业成员凝聚和团结起来。企业文化正是通过塑造共同的价值理念，使人们的认知体系趋于一致，导致相互吸引增强，从而极大地提高了企业的凝聚力[①]。企业文化建设非常重视人的价值，珍惜和培养人的感情，注重企业成员间关系的和谐，有利于促进员工间的团结。同时，企业文化还注重从多方面培养企业文化心理，使员工产生对企业目标、

① 魏钢焰.基于行为科学的企业文化功能研究[J].浙江树人大学学报，2006(6)：77-80.

职责、观念的强烈认同感、使命感、归属感和自豪感。企业成员一方面为企业做出贡献，另一方面实现了自我价值，由此产生强烈的向心力和凝聚力，这是企业文化能够给企业带来的一种非常强大的力量。

2.约束功能

企业文化对企业成员的思想和行为具有约束和规范作用。它影响着企业每个成员的认识、感觉、思想、道德等心理过程，是一种软性约束。这种约束产生于企业文化氛围、群体行为准则和道德规范，会造成强大的使个体行为从众化的群体心理压力和动力，使企业成员产生心理共鸣，达到行为的自我控制。如果企业的共同价值观深入每个员工的心中，那么员工就会产生与之相适应的心理感觉和认识，自觉或不自觉地遵循价值观及在此基础上建立的制度、行为文化。一旦违反这种价值观念，员工就会感到内心不安或受到周边环境的谴责，从而会在思想和行为方面做出调整。比如某超市的企业文化里就有两条规定：第一，顾客永远是对的；第二，如有异议，请参照第一条。这种文化对整个公司员工的思想和行为有强大的约束力。这要求员工在服务的过程中要有这样一种心态，即在任何情况下都不能跟顾客顶撞、争吵和发生激烈冲突。当然，这并非让员工面对顾客纠纷时放弃尊严，一味地忍让，而是要维护公司尊重顾客的文化。

3.激励功能

企业文化具有使企业成员从内心产生一种高昂情绪和奋发进取精神的效应。积极向上的思想观念及行为准则会形成强烈的使命感和持久的驱动力，成为员工自我激励的一把标尺。企业文化把尊重人作为中心内容，以人的管理为中心。企业文化给员工多重需要的满足，并能用它的软约束来调节各种不合理的需要。共同的价值观念使每个职工都感受到自己存在和行为的价值。自我价值的实现是人的最高精神需求的一种满足，这种满足必将形成强大的激励①。这种激励，不是仅靠外在（比如奖金、职位等）的推动刺激，也靠内在的牵引，其能让员工从内心深处产生为企业拼搏的献身精神。如某公司在荣誉室最显眼的位置挂上全体员工评选出来的功勋员工照片，其中包括很多平凡的普通员工，如车间一线的工人、清洁工阿姨等，他们会产生强烈的荣誉感和自豪感。这会激励他

① 马爱东.论企业文化功能及建设[J].才智，2011(12)：17.

们加倍努力工作，正体现了企业文化的激励作用。

4.导向功能

企业文化能对企业整体和企业每个成员的价值取向及行为取向起引导作用，具体表现在两个方面：一是对企业成员个体的思想行为起引导作用，二是对企业整体的价值取向和行为起引导作用。企业文化一旦形成，它就建立起了自身系统的价值和规范标准，如果企业成员在价值和行为取向上与企业文化的标准产生悖逆现象，企业文化会将其纠正并将之引导到企业的价值观和规范标准上来。如松下公司之所以能够成为一个优秀的企业，是因为它有七种精神。第一是产业报国的精神，第二是光明正大的精神，第三是团结一致的精神，第四是奋斗向上的精神，第五是礼仪谦让的精神，第六是适应形势的精神，第七是感恩报德的精神。这七种精神，给每一个松下成员起到了一个很好的导向作用，使每一个成员的思想和言行都符合松下公司所定的标准。

5.品牌功能

企业文化一旦形成较为固定的模式，不仅会在企业内部发挥作用，对本企业员工产生影响，而且会通过各种渠道（宣传、交往等）对社会产生影响。企业文化的传播对树立企业的公众形象很有帮助，优秀的企业文化对社会文化的发展有很大的影响。企业文化是企业发展过程中逐步形成和培育起来的具有本企业特色的企业精神、发展战略、经营思想和管理理念，是企业员工普遍认同的价值观、企业道德观及其行为规范。如果这些价值观、道德观和行为规范被社会各界广泛知晓和接受，就能够形成良好的品牌效应，成为企业品牌中的重要组成部分，产生强大的团体向心力和凝聚力。优秀的企业都具有独特的企业文化和强大的品牌效应。品牌的价值是时间的积累，也是企业文化的积累，是企业长期经营与管理积累的价值所在。

第三节 企业文化建设

企业文化建设是指企业根据组织发展需要和组织文化的内在规律，在对组织现实文化进行分析评价的基础上，设计制定组织文化目标，并有计划、有组织、有步骤地加以实施，进行组织文化要素的维护、强化、变革和更新，不断增强组织文化竞争力的过程①。对企业文化建设的认识应从容易出现的误区、建设的基本原则、建设的方法和程序四个方面展开。

一、企业文化建设的误区

现代企业的管理人员越来越关注企业文化建设，从传统的制度管理开始转向文化管理。在我国的一些优秀企业，管理也正朝着这一方向迈进。在文化建设与制度创新的过程中，目前已有一批运作成功的优秀企业，例如海尔、联想、华为等。但不容忽视的是，还有相当多的企业领导者由于缺乏先进的管理思想，没有明晰现代企业文化的真正内涵和发展趋势，在变革和建设企业文化的过程步入了一些误区，阻碍了管理的健康发展。对这些误区进行梳理和分析有利于企业对文化建设中存在的问题加以重视和修正。

1.注重形式而忽略了内涵

在企业文化建设过程中最突出的问题就是盲目追求企业文化的形式，而忽略了企业文化的内涵。很多管理者把建设企业文化看成企业实现其经济目标的手段，而不是企业应该达到的目的，企业文化本身没有上升到企业目的的层面。这种误区导致在企业文化建设过程中只注重形式而忽略了企业文化的真实目标。如一些企业领导把企业文化建设简单地做成VI系统设计（视觉形象识别），似乎建设企业文化就是创造优美的企业环境，注重企业外观色彩的统一协调，员工服饰的整洁大方，商标与包装的图案优美等。再如有些企业设计一些标语口号，贴在走廊、办公室和各车间的墙上，内容形形色色，措辞铿锵有力，诸如“以人为本”“人本管理”“团结、求实、创新、拼搏、奉献”等等，认为这就是企业文化。如果企业文化只有表层的形式而没有内在价值与理念，那么这样的企业文化是没有意义的，无法形成文化推动力，对企业的发展产生不了深远的影响。

2.企业文化建设成为针对员工的管理手段

在一些公司的企业文化建设中，采取的主要是自上而下的方式，忽视对员工意见的征求。管理层不愿意倾听员工的意见，所制定的制度和采取的措施就难以真正反映员工的愿望与需求。一些企业管理者认为企业文化建设的目的是

① 王慧珍，叶国英.护理管理学[M].2版.北京：人民军医出版社，2012：51.

塑造员工，包括按照领导者和组织的意图改变员工的观念、习惯和行为方式等，与此相应，他们所倡导的“企业文化”在内容上基本局限于员工的人品或职业道德，例如“爱厂、爱家、爱他人”“善、诚、智、勤”等。

从企业文化内涵来看，培育和塑造员工确实是企业文化建设中的一项重要工作，但企业文化的根本目的不是塑造员工，而是塑造企业自身。一味地强调企业文化建设中员工的责任和义务反而会激发员工的逆反心理。其实，员工应成为企业文化建设的主动参与者和积极创造者，企业文化作为员工共享的信念和期望的模式，要让全体员工积极主动地参与它的培育过程，并将代表多数人观点的人作为典范和执行者，同时在企业文化培育过程中要加强交流沟通，积极鼓励员工参与并反馈情况。

3.忽视了企业文化的创新和个性化

企业文化是某一特定文化背景下该企业独具特色的管理模式，是企业的个性化表现，不是标准统一的模式，更不是迎合时尚的标语。综观许多企业文化，方方面面都大体相似，缺乏鲜明的个性和独特的风格。其实，每一个企业的发展历程不同，企业的构成成分不同，对环境做出反应的策略和处理内部冲突的方式都应有自己的特色，不可能完全相同。企业文化是在某一文化背景下，对企业自身发展阶段、发展目标、经营策略、企业内外环境等多种因素综合考虑而确定的独特的文化管理模式。企业文化侧重点应有差异，其价值内涵各不相同，而且企业文化的类型和强度也都不同，正因如此才彰显了企业文化的个性。

企业文化是对企业和企业员工价值理念的深层发掘和提炼，而非不着边际的空洞设计；是在企业的发展历程中积累而成，并由企业核心层向外围逐渐延伸、扩展，最终为企业员工所接受。企业文化并非语言越漂亮越好，而应该朴素、精简、有内涵和意义深远。

4.缺乏系统观点

很多企业在建设企业文化时缺乏系统观点，就企业文化论企业文化，将文化孤立于战略、组织、团队之外，没有意识到企业文化能真正发挥价值的关键在于企业战略、组织和团队的有效支持。孤立地谈论企业文化，将其脱离于企业其他管理元素之外；笼统地认为文化无所不包，不需要其他管理元素的支持；在没有明确企业战略的情况下便盲目进行企业文化设计；在管理基础非常薄弱的情况下便展开企业文化建设：这让企业文化建设很难取得真正意义上的成功。

用系统的观点来看待和建设企业文化，使战略、组织、团队、文化四个要素进行有机融合与互动。其中，文化是公司的价值核心和理念精髓，是制定公司战略、构建公司架构、指导团队建设的理念基础。但企业文化的建设、实施和产生实效需要一整套的战略和制度支持，需要被团队真正地理解、接受、认同和实践。战略、组织、团队、文化作为企业的四个支点，它们有效构建起企业生存发展的基础，四者之间必须相互适应、相互匹配。离开战略、组织、团队要素的有效支持与协同，文化建设就无法真正发挥实效。

5.忽视企业文化的变革

在企业文化“变”与“不变”的问题上存在着两个相反的误区：一是将企业文化奉为圭臬，认为企业文化的各项内容甚至每一个理念、每一句话、每一个词都不应当被改变；二是认为唯一不变的是变化，企业的一切都应当不断改变，企业文化当然也不例外。在这方面，中国传统文化的“持经达变”的辩证思想可以很好地应对这一问题，即要在保持核心价值观的基础上因时、因地不断合理调整企业文化体系以更好地应对时代变化。《基业长青》一书对企业文化是否应该变化用八个字进行总结，即“保存核心，刺激进步”，认为企业的核心价值观应当始终保持不变。该书所研究的18家著名企业都虔诚地保持着它们的核心理念，它们的核心价值基础坚如磐石、始终不变。部分公司的核心价值观已经历百年而不变，但其外层的制度文化、行为文化、物质文化则随着外部环境的变化进行一定的改革。在一个创新、快速反应、灵活和学习成为竞争优势重要来源的环境中，培育员工、以人取胜、以人为本成为企业增强竞争力的核心。这就需要变革传统的企业文化，培育新的符合人性和时代要求的企业文化。一些企业的领导者由于自身的局限性和文化变革的困难，在企业文化建设中忽视文化的变革，在外部环境已经发生明显变化的情况下，思想保守，不愿改变，结果使企业文化建设明显落后于时代的发展。

二、企业文化建设的基本原则

企业文化建设的原则包括以人为本、注重传承和创新、注重系统、塑造特色，它们是企业文化建设者必须注意的基本事项。

1.以人为本

文化应以人为载体，人是文化生成的第一要素。企业文化中的人不仅仅指企业家、管理者，也指企业中的全体职工。企业文化建设中强调要关心人、尊重人、理解人和信任人。企业团体意识的形成，首先是企业的全体成员有共同的价值观念，有一致的奋斗目标，才能形成向心力，才能成为一个具有战斗力的整体。以人为本就是把人视为管理的主要对象和企业最重要的资源。企业文化模式必须以人为中心，充分反映人的思想文化意识，通过企业全体人员的积极参与，发挥首创精神，企业才能有生命力，企业文化才能健康发展。

一方面，企业文化作为一种管理文化，它需要强调对人的管理，并把强调"人"的重要性有机地融合到企业追求的目标中去。另一方面，企业员工不仅是企业的主体，还是企业的主人，企业要通过尊重人、理解人来凝聚人心，企业文化要通过激发人的热情，开发人的潜能，来极大地调动人的积极性和创造性，使企业的管理更加科学，使企业更有凝聚力。

在企业文化建设过程中，要正确处理好企业领导倡导与员工积极参与的关系，必须做到每一个环节都有员工参与，每一项政策出台必须得到广大员工认可，自始至终形成一个全员参与、相互交融的建设局面，实现员工个人价值与企业蓬勃发展的有机统一。

2.注重传承和创新

马克思主义认为人们自己创造自己的历史，但他们并不是随心所欲地创造，而是在直接碰到的从过去继承下来的条件下创造[①]。中国是一个具有五千多年历史的文明古国，其文化传统博大精深，有很多文化内容值得我们今天去研究和借鉴。如传统文化认为"人皆可为尧舜"，这种思想有利于企业营造倡导相信员工、激励员工的运营环境。再如新中国成立初期大庆油田的"三老四严"的精神同样也可以在今天的企业实践中加以运用。而在其他国家特别是研究和运用企业文化较早的一些西方发达国家，也同样有很多优秀的理论和实践需要我们加以研究和学习。继承与发展是企业文化建设不可分割又互相促进的两个方面。继承是发展的基础，没有继承的发展就等于无源之水；而发展是继承的继续，离开了发展的继承就意味着停滞不前。

① 吴作第.论企业文化建设与国学精神[J].企业技术开发,2015,34(9):29.

3.注重系统

企业文化建设是一项战略性、长期性的工作，也是一项庞大的、复杂的系统工程，决不能凭空想象、一蹴而就，要树立“打持久战”的理念。企业文化是企业的“铸基”和“铸魂”工程，需要坚持不懈的努力。它的建设是一个渐进过程，必须运用系统论的方法，搞好整体设计，分步推进，逐层落实。必须明确总体目标和阶段性目标，管理层应该做什么、怎么做，实践层应该做什么、怎么做，只有上下勠力同心，协调运作，才能把企业文化建设的任务落实到实际工作中去。

4.塑造特色

企业文化是一门应用性、实践性很强的科学，是在一定社会文化背景下的管理文化建设工作。工作中必须运用创新的方法去思考、去实践。搞好企业文化建设的关键在于突出企业的鲜明个性，追求与众不同的特色、优势和差别性，培育出适应知识经济时代要求的，能够促进企业整体素质提高、健康发展，具有自身鲜明特色的企业文化。因此，在企业文化建设过程中，必须牢牢把握企业历史、现状、未来的实际情况，重视挖掘、提炼和整理出具有企业鲜明特色的文化内涵，走出一条具有特色的企业文化建设之路。

三、企业文化建设的方法

在企业文化建设实践发展中有一些较为成熟的方法和模式，主要有构建CIS（企业形象识别系统）、宣传与教育、典型示范法等。

1.构建CIS

CIS的英文全称是Corporate Identity System，原意是“企业形象识别系统”，现泛指“各种会社组织的形象可识别系统”。CIS是社会组织将其理念、行为、视觉、听觉形象及一切可感受形象实行统一化、标准化与规范化的科学管理体系。CIS是组织在经营和竞争中赢得公众认同的有效手段，可以运用到任何一切类型的组织中①。在企业文化建设中，CIS是非常重要的工具。CIS由理念识别MI（Mind Identity）、行为BI（Behavior Identity）和视觉识别VI（Visual Identi-

① 容毅.浅谈企业管理战略之组织文化建设——组织形象可识别系统（CIS）[J].价值工程，2011，30（22）：127-129.

ty）三个识别子系统构成。

（1）MI系统。MI是企业最高层的思想系统和战略系统，包括企业宗旨、企业精神及信条、经营哲学与方针策略、市场战略等。MI是企业的灵魂，是CIS设计的根本依据和核心。行为系统和视觉系统的设计都必须充分体现企业经营理念的精神实质和内涵。MI思想往往可以用一句话概括。如IBM的MI：尊重个人，顾客至上，追求卓越。再如招商银行的MI：招商银行，因您而变。

（2）VI系统。VI是指在企业经营理念的指导下，利用平面设计等手法将企业的内在气质和市场定位视觉化、形象化的结果，是企业与其周围的经营及生存的经济环境和社会环境相互区别、联系和沟通的最直接和常用的信息平台。VI系统包括统一标识、服装、产品品牌、包装等，具体可包含企业标识、旗帜、广告语、服装、信笺、徽章、印刷品统一模式等。

（3）BI系统。BI是指企业在内部协调和对外交往中应该有一种规范性准则。主要体现在两个方面：一方面是企业内部对职工的宣传、教育、培训，另一方面是对外经营、社会责任、公共关系等内容。组织开展一系列活动，将企业确立的经营理念融入企业的实践中，指导企业和职工行为。BI系统反映员工行为礼仪和精神风貌，有利于建立企业的良好信誉。

2.宣传与教育

宣传与教育是建设企业文化的基本方法。只有通过系统、长期、多形式、多层次、多渠道的宣传教育，把企业文化的思想、精神和内容传播给员工并形成强烈的企业文化氛围，才能把企业文化转化为员工的自觉意识。其具体途径有以下几种。

（1）入职教育。向新员工介绍企业的优良传统、道德风尚和价值准则，使其了解企业的发展历史，增强员工对企业的荣誉感、自豪感和责任感。

（2）书面材料。编辑出版企业文化简讯、刊物、纪念册，或建设企业文化在线网站，将企业文化内容体系向员工与社会传播。

（3）通过会议与活动向员工宣传。举办读书会、演讲会、茶话会、企业文化研讨会，开展丰富多彩的文娱体育活动、企业团建活动等，通过这些形式共享企业文化，增进员工了解，使员工理解企业的文化、政策与行为，积极参与企业事务。

3.典型示范法

企业文化可以通过树立典型、宣传典型人物来塑造。所谓典型人物，是指企业员工中最有成效地践行企业价值观的优秀分子。典型人物在其事迹中表现出来的精神、意识，正是企业文化倡导的内容。他们是企业精神和文化的人格化身与形象缩影，能够以持久的感染力、影响力和号召力成为企业成员的榜样。企业员工可以从英雄人物和典型榜样的精神风貌、价值追求、工作态度和具体行为中深刻理解企业文化的实质和意义，尤其是在企业发展和变革的关键时刻，员工总是以英雄人物的言行为尺度来决定自己的行为取向。所树立的典型，既可以是企业的领导人，也可以是企业的普通员工，以普通员工为典型往往更具影响力。企业典型人物是在企业经营管理实践中逐步成长起来的，但最后作为楷模出现，需要企业组织认定、总结、倡导和宣传。

四、企业文化建设的基本程序

企业文化建设是非常复杂而庞大的系统，不是一朝一夕就能完成的。优秀企业文化的建立要遵循企业文化建设的基本程序，一般包括调查研究、总体设计、实践巩固和完善提高四个环节。

1.调查研究

企业要建设具有本企业个性特征的文化系统，就必须进行深入调查研究，了解企业的历史、现状和未来发展的内外部环境，把握企业文化的状况及其影响因素，为企业文化的系统设计做好充分的准备。企业文化调查的具体内容主要有企业的性质及其生产经营范围、企业员工的素质及需求特点、企业文化基础和发展环境等。企业通过对这些内容的调查可以清楚建设企业文化的现有基础、存在问题、可利用资源等，更好地为后续工作做准备。企业文化体系的建设不能主观随意决定，更不能纸上谈兵，要根据调查资料认真分析各种相关因素，确立既体现企业特点，又能为企业内外部广泛接受的企业文化。

2.总体设计

企业文化的总体设计，即在分析总结企业现有文化状况的基础上，充分考虑企业性质、员工素质及需求特点、企业文化基础、外部环境等因素的影响，经过系统和全面考虑并结合企业发展中其他关键要素，用确切的文字、图像语言或其他形式把所要建设的企业文化清楚地表述出来，成为相对固定的理念和制度。尽管不同的企业面临的环境不同，其历史与现状有异，企业文化各具特色、千差万别，在总体设计中具有不同的要求和特点，但是，能够与企业内外环境和员工现有的素质、心态相适应，能够反映出员工的心声，体现企业优良传统，被多数员工所认可的总体设计一般都必须遵循下述原则：

（1）价值观明确。每个企业都应该根据本企业的实际确立一个明确而崇高的价值追求（企业总体目标）。每个企业都应该有一个共同的价值观念，它代表企业和全体员工的共同信仰，是每个员工都必须遵循的价值标准。要让全体员工明白他们的工作与这一崇高的目标紧密联系，明白自己的个体目标是企业崇高目标的重要组成部分，在组织的发展和成长中找到自己工作的真正意义，使自我实现的需要得到满足。企业文化总体设计必须根据形势的发展和需要，恰当地设定企业总体目标，并寻找把这一有价值的目标传达给员工的有效途径，激发他们的内在潜能。

（2）成员参与。企业总体设计一般由企业专职部门和高层领导者最先推出和最终决策，但这并不意味着设计过程与普通员工无关。企业文化设计，需要在企业领导者或文化管理部门的组织领导下，广泛发动群众，把自上而下和自下而上两种方式结合起来，反复酝酿、讨论，得到企业领导者和企业员工共同认可后再确定下来。企业文化的设计过程既是员工参与讨论和决策的过程，也是员工自我启发、自我教育、逐步认同的过程，同时又是企业领导和员工价值观念的沟通过程。员工参与总体设计的企业文化还能够集中各方面的经验和智慧，让最终方案代表大多数人的意见，从而有效调动各方面人员的积极性。

（3）卓越原则。企业文化建设的目的是成为优秀企业，因此不能满足于对企业原有情况的简单总结和对企业经营的小幅提高。企业文化建设中要强调永不自满、不断攀登的追求和勇于超越的精神，要通过企业文化的建设让企业在市场残酷的竞争中勇于追逐更高目标，拼搏奋进，能够始终保持旺盛的生机和活力，具备可持续发展能力，成为卓越和先进的企业。

3.实践巩固

企业文化建设价值的实现最终还是要落实到实践中，通过实践来巩固发展。企业文化在完成整体设计后，就要创造条件付诸实践并加以巩固，即把企业文化所确定的价值体系全面地体现在企业的日常经营和员工工作之中，让其在实践中得到员工的进一步认同，使企业文化扎根于企业实践之中，并逐步得到巩固。为此我们要做好以下两方面工作。

（1）建立奖惩机制。企业文化的全面落实需要一个长期的过程，在企业文化内化为全体员工的习惯之前，很难使每一位成员都能自觉主动地按照企业文化和企业精神的标准去行事。即使在企业文化较为成熟的企业中，个别成员背离企业文化宗旨的行为也是经常发生的。因此，建立奖优罚劣的规章制度具有一定的必要性，让符合企业文化精神和要求的行为得到奖赏和鼓励，让违反企业文化精神和要求的行为得到惩罚。这在一定程度上可以提高员工对企业文化体系的关注，同时认识到组织推行企业文化的决心，进而迅速地在整个企业范围内营造起良好的企业文化氛围。

（2）领导率先示范。单纯依靠奖惩制度的硬性约束无法得到普通员工对企业文化的真正认同。为了更好地促进企业文化的推行，企业领导者还应该利用其在组织内的地位和权威影响展开示范行为，优先遵守相关行为规范，努力体现企业价值观要求，对广大员工产生强大的示范效应。若没有企业领导者的以身作则，企业文化建设则缺乏足够的推动力和公信力，难以培育和巩固优秀的企业文化。

4.完善提高

企业文化是企业经营管理实践的产物，因此一旦管理实践和企业所依存的内外部条件发生变化时，企业文化必然要发生相应的变化。否则，企业文化就会脱离或落后于实践而变得苍白无力，失去对实践的指导意义。同时，原先建立的企业文化体系中总有一些不能完全符合企业的经营要求。因此，企业文化体系总是面临着不断完善和发展的需求，这是企业文化健康发展的客观规律。

企业文化完善提高的质量直接影响到企业文化的影响力和被员工接受程度。企业的领导者必须勇于实践，依靠各级员工不断地把新兴事物的内涵加以提炼和升华，在不破坏核心价值的前提下将其融入企业文化体系中，把先进思想变成全员的群体意识，并及时吸收外来文化中的精华，剔除本企业文化中的消极成分，让企业文化在实践中不断升华和提高，从而更好地适应企业变革和发展的需要。

※ 小　结

企业文化是企业建设中较高层次内容，也是企业长期生存和发展的重要保证。很多企业领导者对于企业文化缺乏系统的认识和了解。他们对企业文化的认识有简单化、片面化倾向。针对企业文化概念、特征、结构、功能，以及如何进行企业文化建设的研究，能够帮助企业领导者更好、更全面地认识企业文化和实现企业文化在组织中的顺利建设和发展。

※ 关键概念

文化　企业文化　物质文化　行为文化　制度文化　精神文化
企业文化的结构　企业文化的功能　企业文化建设误区
企业文化建设原则　企业文化建设方法　企业文化建设程序

※ 思考与练习

（1）什么是文化？什么是企业文化？企业文化有哪些特征？
（2）企业文化与行政管理有什么关系？
（3）企业文化结构有哪些层次？
（4）企业文化建设的误区有哪些？
（5）企业文化建设的原则和程序是什么？

【案例分析】

Microsoft：别具一格的文化个性

1975年，保罗·艾伦和比尔·盖茨合伙创建微软公司。产品是微软BASIC，雇员为3人，当年收入16000美元。1977年在日本推广BASIC。1982年，在英国建立欧洲分部。1986年，微软在NASDAQ上市。

1986年上市后，经营利润率持续保持在30%以上，到1995年，年收入已达59亿美元，拥有200多种产品，约17800名雇员。微软控制了PC软件市场中最重要的部分——操作系统的80%～85%。这些软件在操作系统上运行，使用户能在计算机上执行特定的任务。没有哪一个与计算机或信息技术有关的行业和用户不受到微软及其产品的影响。

微软从最早卖程序设计语言，到出售操作系统，再到向零售店出售各种应用软件产品，从国内到国外，不断获得发展。但微软始终保持着公司早期结构松散、反官僚主义微型小组文化等特性的基本部分，从而与顾客更接近，更了解市场的需要。

面对市场和技术方面的挑战，微软总是奉行最基本的战略，向未来进军。它拥有出色的总裁和高级管理队伍，以及才华过人的雇员，拥有高度有效和一致的竞争策略和组织目标，组织机构灵活，产品开发能力强、效率高。微软人有一种敢于否定自我，不断学习提高的精神。当然，在其优点和成绩之后也潜藏着很多弱点。但微软正是在克服弱点和发挥优势的过程中不断向前发展。

微软公司令人吃惊的成长速度，引起世人的广泛关注。透过辉煌业绩，我们不难发现其成功不仅仅在于科技创新和优异的经营管理，更重要的是创设了知识型企业独特的文化个性。

资料来源：代凯军《管理案例博士评点：中外企业管理比较分析》，中华工商联合出版社2000年版。

请结合案例思考：

（1）微软企业文化核心内容是什么？

（2）微软文化对微软企业的发展产生了什么影响？

※ 推荐阅读

1. 科特，赫斯克特. 企业文化与经营业绩[M]. 李晓涛，译. 北京：中国人民大学出版社，2004.

2. 张德，吴健平. 企业文化与CI策划[M]. 北京：清华大学出版社，2008.

3. 栾永斌. 企业文化案例精选精析[M]. 北京：中国社会科学出版社，2008.

4. 迪尔，肯尼迪. 新企业文化：重获工作场所的活力[M]. 孙健敏，黄小勇，李原，译. 北京：中国人民大学出版社，2008.

5. 费根著. 从命令到参与：企业文化行动手册[M]. 孙忠，译. 北京：中国市场出版社，2010.

6. 肖胜萍. 企业文化[M]. 北京：中国纺织出版社，2002.

7. 陈广，赵海涛. 华为的企业文化[M].3版. 深圳：海天出版社，2012.

8. 曼恩. 精益企业文化：维持精益转型的工具[M]. 马常松，田志宇，何华，译. 北京：中国财政经济出版社，2010.

9. 定雄武. 企业文化[M]. 北京：经济管理出版社，2012.

10. 霍尔特，卡梅隆. 文化战略：以创新的意识形态构建独特的文化品牌[M]. 汪凯，译. 北京：商务印书馆，2013.

11. 陈春花. 从理念到行为习惯：企业文化管理(珍藏版)[M]. 北京：机械工业出版社，2016.

12. 何建湘. 企业文化建设实务[M].2版. 北京：中国人民大学出版社，2019.